U0742150

安徽省学科建设重大项目"安徽师范大学地理学"资助出版

—— 徽州文化地理研究文库 ——

徽州文化地理研究选集（第一辑）

HUIZHOU WENHUA DILI YANJIU XUANJI DIYI JI

黄成林◎主编

安徽师范大学出版社

·芜湖·

丛书策划：黄成林
责任编辑：祝凤霞
装帧设计：任　彤

图书在版编目(CIP)数据

徽州文化地理研究选集.第一辑/黄成林主编.—芜湖:安徽师范大学出版社,2017.4
（徽州文化地理研究文库）
ISBN 978-7-5676-2704-8

Ⅰ.①徽… Ⅱ.①黄… Ⅲ.①文化地理学－徽州地区－文集 Ⅳ.①K925.4-53

中国版本图书馆CIP数据核字（2016）第326021号

徽州文化地理研究选集(第一辑)

黄成林　主编

出版发行.安徽师范大学出版社
　　　芜湖市九华南路189号安徽师范大学花津校区　　邮政编码:241000
网　　　址:http://www.ahnupress.com/
发 行 部:0553-3883578 5910327 5910310（传真）E-mail:asdcbsfxb@126.com
印　　　刷:虎彩印艺股份有限公司
版　　　次:2017年4月第1版
印　　　次:2017年4月第1次印刷
规　　　格:700 mm × 1000 mm　　　　1/16
印　　　张:14.25
字　　　数:220千字
书　　　号:ISBN 978-7-5676-2704-8
定　　　价:36.00元

凡安徽师范大学出版社版图书有缺漏页、残破等质量问题,本社负责调换。

总　序

根据上海辞书出版社2009年版《辞海》关于广义文化"是指人类在社会实践中所获得的物质、精神的生产能力和所创造的物质、精神财富的总和"的定义的框架,广义的徽州文化是指一府六县的徽州人在南宋至清末期间社会实践过程中所获得的物质、精神的生产能力和创造的物质、精神财富的总和。徽州文化物质文化、制度文化、精神文化齐备,文化遗存非常丰富,具有独特性、典型性、丰富性和辉煌性等特征。

徽州文化研究始于二十世纪初,二十世纪八十年代以来愈益受到学界的关注,专业学术团队不断形成,学术交流频繁,专业性的学术期刊成功创办,研究成果层出迭现。就研究成果而言,徽州文化研究领域主要集中在徽商及相关问题(包括徽商研究、商书研究、会馆和同乡会研究)、宗族与徽州区域相关问题(包括宗族研究、佃仆制研究、棚民问题研究、土地关系及赋役制度研究、会社研究)、社会文化史、法制史、艺术史和其他方面[①],涉及的学科包括哲学、经济学、法学、教育学、文学、历史学、理学、工学、农学、医学、管理学、艺术学等十二个学科大类。从二级学科看,相关学科介入徽州文化研究有早有晚,研究成果多少不一,与研究徽州文化领先学科相比,地理学科研究徽州文化尚显不足。

文化地理学是研究人类各种文化现象的空间分布、地域组合及文化区形成、发展和演变规律的一门科学,并且探讨文化事象在形成和发展中与地理环境的关系。从地理学的角度研究徽州文化,无论从传统文化地理学六大研究领域入手,还是从新文化地理学视角切入,可供研究的内容非常多,无论哪个方面都有很大的拓展空间。

---

① 王振忠.徽学研究入门[M].上海:复旦大学出版社,2011:16-55.

　　齐鲁文化、荆楚文化、吴越文化、徽州文化都是区域性的地域文化,相比较而言,徽州文化最年轻,是中国封建社会末期乡村社会的文化,徽州文化核心区空间最小,"小徽州"仅约一万二千平方千米,但其文化特质类型多,显性遗存多,景观密度大,可研究内容多,并且不少文化特质能够为学界所认同,自成一派,如新安理学、新安画派、新安医学、徽派民居、徽派朴学、徽派篆刻、徽派版画、徽剧、徽商、徽菜等,这在面积不大的区域性的地域文化中非常罕见。徽州有"东南邹鲁""文物之海""文献之邦"之称,且不说数十万件徽州文书和具有省级及以下头衔的文化遗存,据不完全统计,截至2016年4月,以徽州物质文化为基础的有形遗产中,就有享有世界级头衔的"世界文化遗产"一处,享有国家级头衔的"国家历史文化名城"两座、"国家历史文化名镇"三处、"国家历史文化名村"二十一处、"国家历史文化名街"一处、"全国重点文物保护单位"三十四处、"中国传统村落"八十六处,还有"国家级非物质文化遗产"九项,等等。虽然徽州文化研究成果灿若星云,但可研究的内容、可探讨的视角还非常多。从地理学科层面看,能为地理人所关注,研究对象必须有"看得见摸得着的抓手",必须蕴含丰富的地理信息,必须有可以拓宽深究的空间。徽州文化特质满足被地理学科关注的这些前提条件。

　　徽州文化地理研究具有多重价值。从大的层面看,虽然徽州文化只是中国封建社会末期具有标本意义的区域性乡村文化,但却蕴含着丰富的中国传统文化的优秀内核,很多内涵需要科学解读和倾心传承。从地理学科层面说,都说"一方水土养一方人,一方人成就一方文化",我们可能还不能准确、科学地说出徽州文化形成发展的地理背景和生态机制;都说"景观是观念的外化和固化",可能谁也不敢说对徽州文化景观"已经完全解码";都说徽州文化要"古为今用",可能谁也不敢打包票在利用徽州文化特质发展文化旅游时没有"戏说"的成分;都说"徽商是徽州文化的酵母",谁都不敢说已经弄明白了徽商与众多徽州文化特质之间千丝万缕的联系和影响,说清楚了徽州文化整合;都说"徽州文化形成于徽州,影响于域外",但徽州文化扩散路径、扩散方式未见深度研究;都知道有"大徽州"与"小徽州"之分,到底徽州文化区划的依据是什么同样有待探讨……凡此种种,不一而足。

　　其实,我们开展徽州文化地理研究,有很多优势:

　　一是空间距离较近。学校地处皖南,临近徽州文化核心区。虽然空间距离近已经不是当今多大的优势,但学院很多老师和研究生研究问题的空间在皖南,熟悉皖南尤其是古徽州一府六县,积累有一定的人脉资源和文献资料。由于空间距离近,徽州文化核心区是我院地理科学和旅游管理本科专业野外实践定点区域,核心实践内容区域地理、旅游资源都离不开徽州文化源地、徽州文化景观、徽州文化生态、徽州文化整合和徽州文化区等。空间距离近,下乡入村开展田野调查可以“说走就走”。

二是可用资源丰富。首先,当今世界是一个网络社会、开放性社会,众多的学术资源我们可以共享,且不说这方面的学术著作、期刊文献、学位论文以及没有公开的文书,仅出版发行的多卷本徽州文书集萃就有《徽州千年契约文书》(分“宋·元·明编”和“清·民国编”两编,每编20卷,王钰欣、周绍泉主编,花山文艺出版社1992年、1993年出版)、《徽州全书》(已出版五辑共50卷,刘伯山主编,广西师范大学出版社2005年至2015年出版)、《中国徽州文书(民国编)》(共20卷,黄山学院编,清华大学出版社2010年出版)、《安徽师范大学馆藏徽州千年契约文书集萃》(共10卷,李琳琦主编,安徽师范大学出版社2014年出版)等,认真研读这些文献,肯定能够从中发现很多可以为我所用的信息。其次,本校历史与社会学院研究徽州文化起步早、队伍强、成果多,我国本来就有“史地不分家”的传统,向他们当面请教,汲取他们的学术营养,非常方便。还有,学校图书馆馆藏徽州文书非常多,除已经整理出版的外,尚未整理公开的非常丰富的徽州珍贵文献资料我们可以分享。再则,前往安徽大学徽学研究中心、黄山学院徽文化研究所等省内外徽州文化研究机构或团体学习,到中国徽州文化博物馆等以徽州文化特质为主要或重要藏(展)品的文博单位调研,向专家求教,必将使我们受益无穷。

上述资源仅仅是已有文献资源,实地调研以徽州文化特质为核心的文物保护单位和文化名城名镇名村名街等,走访以徽州文化特质为传承对象的非物质文化遗产传承人,调研与徽州文化有关的生成性资源,等等,更是海量的与时俱进的可以为我所用的资源。

三是已有一定基础。尽管我院老师研究徽州文化地理起步比较晚,二十世纪九十年代中期才有成果问世,但学者对这些成果给予积极评价,被引用和下载频次非常高。如张祖群先生在《试论徽州文化的文化地理外向扩散与有机保护》一文表3中列出了被引频次位居前三十位的以“徽州”为主题的论文,我们学院师生的论文占五分之一,"被引频次靠前的文献有两个稳定的来源:一是以安徽师范大学为代表的地理学背景学者,同时他们的徽州文献的下载频次也异常高;另外历史学背景、建筑学园林背景、法律、地质学背景的学者合计占另外一半。"①又如朱竑、司徒尚纪先生在《近年我国文化地理学研究的新进展》中对我院黄成林老师予以鼓励:"黄成林对徽州文化的生态学研究最为深入,对徽派民居建筑风格、徽菜风味、徽商崛起等文化事象做出了科学的诠释,同时,他又不受环境决定论的束缚,对徽商对徽州文化的影响也进行了有益的探讨,对文化地理的相关理论和方法起到了一定的推动作用。"②陆林、凌善金、焦华富著《徽州村落》(安徽人民出版社2005年出版)系国家社科基金资助项目成果之一,是全面、系统研究徽州文化的大型学术丛书"徽州文化全书"之一种,受到广泛好评。

研究徽州文化地理,既有可以研究的空间,还有一定的优势,又逢学院鼓励老师组建徽州文化地理研究团队,资助出版我校专兼职教师和研究生徽州文化地理研究方面的专著和论文选集,希望师生积极投身徽州文化地理研究,为徽州文化研究做出我们应有的贡献。

安徽师范大学国土资源与旅游学院
二〇一六年四月

① 张祖群.试论徽州文化的文化地理外向扩散与有机保护[J].西北工业大学学报(社会科学版),2011,31(4):45.

② 朱竑,司徒尚纪.近年我国文化地理学研究的新进展[J].地理科学,1999,19(4):340.

前　　言

　　《徽州文化地理研究选集(第一辑)》,收录安徽师范大学国土资源与旅游学院师生二十世纪九十年代以来十三篇徽州文化地理研究方面的论文,以及著作《徽州村落》(安徽人民出版社2005年版)的目录和各章导读。安徽师范大学国土资源与旅游学院师生从旅游开发利用的角度研究徽州文化特质的著述非常丰富,其中有的著述亦被文化地理研究方面的文章高度评价,鉴于这类著述不在本文库主题之列,概未收录。

　　从入选论文来源看,十二篇是公开发表的论文,一篇是硕士研究生毕业论文。公开发表的论文选自地理学核心期刊《地理科学》《地理研究》《经济地理》《人文地理》和《南京大学学报(哲学·人文科学·社会科学)》等高校学报。

　　从入选文献作者看,作者主体是学院的老师,两篇文章的第一作者是学院文化地理学研究方向的2012届硕士研究生。

　　从入选文献研究方法看,主要按照传统文化地理学研究思路展开,少数文献具有新文化地理学研究气息。

　　从入选论文内容看,大体包括徽州文化景观、徽州文化生态、徽州文化整合和徽州文化区划等方面。

　　为了保证入选文献的原真性,编者尽可能遵从原样;为了方便读者追根溯源,按照国标重新标注了参考文献;委托本书责任编辑清绘了不够清晰的插图;对于入选的一篇硕士生毕业论文,限于篇幅等原因,删除了致谢、附录等内容。

　　入选文献中最早的发表于二十多年前,特别是编者的几篇文章,现在看起来很是青涩。由于科学技术进步、资料日渐丰富、方法日渐多样、视野日渐开阔,旧作毕竟不是新著,文献的价值可能会在时间的流逝中黯然失色,这是一种惯常现象。但是,编者认为,保留原真、记录轨迹、结集出版同样有其意义:一是这些文献代表了作者著述时对相关问题的认知,可能有些文献历经时间的考验,仍具有一定的学术价值与意义;二是集中学院师生徽州文化地理研究方面的部分成果,方便研究者参考和感兴趣的读者阅读;三是愿有更多的人关注和献身徽州文化地理研究。

入选文献按照徽州文化景观研究、徽州文化生态研究、徽州文化整合研究、徽州文化区划研究和《徽州村落》概览顺序编排。入选论文涉及的内容都比较丰富,讨论的问题不见得就一定属于文化地理研究的某一个主题,编者将其分成几个板块,可能属于望文生义而为之,贻笑大方了。

与很多学科的徽州文化研究成果相比,与全国徽州文化地理研究成果相比,《徽州文化地理研究选集(第一辑)》仅仅是"三言两语""一孔之见"。但是,没有"三言两语"哪来"千言万语",没有"一孔之见"哪来"真知灼见"!这不仅仅是编者所期盼的,更是安徽师范大学国土资源与旅游学院资助出版徽州文化地理研究文库所期待的!

衷心感谢已发表文献的责任编辑和刊物或出版社!没有责任编辑的慧眼和润笔,没有这些学术平台,也许就没有呈现在读者面前的本书。

限于编者能力,在文献收录、归类等方面肯定存在疏漏、不当之处,篇章导读也有以偏概全之嫌,敬请读者指谬!

黄成林

于二〇一六年教师节

目　　录

徽州文化区划研究

《徽州村落》概览

徽州文化景观研究

　　徽州文化景观丰富多彩,既包括物质文化景观,也包括制度文化景观和精神文化景观。

　　"粉墙黛瓦马头墙、高墙小窗窄天井"的徽派民居是徽州最常见的景观,由徽派民居、水口园林、祠堂、牌坊等组成的徽州传统村落是徽州文化的综合性景观,它们与徽州自然环境协调和谐,再现了中国传统文化的内向型气质、和谐型风格和伦理型内核。拨开徽派民居和徽州传统村落选址的风水学面纱,审视其山水形胜,其实都蕴含着徽州人追求理想人居环境的朴素的科学精神。

徽州文化景观初步研究

黄成林

(安徽师范大学地理系,安徽芜湖 241000)

摘　要:文章研究了徽州聚落和民居的基本特征及其形成因素,探讨了徽州文化景观与徽州地理环境、中国传统文化的关系,认为徽州文化景观与徽州自然环境协调和谐,人文环境特别是徽商的经济实力和徽州人传统观念,是影响徽州文化景观表现形式和文化底蕴的主要因素,徽州文化景观再现了中国传统文化。

关键词:徽州;文化景观;徽州聚落;徽派民居

中图分类号:G07　　**文献标识码**:A

文化景观是文化地理学研究的主要内容之一。文化景观丰富多彩,文化地理学更多地注重研究聚落布局、建筑物式样和土地利用形态等[1]。徽州文化是南宋至清末在徽州崛起的一种地域文化,内容丰富,成就辉煌,诸多文化现象自成体系,具有全国性影响,是全面观照中国封建社会后期乡村社会的标本[2],以徽州文化为研究对象的徽学正在崛起[3]。本文主要研究徽州聚落和民居景观。

1　徽州聚落景观

民居是聚落的基本单元,聚落是民居的综合表现。在徽派民居基础上形成的徽州聚落,无论其选址、规模,还是形态,既有与周围自然环境适应协调的成分,又受堪舆说等诸多人文因素的影响,既有中国传统聚落所具有的山水、生态、宗族、趋吉意象[4],又有与山区农村聚落一般规律不同的一面。

1.1　聚落选址

出于对宗族兴旺、人文发达、财源茂盛的追求，徽州人对聚落选址慎之又慎。"依山建屋，傍水结村"，是山地丘陵地区聚落选址的一般规律。这种选址模式有地势高爽、视野开阔之利，得自然水系之便，无洪旱灾害之虞，方便生产生活，是山地丘陵这一特定的地形条件下聚落选址的最佳模式。"吾徽居万山环绕中，川谷崎岖，峰峦掩映，山多而地少。"（民国吴日法《徽商便览·缘起》）除了"依山建屋，傍水结村"外，聚落最佳选址还要求"枕山、环水、面屏"，具体地点则需要堪舆家遍察山水形胜后做出选择。徽州无村不卜。徽州各姓宗谱都详细记载了其始祖卜居择地之事。道光《西递明经胡氏壬派宗谱》详细记载了胡氏选择黟县西递作为安身立命之地的经过和依据："壬派五世祖因公务去金陵，道经西递铺，见其山多拱秀，水势西流，爰偕堪舆家入西川境，遍观形势，有虎阜前蹲，罗峰拱秀，天马涌泉之胜，犀牛望月之奇，产青石而如金，对霭峰之似笔，风燥水聚，土厚泉甘，遂自婺源迁来此间。"明人吴元满撰《新安歙西溪南吴氏世谱》载，吴氏始迁祖定居西溪南之前，有三个村址可供选择，堪舆家比较后认为，西溪南"土宽而正，地沃而肥，水辑而回，后世大昌也，遂定焉"。今天看来，或许是巧合，或许是堪舆家把"依山建屋，傍水结村""枕山、环水、面屏"这种理想的人居环境附会上堪舆之说，如"左青龙，右白虎，前朱雀，后玄武"等，弄得很神秘，实质上徽州聚落选址就是选择理想的人居环境，使居住环境符合人们的审美观念。

堪舆说关于"吉地"与事业发达、家族兴旺具有因果关系的说法带有浓厚的迷信色彩。在某种意义上，理想的聚落和宅基环境为居住者提供了一个满意的生活环境，从而使其身心愉悦，始终能怀着一种美好的心境和理想，满怀信心地从事自己的事业，正是这种精神因素或"心理暗示"，激励着人们取得成功。

1.2　聚落规模

"徽州介万山之中，地狭人稠，耕获三不赡一。即丰年亦仰食江楚，十居六七，勿论岁饥也。"（康熙《休宁县志》卷七《艺文·奏疏》）徽州"地隘斗绝，厥土骍刚而不化。高山湍悍少潴蓄，地寡泽而易枯，十日不雨，则仰天而呼；一骤雨过，山涨暴出，其粪壤之苗又荡然空矣"（顺治《歙县志》卷一《舆地·风俗》）。按常理,徽州山多地少,耕地分散,交通不便,耕作半径小,应该是散居型聚落为主。然而从志书、谱牒和明清聚落遗存来看,徽州以集聚型聚落占绝对优势,而且有的聚落规模很大。徽州"其土瘠,其民劳,不足比于东南沃壤之伦。然深山大谷中人,皆聚族而居,奉先有千年之墓,会祭有万丁之祠,宗祐有百世之谱"(乾隆《绩溪县志·序》),"出入齿让,姓各有宗祠统之,岁时伏腊,一姓村中千丁皆集,祭用朱文公家礼,彬彬合度。父老尝谓新安有数种风俗胜于它邑:千家之冢,不动一抔;千丁之族,未尝散处;千载谱系,丝毫不紊"(清代赵吉士《寄园寄所寄》卷十一)。如黟县雉山以卢氏为聚,婺源三田以李氏为聚,歙县谭渡以黄氏为聚,绩溪上庄以胡氏为聚,休宁西门以查氏为聚,徽州呈坎以罗氏为聚,等等。徽州散居型聚落仅限于大姓的庄户、墓庐、棚民(明清时期从安徽沿江等地来徽租垦山场维持生计者)和被大姓挤出村落的小姓。

徽州聚落以集村占绝对优势,主要与徽州人聚族而居的传统和谋生手段等有关。

赵吉士《寄园寄所寄》卷十一云:"新安各姓聚族而居,绝无一杂姓搀入者。其风最为近古。"徽人多系中原士民后裔[5],中原士民具有聚族而居以显示宗族繁盛的传统[6]。中原士民聚族而居的传统风尚,加上受兴盛于徽州的新安理学的熏陶和徽州森严的宗法制度的影响,以致徽州人聚族而居形成集村。另外,初入徽州的中原士民饱受过战乱的蹂躏,从心理定势上看,聚族而居所凝聚起来的宗族力量可以使族人免受外族的侵侮,因此,一些族人在生存环境受到限制时也不愿外迁,仍然要在宗族的庇护下生存,从而使聚落越来越大。

"大抵徽俗,人十三在邑,十七在天下。"(明代王世贞《弇州山人四部稿》卷六十一《赠程君五十序》)"燕、赵、秦、晋、齐、梁、江、淮之货,日夜商贩而南;蛮海、闽广、豫章、楚、瓯越、新安之货,日夜商贩而北。"(明代李鼎《李长卿集》卷十九)"天下之民,寄命于农,徽民寄命于商。"(康熙《徽州府志》卷八《蠲赈·汪伟等奏疏》)徽州人"十分之七"从商,足迹遍及宇内,在外经商获利是徽州人衣食之源,农作所获只是徽州人生活之补充。因此,徽州集村聚居并没有给生产生活带来诸多不便,反而促进了商业和手工业在聚落中的集聚,扩大了聚落规模。

1.3　聚落形态

徽州聚落形态主要有线状、阶状、团状、象形等几种。线状和阶状聚落是山区常见的聚落形态,前者主要分布在山麓与平旷地接壤地带,或河流沿岸、大道两侧,后者主要分布在山坡上。徽州的团状和象形聚落很有地方特色。

团状聚落是徽州最常见的聚落形态,是鸠宗聚族而居的结果。中国封建社会是一个以血缘关系为纽带的宗族社会,聚落是以血缘为基础聚族而居的空间,血缘关系是维系聚落的纽带,体现宗法观念的祠堂是聚落中最重要的建筑。"徽州聚族居,最重宗法。"(嘉庆《黟县志》卷三《风俗》)在徽州聚落中,不仅每村必有祠堂,有的甚至一村多祠,长卑有序,以血缘关系为背景,分为宗祠、支祠、家祠(如黟县南屏、祁门贵溪),而且聚落建筑以宗祠为物质中心或心理中心布局[7]:家祠建在支祠周围,同宗同脉不超过五服的直系亲属围绕家祠筑宅;支祠为同宗同脉已超过五服的宗族祠堂,簇拥着宗祠;宗祠为同宗的"总祠"。

象形聚落是形态具有特殊含义或象征意义的聚落。这种聚落的形成发展脱离了"滚雪球"式的发展模式,具有一定的规划性。或为追念先祖功德,或为祈求荣华富贵,或纯属堪舆之说,徽州人着意使聚落轮廓按照某种图案构筑,以表达自己特定的心理趋向或空间意象,于整体形象中寄托着强烈的心理追求和特定的精神象征。歙县霞坑里方村系钱氏定居地,聚落外围近似圆形,中间有一方形空地,村民住宅建在方形空地周边,外圆内方,整个村落环境似一个硕大的铜钱,而且姓氏(钱)、村名(里方村)和村形(外圆里方)相统一,期盼荣华富贵。明清时期黟县西递是商贾之乡,整个聚落状于舟船,村首七哲祠象征眺台,附近的大树和牌坊象征桅杆和风帆,鳞次栉比的民居象征船舱,希冀行贾一帆风顺。绩溪石家村为北宋开国功勋石守信后裔所建,因当年石守信与赵匡胤交谊甚笃,常以棋交手,故该村设计成纵横有序、整齐方正的棋盘状,以追念先祖功德。歙县高岔村地形轮廓像一杆铳(土枪),本是一块"凶地",但村人在"铳"的扳机处建一座油坊,喻义"越打越发",化"凶"为"吉"。黟县塔川村似塔,歙县洪岭村似鱼,徽州区唐模村拟龙等,各有其特定的象征意义。

堪舆说影响聚落形态的典型当属黟县宏村。宏村汪氏始祖于南宋绍熙元年(1190)"卜筑数椽于雷岗之下",因数度火灾,发展缓慢。后人认为没有发挥风水宝地的作用,遂于明永乐年间(1403—1424)三聘堪舆家遍察山水形胜,认定该地为"牛形",便筑起了"山为牛首树为角,屋为牛身桥为脚,圳为牛肠塘为胃"的牛形聚落。其实,穿村过户的水圳、村中的月沼、村口的南湖,给村落带来了降温、增湿、方便生活和消防的源源不断的流水,从而大大降低了发生火灾的频率,减少了因缺水而导致的火灾扑救不及时所造成的损失,进而使村人财富不断积累,村落规模不断扩大,汪氏家族日渐兴旺发达起来。

1.4　聚落空间结构

总体上,与东北、华北地区的传统聚落中单体建筑间距大、聚落空间结构松散明显不同,徽州聚落空间结构非常紧凑,单体建筑间距小,建筑密度大。有些聚落除了房屋、道路和沟渠水域用地外,几乎没有其他类型用地。聚落景观和周围的农田、山野景观界线非常清楚,没有过渡带。除了象形聚落外,多数聚落内部布局缺少规划,弯曲狭窄的巷道被夹持在民居高墙之中,巷道宽度与两侧民居外墙高度之比一般在1:5~1:10,加上巷道很长,因此显得非常幽深。

徽州聚落空间结构紧凑,原因是多方面的。一是徽州山多地少,聚落空间结构紧凑可以节约有限的平地。二是徽州鸠宗聚族而居,民居与宗祠、支祠、家祠在空间上的团聚关系加剧了聚落空间结构的紧凑性。三是为了遮阳和通风,单体建筑间距小,夏季既可以借助建筑物遮挡以得到较大的阴影区,又可以借助狭管效应通风降温[8]。四是在缺少规划和"无村不卜"的基础上,每个单体建筑又要根据所在位置"卜居",以致聚落中每个单体建筑的朝向并不完全一致,巷道狭窄,甚至弯弯曲曲。

1.5　水口园林

徽州人将聚落水流出口处称为"水口"。"水口"是聚落的一部分,是聚落的"序曲"。徽州人重视水口建设,形成一种特殊的水口园林。徽州的水口园林有以下特点:随山就势,随水赋形,以自然景观为主,辅以人工建筑(如牌坊、亭榭、楼阁、路桥、塔台、书院等)和园林植物,使山川、田野和人工建筑融合为和谐的有机整体,具有导向、观赏、界定、防卫等功能。

徽州水口园林和苏扬园林都师法自然,属于写意山水园,但差别很大。前者位于村野,功能多,视野开阔,面积较大,自然景观为主,人工景观为辅,真山真水,山林野趣,由村民共建共享,类似于开放的乡村公园,为人们免费提供赏景观游场所。后者位于市井,功能单一,视野封闭,面积较小,闹中取静,人工景观为主,自然景观为辅,如同盆景,过于雕琢,旧时为显贵富商私家园林,并不对大众开放。

徽州水口园林兴盛于明清时期。徽商的资金是水口园林建设的经济基础。高密度的住宅建筑使聚落丧失了原先与自然融为一体的特色,徽州人向往、回归自然是徽州水口园林建设的动力之一。行贾与入仕宦游的阅历,提高了徽州人的审美情趣,使徽州水口园林建设能博采众家之长。明清时期徽州堪舆说中关于水口园林的"保瑞避邪"作用有浓厚的迷信色彩,但郁闭的水口林木确实能减轻风害,营造景观。为了祈求文运昌盛等,在水口处建文峰塔、文昌阁等,使水口园林景观更加丰富多彩。

2　徽派民居景观

徽派民居特指明清时期徽州民居建筑,习称徽州古民居,是徽州建筑景观的重要组成部分。徽州民居遗存非常丰富,仅面积858 km²、人口约10万的黟县就尚存3 619幢[9]。徽派民居的科学性和艺术性,已经引起国内外建筑学界的高度重视。

2.1　基本特征

徽派民居单体建筑(幢)平面结构是高墙围合的方形封闭空间,空间组织模式一般是前为天井,后为正屋,偶有中为正屋,前后天井等。天井是徽派民居的特色之一,是由正屋和高墙围合而成的面积很小的方形露天空间,具有通风、采光、排水和居家活动等功能。正屋一般"三间五架",朝天井露明,中间是半开敞的堂屋,左右居室、厢房对称分布。平面结构变形较多,根据需要,一般在单体建筑的后方一进一进地串联加接或在左右方向一幢一幢地并联加接,形成一屋多进(幢)、每进(幢)皆有天井的联幢布局格局。

徽派民居属楼居式形制,造型大同小异:高墙深院小窗,对外封闭隔绝;外墙高于屋面,低处不开窗,高处偶有小窗;砖木结构,多为二层楼房,盖房先立构架后砌墙;梁柱式的构架以穿斗式为主,以穿斗、抬梁组合式为辅,节点榫卯结构,有"墙倒屋不塌"之效;木柱架在石磉上,硬山式,无台基;二楼天井旁置飞来椅。马头墙是徽州民居的又一特色,系在房屋山墙上加砌的高出屋面且随屋面斜坡呈阶梯状的装饰性墙体。

屋饰是徽派民居三大特色之一。徽派民居主要采用徽州三雕(木雕、石雕、砖雕)装饰。隔扇、棂窗、裙板、斜撑等用木雕,漏窗、门窗楣罩多用砖雕或石雕。图案取材多样,主要包括掌故传说、飞禽走兽、花卉祥云三类,多借图案的喻义或谐音表达房主期盼的主题。徽派民居粉墙黛瓦,黑白对比,使黑色更黑,白色更白,在蓝天青山的映衬下十分素雅,给人一种祥和宁静的田园气息。

徽派民居堂屋融书法、绘画、雕刻、文玩等于一体。匾额、中堂、条屏、楹联高挂,桌椅、案几、古瓶、方镜各置其所,隔扇、门窗、裙板均饰以木雕。特别是楹联,或崇孔孟,或重教化,或倡积德行善,或论治国济世,或抒情言志,或状景咏物,妙作佳品甚多。

徽派民居门向多朝东、东南和南方,但坐南朝北、坐东朝西为数不少。特别是婺县,所有古民居都不朝正南,偶受房基限制正屋不得不朝南时,也要设法开斜门[10]。

明代和清代徽派民居差别较大。一般地,前者一楼较低,二楼高敞,二楼是人们室内活动的主要空间,屋柱以方柱为主,一楼柱枋之间为木壁,二楼柱枋之间为"芦泥墙",木雕图案简洁;后者一楼高敞,二楼较矮,一楼是人们室内活动的主要空间,屋柱以圆柱为主,柱枋之间全为木壁,木雕图案繁琐。

徽派民居与北方四合院平面结构都呈内向矩形,但二者亦有差别。徽派民居一般是三面墙一面房的楼居式形制,天井小,且不具备晒场功能,一楼对外不开窗,二楼窗户小而少,室内白天采光靠天井和墙壁的散射光,无直射光,光线柔和。典型的北方四合院一般是三面房一面墙的平房式形制,坐北朝南,正房五间,正房左右是耳房,东西各有三间厢房,用抄手游廊连接,庭院面积大,庭院具有晒场和居家活动场所双重功能,一楼对外不开窗,朝阳面大窗户采光,室内有直射光。

2.2 形成因素分析

自然环境和徽商对徽派民居的影响已有述及[9,11],其他因素也深刻影响着徽派民居。

东汉以前,徽州一直为山越民族所据。东汉末年至南宋期间,因中原多次动乱纷纷南徙的一部分中原士民直接或间接迁居徽州,逐渐整合了徽州山越文化,徽派民居正是越人干栏式建筑和中原四合院建筑相结合的产物。

建筑是人类信念或崇高理想的表达。民居并不仅仅是为人们生活提供一个物质外壳,而是一个显示传统文化内涵的复杂的信号系统,其结构、形式、布局等无不表达一定的意义,即蕴含着人们的理性、希望和信仰。徽派民居的某些特征是徽州人思想观念的建筑外化。徽派民居"高墙深院小窗,对外封闭隔绝",反映了徽州人在理学之风盛行、宗法制度森严下的慎独心理。徽派民居山墙顶上砌有上方下圆、状如朝天官印的装饰物(俗称"朝天印",是坐斗式马头墙的一部分),反映了徽州人对仕的向往与追求。徽派民居"民房其外,官邸其中",楹联"传家礼教谆三物,华国文章本六经"(黟县西递),"几百年人家无非积善,第一等好事只是读书"(黟县西递)等,反映了徽州人强烈的入儒崇仕意识。徽州人视聚水如聚财,露水如露财,屋面之水也需"四水归明堂",由天井下的窨井承接,是徽州人"肥水不外流"聚财意识的建筑外化。堂屋案几上东陈古瓶西置镜,是徽州人借"东瓶西镜"谐音"东平西静"祈求平安。多进房屋采用逐进抬高地坪的办法,使后进房屋地坪比前进房屋地坪高,一进高过一进,既符合长进深建筑对通风透光的要求,也表达了徽州人企盼"步步高升"的良好愿望。

徽州人重视教育,"四方谓新安〔徽州在晋太康元年(280)至唐武德四年(621)称新安郡——引者注〕为'东南邹鲁'"(万历《休宁县志·重修休宁县志序》),"虽十家村落,亦有讽诵之声"(光绪《婺源乡土志·婺源风俗》),文化底蕴深厚,特别是徽商,"贾而好儒",因而徽派民居堂屋陈设非常讲究,处处显示出几分儒雅。

堪舆说和传统观念对徽派民居朝向的影响非常深刻。趋吉避凶是门向选择的目标,避让、改造、符镇是避凶趋吉的主要措施。开"歪门邪道",修"旁门侧道",置"泰山石敢当"(如呈坎后街下屋),建照壁墙,挂神鉴,都是门向避凶的常见手段。黟县古民居门无南向受三种因素的影响:一是历代堪舆家认为,门向朝南与黟县"龙脉""相克";二是经商为黟人"第一等生业",黟人相信汉代就在中国流传的"商家不宜南向"之说;三是黟人认为"南向为尊",非皇宫、衙门莫属[10]。徽派民居选址尤其是朝向上的种种"讲究",既有心理因素作用的一面,又有徽州人科学选择理想人居环境之举被风水先生披上了玄乎乃至封建迷信面纱的一面。

马头墙原称防火墙,是一种由防火的初始目的演变而来的具有防火、防盗、防风、有利于邻舍粘连以节约用地等实用价值的建筑装饰,并且使原本单调的山墙变得富有层次感和韵律美。马头墙源于徽州。歙县新安碑园一块刻于明正德丙寅年(1506)的《徽郡太守何公德政碑记》载:徽州因房屋砖木结构,民居稠密,屡见火灾,损失惨重。弘治癸亥年(1503)夏,广东籍知府何歆到任后,经常察访防火之策,"吾观爆空之势,未有能越墙为患者。降灾在天,防灾在人。治墙,其上策也。五家为伍,甓以高垣,庶无患乎"。防火墙由此而来。徽州人出贾之风始于明成化(1465—1487)、弘治(1488—1505)年间,至万历年间(1573—1620)徽商已成为与晋商齐名、称雄全国的重要商帮[12],沿江一带有"无徽不成镇"的俗谚。我国沿江很多地方的民居都有马头墙。从徽商把徽州民俗带到寄居地的事实看[13],从徽州马头墙出现时间早于徽商鼎盛期推测,沿江地区的马头墙系由徽商传播而至。

3　几点结论

3.1　徽州文化景观与徽州地理环境的关系

文化是人类在社会历史实践中所创造的物质财富和精神财富的总和。文化景观是人类为满足某种需要有意识地在自然景观基础上叠加的景观,是文化的外在表现形式和特定地域人地关系的反映。地理环境对文化的影响必然要通过文化景观反映出来,任何文化景观本身都肯定烙有该景观形成地域的自然和人文环境的印记。笔者曾从文化生态角度讨论了徽州文化与徽州自然环境的关系[14],认为二者之间是一种协调和谐关系,具体表现在制约、适应、再现和选择四个方面,这同样适合于徽州文化景观与徽州自然环境之关系。无论是徽派民居景观,还是徽州聚落景观,其与自然环境之间都包含着特定条件下的人与自然之间的协调和谐关系,这和中国传统文化讲求自我完善以达到内心平衡和人与自然环境和谐统一是一致的。这种和谐关系是在人们认识自然的能力很低、人地之间的矛盾尚未白炽化的前提下,人类在受制于自然、顺应自然、自然提供的可选择范围非常小的条件下的人与自然之间的一种原始和谐,和现代可持续发展理念下的协调发展所达到的和谐并非异曲同工。

从文化整合角度看,徽商雄厚的经济实力和徽州人思想观念是徽州文化景观表现形式和文化底蕴的重要因素[9]。同样是山区,同样是聚落、民居,许多地方并没有徽州那么规整精巧,那么富有文化含量,同样是门向和聚落选址,许多地方并没有徽州人那么多的讲究,原因都在于二者经济实力和观念的差异。

3.2　徽州文化景观与中国传统文化的关系

中国传统文化具有内向型气质、和谐型风格和伦理型内核。徽州文化是中国传统文化大系中的一种地域文化,必然具有中国传统文化的诸多特性,作为徽州文化的外在表现形式的徽州文化景观,必然会或多或少地反映或再现中国传统文化的若干特征。例如,徽派民居单体建筑高墙小窗的封闭式结构,徽州人理想的"枕山、环水、面屏"的封闭或半封闭的聚落山水结构等,是中国传统文化内向型气质的表现。徽州"无宅不卜""无村不卜",实际上是选择理想的居住环境;民居天井虽小,却将日月星辰、风雨雷电、春夏秋冬等引入高墙之内,室内与室外、人居环境和自然环境融为一体;徽州人努力使聚落轮廓与聚落所在地的地形、山水取得协调,并赋予其特定的含义等,这都反映了中国人讲究自我完善以达到内心平衡、人际关系协调、人与建筑和环境和谐统一,这也是传统文化对"天人合一"理想境界的追求。徽派民居以堂屋为中轴线左右对称,重视孝悌,讲究等级,正房长辈居住,厢房晚辈居住,徽州聚落中的祠堂同样尊卑有序,大小有别,宏简各异,都属于伦理型文化的范畴。

参考文献:

[1] 王恩涌.文化地理学导论[M].北京:高等教育出版社,1991:31.

[2] 刘伯山.全面观照中国后期封建社会的徽州文化[J].探索与争鸣,1997(11):30.

[3] 伍跃.徽学在中国史研究中的崛起——明清史研究的新动向[J].中国史研究动态,1998(5):18.

[4] 刘沛林,董双双.中国古村落景观的空间意象研究[J].地理研究,1998,17(1):32-34.

[5] 洪偶.明以前徽州外来居民研究[J].徽学,1986(1):18-26.

[6] 胡振洲.聚落地理学[M].台北:三民书局,1977:35-37.

[7] 刘沛林.徽州古村落的特点及其保护性开发[J].衡阳师专学报(社会科学),1997,18(1):87.

[8] 沙润.中国传统民居建筑文化的自然地理背景[J].地理科学,1998,18(1):59.

[9] 黄成林.试论徽商对徽州文化的影响[C]//周绍泉,赵华富.'95国际徽学学术讨论会论文集.合肥:安徽大学出版社,1997:199-208.

[10] 余治淮.桃花源里人家[M].合肥:黄山书社,1993:26-27.

[11] 黄成林.试论徽州地理环境对徽商和徽派民居建筑的影响[J].人文地理,1993,8(4):

60-63.

[12] 张海鹏,王廷元.徽商研究[M].合肥:安徽人民出版社,1995:6-10,504.

[13] 王振忠.明清徽商与淮扬社会变迁[M].北京:三联书店,1996:98-100.

[14] 黄成林.徽州文化生态初步研究[J].地理科学,1995,15(4):304.

THE PRELIMINARY STUDIES ON CULTURAL LANDSCAPE OF HUIZHOU

HUANG Chenglin

(Department of Geography, Anhui Normal University, Wuhu, Anhui 241000)

Abstract: This thesis analyses the basic features and forming factors of the Huizhou settlement and traditional residence, deals with the relationship between the Huizhou cultural landscape and Huizhou geographical environment, and the traditional Chinese culture, and holds that harmony in Huizhou cultural landscape with its natural conditions plus human environment, especially the economic strength of Huizhou traders and Huizhou people's traditional ideas are the main factors affecting Huizhou cultural landscape and its inside information, and Huizhou cultural landscape is the reappearance of the traditional Chinese culture.

Keywords: Huizhou; cultural landscape; Huizhou settlement; Huizhou traditional residence

(原载于《地理研究》2000年第3期)

徽派建筑的文化含量

陆　林,焦华富

徽派建筑风格独特,在中国建筑史上独树一帜,具有深刻的文化寓意,体现了明清时期以徽商为代表的徽州人的思想情感、文化属性和价值观念。

徽州,古老的地域,闻名遐迩。它曾是一个行政区划概念。秦置黟、歙二县属彰郡,三国时置新都郡管辖,晋改新都郡为新安郡,隋唐改新安郡为歙州。宋宣和三年(1121)改歙州为徽州,辖歙县、黟县、休宁、绩溪、婺源和祁门,府治在歙县。徽州“一府六邑”格局一直维系到20世纪中叶,历经一千多年,形成稳固一体化的地域历史文化圈。时至今日,徽州主体成立黄山市,婺源划归江西,绩溪划归安徽宣城,但它作为颇具地方特色的历史文化圈,并没有因为行政区划的变更而失去传统特色,而今学者和当地百姓仍习惯称“一府六邑”为徽州。

明清时期,徽州人大多外出经商,形成经济实力雄厚的商帮——徽商。徽商盛极一时,明人谢肇淛云:“富室之称雄者,江南则推徽州,江北则推山右。”山右即山西。可见,当时徽商和晋商几执商界之牛耳。徽州本是一个“虽十家村落,亦有讽诵之声”(光绪《婺源乡土志·婺源风俗》)的“习尚知书”之地。特别是唐末以后,中原文化与经济重心逐渐南移,兼以南宋时期,徽州为“朱子阙里”,“彬彬乎文物之乡也”。生长于此的徽州商人,大多在幼时即承师受业,读书习字,从商后仍是“贾而好儒”。这些儒商“资大丰裕”之后,或是为了享受,或是为了旌功,或是为了留名,或是为了光宗耀祖,不惜拿出巨资“广营宅,置田园”,力求建筑物气派恢宏,样式新颖,相因既久,遂成风格。明清时期,徽州终于诞生了具有浓郁地方特色的以村落、祠堂、牌坊和民居为代表的徽派景观,具有很高

本文承蒙导师曾尊固教授和邹怡教授悉心指导,插图引用了郭谦、何晓昕、程极悦、单德启、汪国瑜、许亦农以及东南大学建筑系等有关研究成果,插图由安徽师范大学地理系鲍静清绘,特致谢忱。

文化素养的徽州人将自身思想情感、文化属性和价值观念通过建筑物的建筑形式、建筑风格体现出来,从而使徽派建筑不仅具有很高的实用价值,而且具有很深刻的文化寓意。

一、徽州古村落选址巧妙、布局考究

明清时期徽州村落的产生和发展,已基本脱离"自然生长"的发展轨迹,即以功能合理,适合地域条件、经济条件为准则的众多个体的逐年叠加,而表现为"规划生长"。村落注重实用性、整体性、规划性和象征性,体现了社会的要求、理性和秩序的观念,反映了雄厚的经济实力和较高的文化含量。在村落选址上遵循朱子理学倡导的"天人合一""天人相应"的思想,推崇风水之学,所谓"风水夺神功回天命,致力于人力之所不及"(清代赵吉士《寄园寄所寄》卷七)。朱子理学风水观对徽州人影响巨大,"风水之说,徽人尤重之"(清代赵吉士《寄园寄所寄》卷十一)。因此,徽州古村落几乎无村不卜。按风水理论,理想的村落环境应是前有朝山,后倚龙山,狮象或龟蛇山把守水口,河流溪水似金带环抱。这种理想化的村落环境,可称为"枕山、环水、面屏"模式。徽州村落大多尽力达到这一要求,呈现模式同构现象。例如,黟县西递"其地罗峰高其前,阳尖障其后,石狮盘其北,天马霭其南。中有二水环绕"(《新安名族志》)。村落选址理想化模式具有很好的实用性,同时表现出徽州人内聚、封闭的儒家文化意识。山峦由远及近构成环绕空间,村落内部空间与外部空间临界处狭窄,利于村落保护,具有较好的防御性。在封闭、半封闭的村落环境中,利用围合的平原、流动的河水和丰富的山林资源,既可以满足村民采薪取水、田野耕作等生产生活需要,又为村民创造了浓郁的田园生活环境,为商贾、仕途之士"退隐田园""放啸山林"营造了理想的聚落环境。

徽州村落整体布局往往体现出一种强烈的心理追求和精神象征意义,着意模拟一些有意味的图案,反映村民的某种心理趋向。模拟的图案或反映崇拜祖先,或反映吉祥如意,或反映崇尚自然。例如,绩溪石家村相传为宋开国功臣石守信后代所建,村落呈整齐划一的棋盘型布局,反映了崇尚军营生活,模拟先祖与宋太祖对弈情景。黟县西递明清时期为商贾集聚之地,整个村落模拟船形,村头七哲祠象征瞭台,旁有大树象征桅杆,祈求亲人在外行商一帆风顺。黟县宏村呈牛形布局,人工水圳为牛肠,月塘、南湖为牛脏,当时曾有四桥如四条牛腿，通村鳞次栉比的楼舍即为牛身。四周青山黛峰、稻田相连，整个村落就像一头牛静卧在青山绿水之中，村落与大自然相互渗透，人作天成，浑然一体。石家村、宏村、西递村整体布局如图1所示。

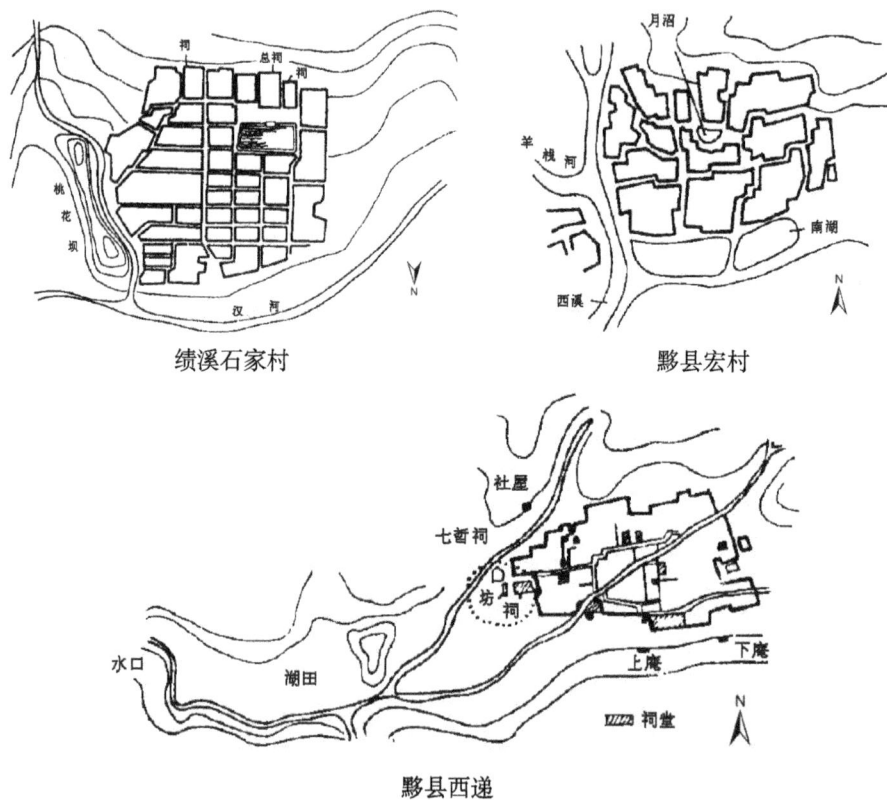

绩溪石家村　　　　　　　黟县宏村

黟县西递

图1　徽州村落整体布局示意

　　水口是徽州村落的重要组成要素之一，一般位于封闭或半封闭的村落入口处，大多是两山夹溪的位置。水口在徽州具有浓厚的风水色彩。风水理论认为"水本主财"，水口者，一方众水总出口处，因此"水出处不可散漫无关锁"。为了能更好地留住"财气"和"富气"，保佑全村兴旺，徽州村落大多人为地在水口增设"关锁"。最常应用的水口"关锁"是桥，并辅以树、亭、堤、塘等。例如，休宁古林"……东流出水口桥，建亭其上以扼要冲，而下注方塘……桥之东有堤绵亘里许，上有古松树十株"（休宁古林《黄氏重修族谱》）。在一些规模较大的村落，水口建筑还富有强烈的隐喻意义。例如，黟县西递在水口建文昌阁、魁星楼、文峰塔，以求本村本族兴文运，发科甲（图2）。水口建筑与周围绿水青山融为一体，形成徽州园林的代表——水口园林。徽州水口园林不同于苏州等江南园林。后者多处市井,不易获得开阔的视野和借景条件,形成封闭的格局,造景遵照"虽由人作,宛自天开"的原则。前者多建于水口,能剪裁真山真水,充分发挥新安山水的感染力,因地制宜,巧于因借,与山水、田野、村舍融为一体,自成天然之趣,不烦人事之工。古人曾生动描述徽州水口园林:"故家乔木识楩楠,水口浓郁写蔚蓝,更着红亭供眺听,行人错认百花潭。"例如,保存较好的唐模水口园林,村头耸立族表本村康熙年间(1662—1722)兄弟进士的"同胞翰林"牌坊,八角路亭紧挨其旁,青石板小路引出俗有"小西湖"之称的"檀干园"。该园营建于清初,本村富商许氏为老母能在故乡领略西湖美景而投资建造。园内"三塘相连,宽亘十亩",有模拟西湖"三潭印月""湖心亭""白堤""玉带桥"等景点。檀干园小巧精致,汲取了江浙园林理水造园、叠石置景和匾额篆刻的技艺和文化素养。人们在游览檀干园后,还可以乘兴登"魁星楼""文昌阁",谒"许氏宗祠"。

图2　黟县西递水口

　　徽州村落空间组织具有较强的艺术结构特征。许亦农等人曾借用八股文的"起、承、转、合",阐述了唐模村的空间组织结构特征。村头水口处的亭子、牌坊与高大的树木所构成的空间是整个村落序列的开端,即"起"。事实上,在此已为下面的空间内容和含义提供了足够的暗示:巨大的牌坊是宗法礼制思想的象征,花亭则反映出一定的地方风俗,而潺潺流水与高大的冬青树则预示着盎然生机和秀美的村庄景色,这正所谓"千里伏线"。其后五百多米长、伴有"小西湖"弯弯曲曲的溪旁青石板小路,宛如一幅长长的画卷,它是整个村落空间序列的疏导和情绪酝酿部分,亦即"承"。而横跨溪上的入村门洞为"转"提供了良好的条件,其厚厚的砖石围护结构挡住了人们的视野,并诱导人们随其绕过一道弯路,这一收敛和转折为最后达到空间高潮做好了充分的准备。最后的水街是全村的中心,清清的流水,古朴的石板桥,错落有致的徽州民居,以及长长的水街檐廊使它成为最有魅力的空间,给人清新和亲切之感。唐模平面示意图如图3所示。

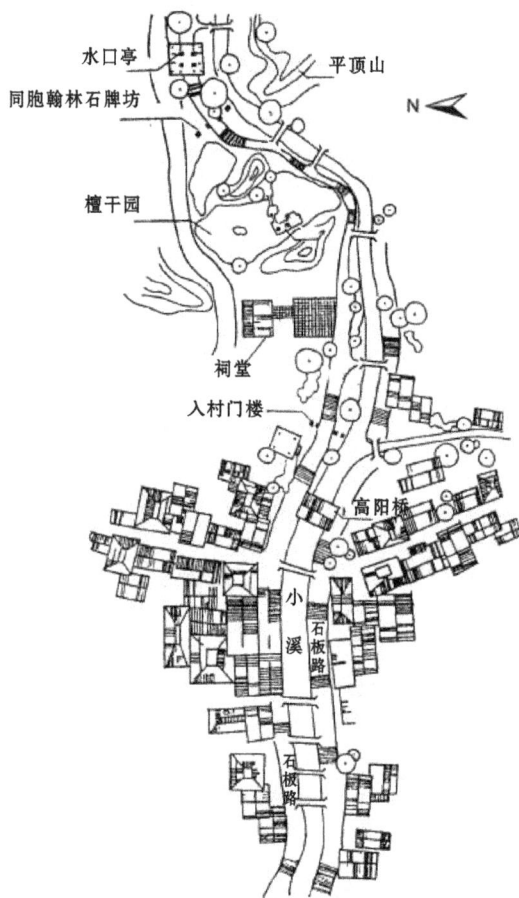

图3 唐模平面示意

二、祠堂、牌坊和书院渲染了徽州村落的儒学文化气氛

江南村落祠堂并不少见,但像徽州这样为数众多、规模宏伟、装饰精美的不

多见。例如,黟县南屏村(影片《菊豆》的主要外景地)鼎盛期曾有过三十座祠堂,分为总祠、支祠和家祠。村前的横店街自南到北约两百米竟有各式祠堂八座,可谓祠堂林立。又如,建于明嘉靖年间(1522—1566)的绩溪龙川胡氏宗祠,坐北朝南,分前中后三进,建筑面积约1 146 m²,大门为重檐八角建筑的高大门楼,俗称"五凤楼",取"丹凤来仪"之意,正厅由14根周长166 cm的银杏木柱架起,可供上千人举行祭礼。整个祠堂遍布精美的徽州三雕(木雕、砖雕和石雕),现已被确定为全国重点文物保护单位。徽州牌坊更是名冠全国,仅徽州首邑歙县唐宋以来就建有400多座牌坊,历经千百年,至今仍保存完好的有100座左右,以全国重点文物保护单位许国牌坊为代表。许国牌坊由前后两座三间四柱三楼和左右两侧单间双柱三楼牌坊组合而成,平面成"口"字形,南北长11.54 m、东西宽6.77 m、高11.40 m,每块青石重4~5吨。徽州牌坊从内容上看有"科第""恩荣"和"旌表"之分(表1);从建筑位置上看,大多与祠堂相连建于村头,远离村庄,以其雄伟的规模、高耸的形象成为村落的标志、宗族的荣耀。空间影响区域大,效果明显。例如,歙县棠樾村头按忠、孝、节、义顺序排列的七座牌坊,与鲍氏三祠(鲍氏支祠、清懿祠、世孝祠)相得益彰,浑然一体,雄伟壮观之势油然而生,步入其间,肃然起敬(图4)。

表1　徽州牌坊分类情况

类别	基本内容	代表性牌坊
科第	明清两代,徽州中进士者多达914人,状元、榜眼、探花者几十人,故徽州"世科""登俊""甲第""登云""擢升""经魁"坊众多。自明初至弘治年间,仅歙一邑,就建有进士坊四十座	歙县徽城镇江氏"世科"坊 歙县雄村曹氏"世济其美"坊
恩荣	恩荣建坊是皇帝恩赐给职高位显、官声卓著大臣的荣耀。徽州仕途发迹者众多,上层龙凤牌上刻有"恩荣"两字的牌坊遍布六邑	歙县许国牌坊 黟县西递明文光牌坊 歙县雄村"四世一品"坊
旌表	旌表建坊是皇帝按伦理道德的要求,对民间善行予以旌表而建的,大致可分为"尚义""孝友""贞节"三类。特别是"贞节"尤多,在歙县现有牌坊中贞节坊多达34座。朱子理学推崇"存天理,灭人欲",徽州深受影响,"从一而终"之风尤烈,仅歙一邑历代受旌表的烈女节妇,唐2人、宋5人、元21人、明710人、清7 098人。"新安节烈最多,一邑当他省之半"	"尚义"代表:歙县棠樾"乐善好施"坊 "孝友"代表:歙县棠樾"慈孝里"坊 "贞节"代表:歙县徽城镇旌表徽州历代节烈女总坊,歙县许村"新安奇节"坊
其他	明清寿登百岁为"人瑞",能获得皇家恩典。清代徽州寿登百岁建坊仅歙一邑即有8人	歙县许村"双寿承恩"坊,明代旌表本村一对百岁齐眉夫妇

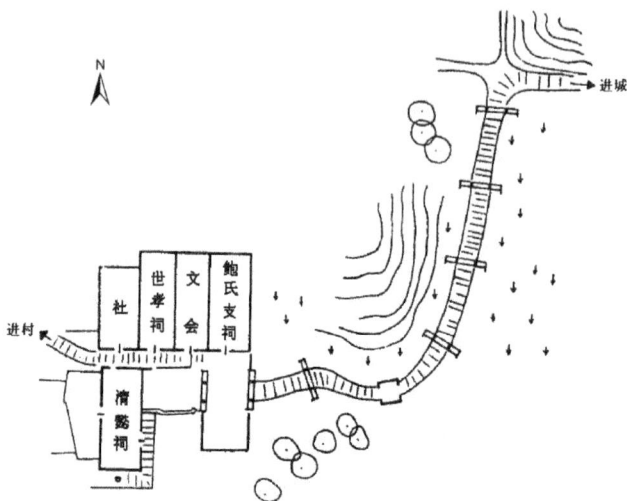

图4　歙县棠樾牌坊群平面示意

徽商认为"富而教不可缓也,徒积资财何益乎"(歙县《新馆鲍氏存堂宗谱》卷二),多热心于振儒业、兴书院。明清两朝"天下书院最盛者,无过东林、江右、关中、徽州"(道光《徽州府志》卷三《营建志·学校》)。至清初,徽属六县共有书院五十四所。众多的书院建筑提高了徽州村落的文化层次。以歙县雄村"竹山书院"为例,整个书院建筑群濒江而立,位于雄村之端,呈园林布局,包括"雄村上社"祠、"清旷轩"桂花厅、文昌阁(双层八角阁亭)。书院亭廊院厅布局灵活,满院的丹桂红榴修竹,堆叠其间的太湖石,颇得扬州、苏州园林之雅趣,置身其境可以悦情怡性激文思(图5)。

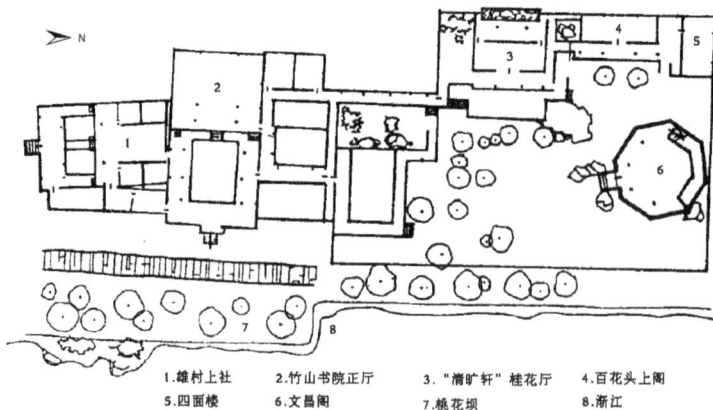

1.雄村上社　　2.竹山书院正厅　　3."清旷轩"桂花厅　　4.百花头上阁
5.四面楼　　6.文昌阁　　7.桃花坝　　8.渐江

图5　歙县雄村竹山书院平面示意

这座书院为清乾隆年间(1736—1795)江南盐商曹氏所建,曹氏子曹文植、孙曹振镛先后在朝任户部、兵部尚书,即所谓"父子尚书",书院建设历经十余年。

三、徽州古民居风格独特、寓意深刻

自明代,徽州民居的造型、色彩、布局等都有着比较统一的格调和风貌,形成了自己独特的体系,蕴藏着深刻的文化含义。

1. 丰富的体型轮廓,朴素淡雅的建筑色调

徽州民居外部体型轮廓比例和谐、尺度近人,一般都是青瓦、白墙,给人以清新隽逸、淡雅明快的美感。造型上除一般中国古建筑的低层、坡顶形式外,着重采用马头墙的建筑造型。马头墙原来是为了防火,俗称"封火墙",出于实用需要。然而在徽州由于运用之广、组合形式之丰富,形成独特风格,打破了一般墙面的单调,增加了建筑的美感。一片建筑群,一处村落就会形成一组连续、渐变、起伏、交错的马头墙"乐章"(图6)。徽州民居相互紧邻,墙接瓦连,屋宇栉比,形成迷人的村落整体轮廓:青山下、绿原上、田野畔、翠竹间,点缀着晶莹洁白、炫人眼目的玲珑楼舍,参差辉映,黑白相间,起伏交错,轻盈淡雅,充分体现了人与自然的统一、和谐。徽州民居外墙高大,很少装饰,一般在外墙高处开一小窗,形成封闭性很强的宅院空间,具有很好的防火、防盗的实用价值,同时体现了徽州商贾、仕人强烈的内聚意识和封闭的生活意识(图7)。与整个单一的外墙面相反,大门一般均加以重点装饰,显得富丽华贵,大门的上方一般都有精工细雕、花饰满垣的门罩或门坊。这些门罩或门坊紧贴在高大的素墙上,疏密相映,繁简相补,重点突出,体现了主人的地位和财富(图8)。

连续、渐变的韵律　　起伏的韵律　　交错的韵律

图6　徽州民居马头墙韵律

图7　徽州民居封闭性示意　　　　　　　　图8　徽州民居大门示意

2. 规整的平面布局,紧凑的天井庭院

徽州民居平面多作内向矩形布局,面阔三间、明间厅堂、次间卧室,左右对称,围绕扁长形的天井构成三合院基本单元。三合院布局既体现了封建制度的制约(明代典制森严,《明史·舆服志》载,"庶民庐舍,洪武二十六年定制,不过三间五架"),也反映了宗法伦理位序的空间观念和风水"蕴藏生气"的空间观念。"三间五架"不能满足居住的需要,因此徽州多以三合院为基本建筑单元组合成不同类型的住宅群体。基本单元一进一进地向纵深方向发展,形成二进堂、三进堂、四进堂甚至五进堂。后进高于前进,一堂高于一堂,这既有利于形成穿堂风,加强室内空气流通,也反映了主人"步步高升"的精神追求。天井是住宅群体的生长点,具有承接和排除屋面流水、采光、通风之实用。由于屋面檐口都内朝天井,四周流水从檐口流入明坑,当地称"四水归堂",是徽商"聚财气""肥水不流外人田"思想的建筑外化。天井长宽比一般为5:1,狭长形天井的采光效果与一般北方四合院不完全一样,后者院子大,所采光线基本为自然光,而前者所采光线多为二次折射光,这种光线很少有眩光,比较柔和,给人以静谧舒适之感。天井狭小,风沙尘埃很少干扰院内,因此厅堂临院很少设门,厅堂与天井融为一体,人们坐在厅堂内能够晨沐朝霞,夜观星斗。《风水歌》曾赞美道:"何知人家得长寿,迎天沐日无忧愁。"高大封闭的外墙隔离了自然,但天井又将自然引入,外闭内敞,既体现了民居的建筑风格,又折射了商贾、仕人的人生哲理。

3.精致优美的雕刻装饰，古朴雅致的室内陈设

徽州民居朴素简洁，又都比较讲究装饰、注重美观，但不像宫殿、官邸建筑那样施以浓漆重彩，而是配以精美的徽州三雕，形成清丽高雅的建筑艺术格调。雕刻内容包括亭台屋宇、飞禽走兽、奇花异草、历史典故、戏剧人物、宗教风俗、寓意图案、题词书法等等，应有尽有，一些民居简直是建筑雕刻的艺术走廊。室内陈设是徽州民居装饰中不可或缺的一部分。厅堂是重点装饰、注重文采之所。正壁上高悬匾额，下挂中堂字画。设神案，上置"东瓶西镜"（谐音"平静"），神案前放着八仙桌及太师椅，厅堂两侧设茶几及座椅，壁上挂名家字画，整个厅堂显得高雅斯文、不同寻常。厅堂两侧柱面多刻制楹联，其内容多为主人人生处世哲理。例如，西递笃敬堂楹联是"读书好营商好效好便好，创业难守成难知难不难"，反映了当时徽商对"抑商"传统社会价值观念的反抗，体现了徽商"贾儒相通""商农交相重"的新社会价值观。又如西递履福堂的楹联"几百年人家无非积善，第一等好事只是读书"，反映了徽州推崇儒学伦理道德，信奉"学而优则仕"的社会风尚。

参考文献：

[1] 刘敦桢.中国古代建筑史[M].北京：中国建筑工业出版社，1980.

[2] 张海鹏，唐力行.论徽商"贾而好儒"的特色[J].中国史研究，1984(4)：57–71.

[3] 何晓昕.风水探源[M].南京：东南大学出版社，1990.

[4] 许亦农.中国传统复合空间观念(中)——从南方六省民居探讨传统内外空间关系及其文化基础[J].建筑师，1990(38)：71–97.

[5] 郭谦.形态构成与更新保护——皖南、湘西传统村镇建筑研究[J].建筑师，1991(40)：81–100.

[6] 程极悦.徽商和水口园林——徽州古典园林初探[J].建筑学报，1987(10)：74–78.

[7] 单德启.冲突与转化——文化变迁·文化圈与徽州传统民居试析[J].建筑学报，1991(1)：46–51.

（原载于《南京大学学报(哲学·人文科学·社会科学)》1995年第2期）

徽州古村落的景观特征及机理研究

陆　林,凌善金,焦华富,王　莉

(安徽师范大学地理系,安徽芜湖 241000)

摘　要:富接江南、文风昌盛和秀丽山水是明清时期徽州地理环境的主要内涵,孕育了灿烂的徽州文化。古村落是历史上徽州人生产、生活的中心之一,是徽州文化的主要载体。聚族而居、宛如城郭的村落以及村落中众多高大的祠堂、牌坊形成直观可视的文化景观,极大地渲染了古时徽州的宗法观念和宗法制度。文风犹存的书香村落拥有大量的书院、私塾等文化建筑,淡雅明快的民居等建筑大多饰以典雅工丽、寓意深刻的雕刻和楹联,体现了浓厚的文化氛围。园林化是徽州古村落人居环境的主要特征之一,园林化村落拥有的水口园林、书院园林和宅院园林等多种园林烘托了徽州古村落的园林情调。

关键词:徽州古村落;景观特征;机理

中图分类号:K928.7　**文献标识码:**A　**文章编号:**1000-0690(2004)06-0660-06

引　言

　　徽州曾是一个行政区划概念。隋唐置歙州,治歙县,唐大历五年(770)歙州始领歙县、黟县、休宁、绩溪、婺源和祁门六县。宋宣和三年(1121)改歙州为徽州,仍辖六县。明清时徽州府基本与上述地域相当。徽州一府六邑格局一直维系到20世纪中叶,历经一千多年,形成稳固一体化的地域历史文化圈,面积约

　　基金项目:国家社会科学基金项目(03BJY084),安徽省学术和技术带头人及后备人选科研项目(02HBL09)。

　　作者简介:陆林(1962—),博士,教授,博士生导师,主要从事人文地理学教学与科研工作。

$1.2 \times 10^4 \, km^2$。目前,徽州作为行政区已大为弱化,婺源划归江西,绩溪划归安徽宣城,徽州主体成立黄山市,地处安徽南部,但徽州作为颇具地方特色的历史文化圈,并没有因为行政区划的变更而失去传统特色,学者和当地百姓仍习惯称一府六邑为徽州。历史上,徽州创造出了灿烂的地域文化,新安理学、徽派经学、徽州教育、徽派民居、徽州园林、徽州三雕、徽州戏剧、新安画派、徽派版画、徽州刻书等形成一个完整、系统的地域文化——徽州文化。

徽州古村落是历史上徽州人生产、生活的中心之一,是徽州文化的主要载体,综合体现了造就徽州文化的自然因素和人文因素,除了村落一般特征之外,徽州古村落更体现了古时徽州宗法观念、文化氛围和园林情调等地域文化特征,这些文化特征使徽州古村落独树一帜。黟县西递、宏村作为徽州古村落的代表,2000年11月被列入世界文化遗产名录,体现了徽州古村落的文化价值和历史地位。从文化景观的角度审视徽州古村落的基本特征及形成机理,理解中国历史文化在徽州的体现,具有很强的学术价值和现实意义。

1　徽州古村落的景观特征

1.1　宗法观念景观特征

1.1.1　聚族而居,宛如城郭

聚族而居是迁徽的中原大族为坚持世家大族的宗族制度而采取的一种居住形式。"新安各姓聚族而居,绝无杂姓搀入者"[1]30。明清时期,徽商输金故里更使聚族而居的徽州古村落盛极一时,家谱志书中有许多昔日古村落盛况的记载[2]。一般情况下,农业性村落规模取决于农业劳动力耕作半径大小,耕作半径越大,村落的规模也越大,反之亦然。据研究,中国在现代农业生产力条件下可耕地比较多的平原地区,村落人口规模少有超过 1×10^3 人的[3]。而地处山区的徽州明清时期已是"千百户乡村""星列棋布""相望不乏",村落规模与徽州自然环境以及当时农业生产力水平完全不相符。这充分说明当时的徽州村落,特别是大族村落,已经脱离了对土地的依赖,脱离了传统农业村落发展轨迹,村落建设和发展基本仰仗徽商的商业利润。

1.1.2　祠宇相望,堂皇闳丽

明中叶以后,祭祖礼制变革,徽商鼎力支持,徽州祠堂大兴,志书谱牒多有记载。"邑俗旧重宗法，聚族而居，每村一姓或数姓；姓各有祠，支分派别，复为支祠，堂皇闳丽，与居室相间"（民国《歙县志》卷一《舆地志·风土》）。"徽州多大姓，莫不聚族而居，而以汪、程为最著，支祠以数千计"[1]34，可见徽州祠堂之盛况。据记载，清嘉庆十五年（1810）绩溪有祠堂189幢，1982年全县尚存祠堂160余幢[4]377。1982年婺源尚有祠堂113座[5]509。1985年黟县乡村保存祠堂111幢[6]。徽州大族村落常常拥有数座、数十座祠堂。据研究，明清时期，黟县西递胡氏宗族共建祠堂26座[7]，南屏叶氏宗族建20多座祠堂[8]。至今徽州古村落还保存了大量祠堂，黟县西递保存了敬爱堂、追慕堂、七哲祠等7座祠堂，歙县棠樾保存了敦本堂、清懿祠、世孝祠等祠堂，黟县南屏横店街约200米的街巷保存了8座祠堂。

徽州不仅"支祠以数千计"，而且多有"千百丁祠""千人祠宇"，甚至"会祭有万丁之祠"[1]36。徽州古村落至今仍保存不少规模宏大、气势轩昂的祠堂，一般占地都在400~500 m²，有的甚至超过1×10³ m²。有些被列为县级、省级，甚至全国重点文物保护单位[4-6]。如全国重点文物保护单位绩溪龙川胡氏宗祠，坐北朝南，在南北中轴线上展布了照壁、平台、门厅、正厅、前厅、寝宫和特祭祠等一系列建筑，保持着严格的均衡和对称；在空间、体量、色彩等方面采取了一系列有效的措施，凸显了宗祠庄严肃穆的形象。祠堂无窗无饰的大面积白墙与黑色大屋顶的色调对比，明亮天井与幽暗厅堂的明暗对比，吸引了人们的注意力，强调了祠堂的存在。与外部张扬相对应，祠堂内部饰以大量的木雕、砖雕、石雕。其中，木雕最具特色，以荷花为主题，形成祠堂雕刻的主调，荷花有含苞、初绽、盛开、带莲之别，荷叶有平铺、翻卷、舒展、低垂之分，表达了胡氏宗族对荷花"出淤泥而不染""虚心正直"品质的崇尚。

徽州古村落祠堂一般与住宅不相连，或位于村首，以其宏丽的规模、高耸的形象成为村落的标志、宗族的荣耀，如歙县棠樾村口的敦本堂、清懿祠、世孝祠；或位于村中，与书院、文会、社屋等文化性建筑组成宗族祭祀、礼仪和社交活动中心，它们往往也是村落精神空间的中心。对于历史久、规模大、宗族势力强的一些古村落，这样的中心不在少数，并有层次、等级之别，自由布局的古村落实际上是以宗族关系维系的有机整体。明清时期，歙县瞻淇汪氏宗族建有1座总祠和8座支祠，位于村中心的总祠继述祠是全村祭祖之地，支祠随血缘组团分布，形成各自的次中心，各支祠因人力、财力和地位等因素，规模不一（图1）[9]。

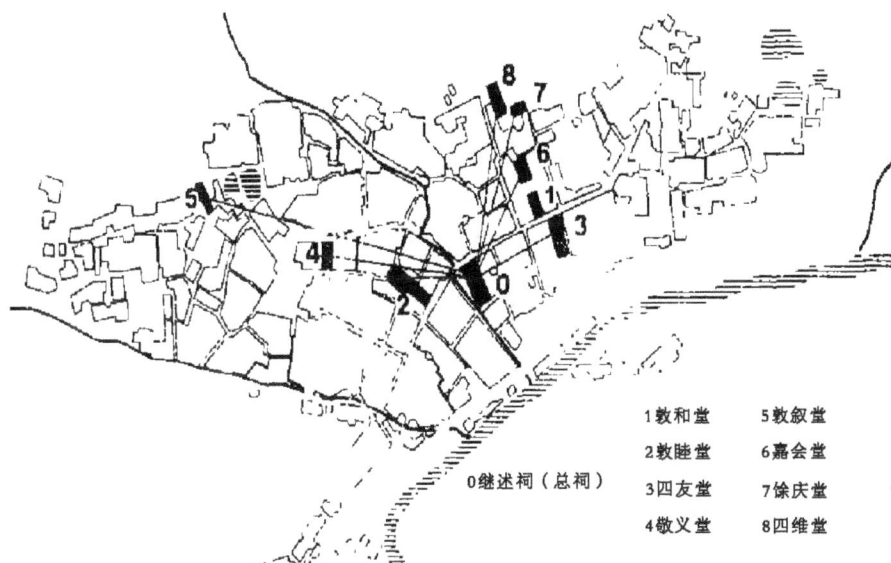

1 教和堂	5 教叙堂
2 教睦堂	6 嘉会堂
3 四友堂	7 馀庆堂
4 敬义堂	8 四维堂

0 继述祠（总祠）

图1 歙县瞻淇祠堂空间分布示意

1.1.3 牌坊林立,肃穆威严

　　牌坊是中国特有的一种纪念性建筑,被视为中华象征性标志之一。明清时期徽商不遗余力地立牌坊传世显荣,于是牌坊成为徽州古村落重要的景观建筑。历史上绩溪建各类牌坊182座,现存15座,婺源建156座[5]509,休宁建186座[10]509,徽州府治歙县现存101座[11]602。历史上徽州不少村落曾修建数座甚至十几座牌坊,如黟县西递村口曾连续排列13座牌坊[12]。目前歙县郑村、雄村仍分别保存了7座和6座牌坊[11]606。牌坊是纪念性建筑,每一座牌坊都有着深刻的文化内涵和特定的功能。就内涵、功能而言,徽州牌坊大致可分为标志坊、官禄坊、科举坊、尚义坊、节烈坊和百岁坊[11,13]。徽州牌坊不仅力求高大雄伟,气势不凡,而且往往建于祠堂前或村口,祠堂、牌坊两种礼制性建筑组合在一起相互衬托,营造出浓厚的宗法氛围。村口远离民居等建筑,视野开阔,更能凸显牌坊的气势,富有震撼力。村口牌坊,特别是数座牌坊组成的蔚为壮观的牌坊群,步入其间,肃然起敬。例如,歙县棠樾村口耸立着明清时期修建的7座牌坊,即全国重点文物保护单位棠樾牌坊群;稠墅村口保存有由4座牌坊组成的牌坊群,柔川、竹溪村口分别保存有由3座牌坊组成的牌坊群[11,13]。

1.2   文化氛围景观特征

1.2.1   书香村落,文风犹存

据县志记载,歙县等5县清末民国初共有私塾1 500所[4,6,10,11,14],徽州古村落至今仍保存了不少私塾建筑,如黟县南屏的"梅园家塾""培阆书屋""抱一书屋",西递的"桃李园"等。同时,徽州古村落许多宅第与塾学有关,如黟县关麓的"安雅书屋""临溪书屋""双桂书屋""吾爱吾庐""容膝易安"等,这些宅第无不洋溢着浓浓的书香气息。书院是我国古代特有的一种教育组织形式,自宋代起书院数量成为衡量区域教育发展程度和学术水平的重要标志。徽州书院兴盛,明末即有"天下书院最盛者,无过东林、江右、关中、徽州"(道光《徽州府志》卷三《营建志·学校》)之说。据考证,宋元时期徽州有书院42所,明清时期有89所[15]24,48。除少数位于府治县城,多数书院分布于村落之中[4-6,10,11,14,15]。徽州书院规模较大,一般包括讲堂、藏书楼、祭殿、斋舍以及园林等部分,形成独立的建筑体系。黟县宏村南湖书院建于清嘉庆十九年(1814),占地约6×10^3 m²,主厅堂分东、中、西三部分。东侧三进三间,首进是木栅栏门楼,中进正厅为先生讲学堂所,后进文昌阁摆设孔子牌位供学子瞻仰。中轴门楼为飞檐翘角的三层门罩,入内为门楼廊间,拾阶而上是启蒙阁,后进文昌阁是文人墨客以文会友之所。西侧临湖有望湖楼,楼下祗园有玲珑假山。

1.2.2   古朴民居,风格儒雅

民居是村落最基本的建筑。徽州民居体型轮廓比例和谐、尺度近人,给人以清新隽逸、淡雅明快之感。徽州民居外墙高大,形成封闭性很强的宅院空间,天井是徽州民居的生长点,具有承接和排除屋间流水、采光、通风之实用。高大封闭的外墙隔离了自然,天井又将自然引入,外闭内敞,既体现了民居的建筑风格,又折射出商贾、仕人的处世哲理(图2)[16]。徽州民居朴素简洁,同时注重装饰,厅堂是注重文采之所,厅堂两侧柱面多刻制楹联,楹联文字简洁、思想深邃,既有宣扬儒家伦理道德、读书入仕的,也有反映主人处世哲理、闲情逸致和村居环境的[6,9,11],寥寥数字寓意深刻,经书法家题写,成为精美难得的艺术佳品,与民居相映生辉、相映成趣,增添了徽州古村落的文化气息。徽商行商在外受外地文化影响,回归故里将外地文化移植家乡,整合在民居建筑上,使部分民居建筑风格发生变化,这种变化活跃了村落的景观。婺源豸峰的"涵庐""瞻园"就是西

洋风格与徽州固有建筑风格融合的产物。这类建筑在空间处理上,徽州民居的马头墙虽然保留,但墙上的门窗形式为西式起券做法,内部也与传统的民居不同,二层围绕天井是一圈西式栏杆装饰的跑马廊(图3)[17]。

图2　典型的徽派民居　　　　　　图3　中西合璧的"涵庐""瞻园"

1.2.3　典雅雕刻,奇巧玲珑

明清时期,石雕、砖雕、木雕被广泛用于装饰徽州古村落的民居、祠堂和牌坊建筑。"新安多世家强盛,其居室大抵务壮丽"[1]37-38,但受封建营造制度和当地人多地狭、地形崎岖等条件的限制,世家大族追求壮丽的建筑,大多在典雅工丽、奇巧玲珑的雕刻艺术上另觅蹊径,以具有很强景观审美效果的徽州雕刻装饰建筑。黝黑的石雕给人以实在、沉稳的美感;青灰色的砖雕多饰于门罩、门楼,配在高大的素墙上,清新淡雅、疏密相映、繁简相补、重点突出;暗褐色的木雕则饰于民居、祠堂的木结构上,自然、亲切。古时徽州人还常将自身的文化信仰、人生哲理和生活情趣,通过不同的雕刻题材和表现手法体现出来,生动、含蓄。家乡的山川秀色、乡土风情也是徽州雕刻热衷的题材,其中透出浓浓的乡情。

1.3　园林情调景观特征

1.3.1　"山深人不觉,全村同在画中居"

徽州古村落远近皆山,景观效果远观近看各不相同。近看者,山峰引人仰视,激起人的崇高之感;远观者,山峰高耸于远方,或秀色可餐,或似有若无,构成了与崇高若即若离的空间景观美。徽州古村落多溪流,曲折和缓,诉诸人们耳目以潺潺水声,给村落以生机与灵气。

建筑是园林的中心,观赏性是园林性建筑的主要功能。民居是村落的中心,居住是民居的主要功能。徽州古村落的民居兼具观赏性,与园林性建筑有异曲同工之处。徽州民居的结构和建材基本相同,粉墙、黛瓦、马头墙是其外观的基本元素,强化了民居的统一性和一致性。同时,因地就形,随高就低,民居大多在轮廓上呈现出参差错落的变化。因此,徽州民居在空间形态上具备了形式美的两个基本条件,即统一和谐、多样变化,在统一中见多样与变化,在变化中见和谐与秩序,表现出很强的韵律美、和谐美。远望时,青山绿水、翠野蓝天形成一个多彩的"底",闪烁其间的"粉墙"是生动的图;走近村落,原先跃前的"粉墙"不断后退,渐渐与明亮的天空融合,虚拟为"底","黛瓦"则脱颖而出,跃前成"图",美不胜收。徽州古村落也不乏园林性建筑,如亭,古时徽州人多视建路亭为善举,于是徽州"三里一路亭、五里一茶亭"。路亭、茶亭点缀于青山、秀水、田园之中,联想古时徽州人在路亭惜别远行经商的亲人,常使世人涌起一股柔情。由此,乡间路亭也成了富有情感的建筑,为徽州古村落增添了温情的气息。园林化的徽州古村落为诗人、画家所咏颂。唐模有楹联赞"山深人不觉,全村同在画中居"。"画中居"是古徽州园林化村居环境的真实写照。

1.3.2 雅志村泉,筑室建园

园林化的徽州古村落大多有各式各样的园林,根据园林特征及所处位置,徽州园林大致可分为水口园林、书院园林和宅院园林。水口是村落的重要组成部分,一般位于封闭或半封闭的村落空间入口处,大多是两山夹溪的位置。水口在古徽州具有浓厚的风水色彩,风水说认为"水本主财",水口者,一方众水总出口处,因此"水出处不可散漫无关锁"。为了留住"财气"和"富气",保佑全村兴旺,徽州村落大多人为地在水口增设"关锁"——桥,辅以树、亭、堤、塘等。于是,水口建筑与周围绿水青山融为一体,形成徽州水口园林。徽州水口园林不同于苏州等江南园林,后者多处市井,不易获得开阔的视野和借景条件,形成封闭的格局,造景遵照"虽由人作,宛自天开"的原则;前者多建于水口,能剪裁真山真水,充分发挥新安山水的感染力,因地制宜,巧于因借,与山水、田野、村舍融成一体,自成天然之趣,不烦人事之工。历经数百年,徽州仍有不少村落的水口园林得以幸存,如黟县南屏、西递,歙县许村、棠樾、雄村,婺源洪源、坑头、晓起,绩溪瀛洲、冯村、石家村,休宁五城、富溪,祁门六都、张村。

造园活动渗透到书院,使徽州书院普遍园林化。歙县雄村的竹山书院濒江而立,位于雄村之端,凌云阁、清旷轩、曲廊等建筑,布局曲折、富有变化,满院的丹桂红榴修竹,堆叠其间的太湖石,颇得扬州、苏州园林之雅趣,置身其境可以悦情怡性激文思。黟县的南湖书院、绩溪的桂枝书院、休宁的还古书院等都是园林化的书院。

徽州古村落一般宅第都有庭院,今存实物如黟县西递西园、兰舫斋、桃李园、亦园、青云轩,宏村碧园、德义堂、承志堂,南屏半春园、碧山耕读园;婺源理坑云溪别墅,思溪敬序堂、庆余园;歙县棠樾遵训堂;等等。庭院园景布置,追求精巧、凝练、淡雅,有较为固定的章法,一般以鱼池为骨架,以带美人靠的回廊串联,以漏窗等丰富层次,适当点缀花木、庭石、盆景,园景高度写意化。

2　徽州古村落景观的形成机理

徽州地处亚热带湿润季风气候区,黄山、天目山和白际山脉环绕四周,山脉之间形成休(宁)歙(县)等盆地,源于四周山脉的新安江及其众多支流回环全境,形成闭塞但景色秀美的自然环境。徽州曾是古越人聚居地,后因战乱,成为中国历史上三次南迁人口的重要迁居地。南迁的中原人不乏衣冠巨族,他们本来就有着强烈的宗法观念、严密的宗族组织,入徽后由于生存的需要、文化的传承,中原世族极力维护、强化原有的宗法制度,聚族而居、尊祖敬宗、崇尚孝道、讲究门第成为徽州社会风尚。宋代,作为程朱理学故里的徽州深受其影响,宗法观念成为"天理",朱熹的《家礼》成为徽州人维系与强化宗族制度的基本准则。在宗法观念和宗族组织的支配、控制下,个人的升迁荣辱同宗族紧密相连。提高宗族的社会地位,有利于实现自身的理想和价值,自身的成功则可荣宗耀祖,提高本宗本族的社会地位。业儒入仕、荣宗耀祖是古时中国人的终极目标,徽州人也不例外,特别是他们中的世家大族,入宋以后虽不能恃门第之崇高而取得官职,但能凭其家学渊源,走科举入仕之途。

中原人迁徽人口增多,人地矛盾日益突出,于是经商之事业起。明清时期,徽州人大半以贾代耕,终成明中叶至清中叶数百年间,几执全国商界之牛耳的徽商。徽商经营致富后,因封建社会抑商政策等影响,采取"以末取财,以本守之"的方针,将大量商业利润转为土地资本,使两宋以前贫穷的徽州成为"富室之称雄者,江南则推新安,江北则推山右"[1]43的富庶之地。徽商的发展在资本、人力、结交权贵等方面得益于宗族势力的鼎力支持,为了回报宗族的支持,更为了终极目标的实现,徽商对强化宗族势力给予了异乎寻常的关注,不惜输巨金回故里,在物质上购置土地作为族中公产,其田租收入用来泽惠族众;在精神上广造祠堂、牌坊,修谱牒,宣扬宗法观念。商业逐渐取代农业成为徽州古村落的经济基础,徽商支持下的聚族而居、规模宏大的古村落以及村落中众多高大的祠堂、牌坊建筑形成直观可视的景观,历经数百年至今仍向世人昭示着昔日宗族的荣耀和威严,极大地渲染了徽州古村落宗法观念和宗法制度的氛围。

迁徽的中原大族将中原文化移植徽州,成为当地主流文化。至南宋,徽州作为朱熹的桑梓之地,读朱子之书,取朱子之教,秉朱子之礼蔚然成风,由此成为远近闻名的礼仪之邦,有"东南邹鲁"之称。"东南邹鲁"广设义学塾学、捐修官学、倡建书院,文化教育性建筑遍布徽州城乡,许多建筑至今保存完好,成为徽州古村落的重要文化景观,向世人昭示着昔日的教育盛况。至明代,徽州民居造型、色彩、布局等有了统一格调和风貌,形成了自己独特的体系,在中国建筑史上独树一帜。同时,具有很高文化素养的徽州人将自身思想情感、文化属性和价值观念通过民居等建筑的形式、风格和装饰体现出来,从而使徽州民居等建筑不仅具有很高的实用价值,而且具有深刻的文化寓意。

徽州古村落置于青山秀水之中,深得自然之利,采撷自然山水之美顺理成章地成为其景观特征的主要内容。古村落中颇具观赏性的民居等建筑融入青山秀水,造就了园林化的村居环境。园林化的村居环境有着多样的园林,徽州大好山水为多样园林的产生、发展提供了素材和舞台。徽州园林起源于唐代,到了宋代徽州造园技艺臻熟,文人雅士积极参与,更是左右了徽州园林的创构,为徽州园林注入了浓浓的书卷气[18]。明清时期"贾而好儒"的徽商寓迹四海,久客不归。晚年知还逸老,欲求肩息,雅志村泉,共叙天伦,于是大多输金回乡,筑室造园,为徽州造园活动提供了重要的物质基础。新安画派、徽派版画、徽州刻书等文化的崛起和繁荣,为徽州造园艺术提供了可资借鉴的文化资源,而徽州建筑、徽派盆景、徽州雕刻更是直接渗透到园林创作之中,使徽州园林既有古朴的田园风光,又超越了一般农人的境界,既是世外桃源,又有奢靡之态的多重表现。

总之,两宋以前徽州还是一个农耕山区,明中叶以后徽商的兴起,商业利润的回流,使之一跃成为"富接江南"的富庶之地。"富接江南""文风昌盛"和"秀丽山水"成为明清时期徽州地理环境的主要内涵,孕育出特有的徽州古村落景观,至今仍具有巨大的魅力。徽州古村落的景观特征及机理如图4所示。

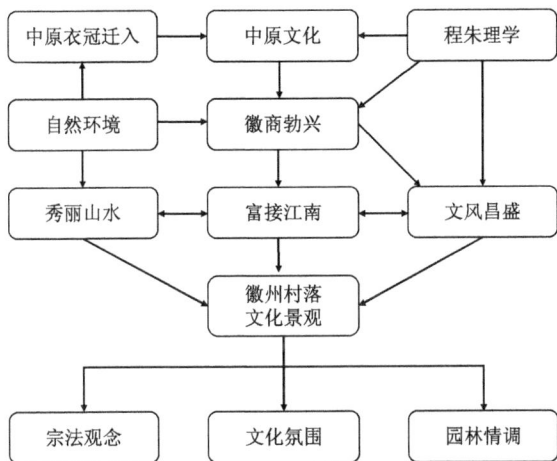

图4 徽州古村落的景观特征及机理

参考文献:

[1] 张海鹏,王廷元.明清徽商资料选编[G].合肥:黄山书社,1985.

[2] 许承尧.歙事闲谭[M].李明回,彭超,张爱琴,校点.诸伟奇,审订.合肥:黄山书社,2001:258.

[3] 张小林,汤茂林,金其铭.人文地理学[M].南京:江苏教育出版社,1996:237.

[4] 绩溪县地方志编纂委员会.绩溪县志[M].合肥:黄山书社,1998.

[5] 婺源县志编纂委员会.婺源县志[M].北京:档案出版社,1993.

[6] 黟县地方志编纂委员会.黟县志[M].北京:光明日报出版社,1989.

[7] 赵华富.民国时期黟县西递明经胡氏宗族的调查报告[J].安徽大学学报(哲学社会科学版),1995(4):41–48.

[8] 赵华富.黟县南屏叶氏宗族调查研究报告[J].徽州社会科学,1994(2):39–49.

[9] 东南大学建筑系,歙县文物管理所.徽州古建筑丛书——瞻淇[M].南京:东南大学出版社,1996:15.

[10] 休宁县地方志编纂委员会.休宁县志[M].合肥:安徽教育出版社,1990.

[11] 歙县地方志编纂委员会.歙县志[M].北京:中华书局,1995.

[12] 余治淮.桃花源里人家[M].合肥:黄山书社,1993:43.

[13] 宋子龙,晋元靠.徽州牌坊艺术[M].合肥:安徽美术出版社,1995.

[14] 祁门县地方志编纂委员会办公室.祁门县志[M].合肥:安徽人民出版社,1990.

[15] 李琳琦.徽商与明清徽州教育[M].武汉:湖北教育出版社,2003.

[16] 许亦农.中国传统复合空间观念(中)——从南方六省民居探讨传统内外空间关系及其

文化基础[J].建筑师,1990(38):71–96.

[17] 东南大学建筑系,婺源博物馆.徽州古建筑丛书——豸峰[M].南京:东南大学出版社,1999:71–83.

[18] 朱永春.徽州园林史略[J].建筑师,2002(100):56–60.

LANDSCAPE FEATURES AND MECHANISM OF HUIZHOU ANCIENT VILLAGE

LU Lin,LING Shanjin,JIAO Huafu,WANG Li

(Department of Geography,Anhui Normal University,Wuhu,Anhui 241000)

Abstract: Surrounded by continuous unbroken mountains, Huizhou, which abounds in bright mountains and limpid waters, is an important settlement for people migrated from the northern China for 3times in Chinese history, as well as the hometown for Cheng–Zhu Idealist Philosophy and Hui Merchants.The geographical environment of the Ming and Qing dynasties in Huizhu boasted beautiful mountains and rivers and flourishing style of writing, and thus, had created glorious regional culture of Huizhou characteristics.As one of the center of agricultural production and living place for Hui people, ancient villages are the major carrier of Hui Culture.Inhabitants of the same clan, city–like villages and the many high–rise ancestral halls and archways scattering in the villages, together form the directly perceived cultural landscape, exaggerating greatly the patriarchal clan concept and system in ancient Huizhou.Rich cultural atmosphere are reflected in such educational architecture as academy schools and old–style tutorial schools scattered in ancient villages as well as local people's residential architecture decorated with elegant and meaningful carvings and antithetical couplets. Gardening is a major feature of the residential environment in Huizhou villages.Shuikou garden, academy school garden and residence garden, the various kinds of gardens together set off more gardening atmosphere to Huizhou ancient villages.

Keywords: Huizhou ancient village; landscape features; mechanism

(原载于《地理科学》2004年第6期)

徽州传统聚落景观基因识别及其分析

辛福森[1],黄成林[1],尹寿兵[1,2]

(1.安徽师范大学国土资源与旅游学院,安徽芜湖 241000;

2.中山大学旅游发展与规划研究中心,广东广州 510275)

摘　要:借助"景观基因"理论,通过标志性建筑、民居特征、布局形态、主体性公共建筑、聚落装饰、参照性环境因子等六个识别性要素,对徽州传统聚落景观特征进行识别,进而构建徽派民居景观基因要素识别系统。牌坊、宗祠、水口园林是构成徽州传统聚落景观的主体基因,功能地位最突出;马头墙、天井可作为其附着基因和徽派民居景观的主体基因,较前者功能地位次之。它们共同构成了徽州传统聚落景观的内在特质及外在特征,是徽州文化的重要载体。

关键词:文化景观;徽州传统聚落;景观基因

中图分类号:TU984;C913　**文献标识码**:A　**文章编号**:1672-447X(2012)01-0035-05

　　聚落作为人类活动附加在地表上最直接、最醒目的景观,是文化景观研究的核心[1]。徽州传统聚落景观是徽州特定区域自然地理条件和历史文化过程共同作用下的产物,以明清古村落群为主体,内部空间主要由民居、祠堂、牌坊、书院、凉亭、街巷、园林、池塘等景观要素有机组成[2]。开展徽州传统聚落景观研究,对于保护、利用、传承地域文化多样性具有现实意义。徽州传统聚落作为徽学研究的重要组成部分,其历史、文化、科学、审美、旅游等多重价值吸引了多学科学者的关注和研究。2001年,皖南古村落——西递、宏村作为徽州古村落的典型代表入选世界文化遗产名录,古村落的旅游经济效益随后开始凸显,更加引起专家学者的重视。地理学者主要侧重传统聚落景观的区域差异、聚落形

───────────

基金项目:安徽省教育厅人文社会科学研究项目(2008sk096)。

态、空间布局、文化景观等领域的分析,如黄成林、陆林、刘沛林、申秀英等,分别
从文化生态[3],文化景观[4],文化含量[5]、特征[6]及机理[7],选址[8],空间意象[9]和人
居文化空间[10],传统聚落景观基因图谱[11],区划[12]等方面,对徽州传统聚落做了
分析和探讨。从总体上看,关于徽州传统聚落的地理学研究主要属于传统文化
地理学范畴。因此,借助"景观基因"这一新文化地理学视角对徽州传统聚落景
观进行微观分析,对于徽学研究体系下的专题研究无疑具有一定的学术意义。

一、景观基因内涵

　　景观基因理论是受生物学基因概念启发,将其引入文化景观研究领域并逐
步系统化的一种新理论,主要研究文化景观的内在特质、外在表达及其传承特
点,积极响应了国家"973计划"所倡导的加强"地学信息图谱"探索的要求,对文
化景观研究理论创新具有积极意义,属于新文化地理学范畴。景观基因侧重景
观内在的人文因素,特别是其象征意义。在新文化地理学视野下,景观基因是
作为景观分析的一种"符号"而出现的,同时具有"文本"的意义。

　　文化景观基因是文化"遗传"的基本单位,即某种代代传承的区别于其他
文化景观的文化因子,它对某种文化景观的形成具有决定性的作用,反过来,
它也是识别这种文化景观的决定性因子[13]。一种文化景观可能有很多文化因
子,但是它们对文化景观形成的作用有主次之分,功能地位有高低之分,那些
起重要作用的文化因子就是该文化景观的景观基因。从属性上,根据地位重
要性差异,景观基因可分为主体基因、附着基因、混合基因和变异基因等。一
个景观基因除了具有一定的外部形态之外,还包含深刻的内在成因,诸如自然
的、历史的、文化的、宗教的因素等,即具有显性和隐性双重身份。因此,比较
不同区域间的聚落景观差异,可以转化成直接对比不同地区的景观基因。景
观基因是普遍性与特殊性的辩证统一。此外,景观基因还具有层次性,比如区
域聚落景观基因、古村落(聚落)景观基因、民居景观基因等,这是针对景观基
因不同的空间尺度而言的。确定一个聚落或一定区域聚落的景观基因,大致
可遵循如下原则:①内在唯一性原则,即在内在成因上为其他聚落所没有;②
外在唯一性原则,即在外在景观上为其他聚落所没有;③局部唯一性原则,即
某种局部的但是关键的要素,为其他聚落所没有;④总体优势性原则,即虽然
其他景观有类似景观要素,但本聚落的该景观要素尤为突出[14]。

二、徽州传统聚落景观基因识别

徽州传统聚落景观主要指明清时期徽州府境内萌芽和成形的一种以物质功能为基础,以蕴含儒家伦理道德秩序为主要精神特征[15],并保存至今具有鲜明地域色彩的村落群体形态,是徽州人的主要生产、生活空间。徽州传统聚落主要分布在徽州"一府六县"一带,即今安徽歙县、黟县、屯溪区、徽州区、绩溪县、休宁县、祁门县和江西婺源县及周边地区。本文从标志性建筑、民居特征、布局形态、主体性公共建筑、聚落装饰、参照性环境因子等方面识别徽州传统聚落景观基因[14]。

(一)标志性建筑识别

牌坊是徽州聚落中最具标志性的礼制性(精神功能)建筑景观,是徽州文化的符号之一,融建筑与雕刻艺术于一体,象征着中原礼制文化"忠孝节义"这一中国传统儒家道德伦理秩序系统,是徽州人价值观的物化表达。牌坊有等级之分,不少牌坊往往需要直接得到皇上的恩准方可建造,因此牌坊是对个人乃至家族至高无上的恩荣褒奖。徽州牌坊多布局在祠堂前或村口处。从外观形态上看,主要分冲天式和牌楼式两类;根据其文化内涵和特定功能,大致可分为标志坊、功德坊、节烈坊及百岁坊[2],其中,以功德坊和节烈坊最多。

(二)民居特征识别

聚落是民居的综合表现,民居是聚落的基本单元[4],民居是徽州传统聚落中最具代表性的景观。徽派民居(含宅第)整合了北方"四合院"和江南山越"干栏式"建筑特征。封建社会建筑等级森严,官方对民间建筑规模、装饰及色彩上有严格限制,致使徽州古民居总体上呈"外隐内显、外俗内雅、外平内秀"即"民房其外、官邸其中"的基本特点。

(1)天井。天井是徽派民居的一大特色,由高墙和正屋围合而成的小面积露天空间,是浓缩了的自然空间,体现了"天人合一"的理念,也是自然选择的结果。除了通风、采光之用外,天井还与"财禄"有关。天井露天,能直接接收雨水,象征着徽州人"肥水不流外人田""四水归堂"的财富意识。徽派民居内部结构基本上以天井为中心构建,平面结构以"凹"字型、"口"字型、"H"型和"日"字型居多。

（2）楼层。二层楼居为主，明代民居一楼较低，二楼高敞，二楼作为主要活动区域，清代民居与之相反。

（3）屋顶。硬山顶，马头墙高出屋顶，屋顶双面青瓦。马头墙造型为叠落式，以三阶为主，多则五阶，异于南方其他古民居马头墙生动活泼的造型特点，受儒家思想影响，其外形比较规矩。马头墙有"坐吻""印斗""鹊尾"三种形式。马头墙高低起伏、层层叠叠，极富韵律感，是徽派民居极具识别性的景观要素之一。

（4）建筑材料。砖木结构，即外墙砖砌，屋面覆以小青瓦，内置木梁架（以穿斗式为主），地面方砖铺砌，屋架为干栏式。

（5）朝向。民居讲究朝向，风水学认为"宅之吉凶全在大门"，赋予门向特殊的象征意义。

（6）建筑色彩。外在特征白墙黑瓦青砖，立面黑多白少，与大自然浑然一体；室内木构件多呈木材原色，柔和自然。

（7）装饰。屋宇装饰以徽州木雕、砖雕、石雕为主，图案取材多样，注重喻义和谐音表达；前墙饰以门楼，有辟邪镇宅之说，分门罩式、牌楼式、八字门楼式三类；大厅内匾额、楹联、中堂、屏条高挂，桌椅、案几、古瓶、方镜各置其所，典雅工丽，富含寓意，儒家书香气息很浓，渲染了"东南邹鲁"之儒商文化氛围。门罩、窗楣、漏窗、隔扇等常采用徽州三雕装饰。

（8）街巷。街巷作为交通网络，夹于民居高墙之间，其宽度与民居外墙高度之比在1:5~1:10[4]，弯曲狭长，意境幽深。徽州街巷形式包括曲线、折线、直线、十字相交及"丁"字或"人"字型等[16]。徽派民居景观要素识别系统如图1所示[13]。

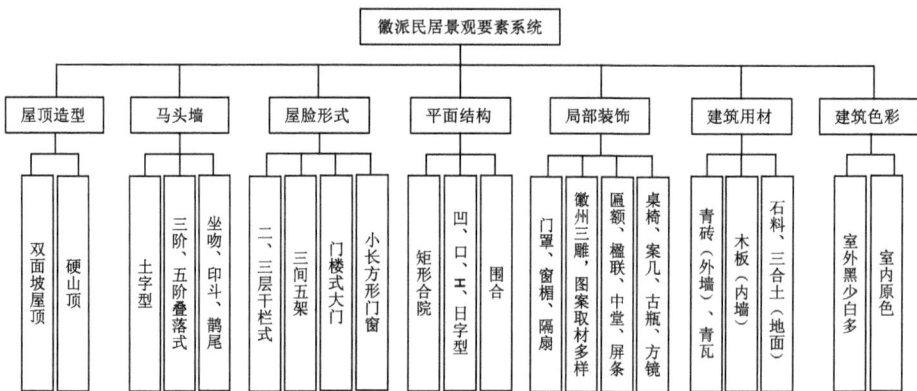

图1　徽派民居景观要素识别系统

（三）布局形态识别

宏观上,为营造理想人居空间,徽州村落和民居建筑的选址和布局,遵循"天人合一"及"物我为一"的观念,追求与大自然和谐协调的生态环境,园林化成为徽州古村落景观的主要特征之一[6]。

徽州聚落选址和布局追求的和谐人居环境观,在徽州风水文化中得到了集中表现。"风水之说,徽人尤重之"（清代赵吉士《寄园寄所寄》卷十一）,徽州古村落选址几乎每村必卜。《朱子语录》指出,徽州"古时建立村庄之际,乃依堪舆家之言,择最吉星缠之下而筑之,谓可永世和顺也",可见当时风水文化之盛行。聚落选址和布局以"依山建屋、傍水结村""枕山、环水、面屏"为基本原则,具体选址由堪舆家选定。

微观上,宗法伦理观念的物化是村落内部空间的基本特性[15]。"徽州聚族居,最重宗法",加上徽商经济支撑,因此徽州集聚型聚落占绝对优势,且规模较大,其中以团状和象形聚落形态最众。前者是聚族而居的结果,后者经堪舆家规划而成,具有特定的文化意境。徽州聚族而居的结果是多一村一姓,家族人伦秩序主导了聚落微观景观空间格局。聚落内部空间布局紧凑,以宗祠（主体建筑）为中心,围以支祠、家祠,民居复以支祠、家祠为精神中心,以血缘关系作为家族纽带,充分表征了徽州宗法制度之森严。浓厚的宗族观念是徽州以集聚型村落居多的主要原因之一。

（四）主体性公共建筑识别

（1）祠堂。祠堂按等级分为宗祠、支祠和家祠,亦是礼制性建筑,建构了徽州聚落主体精神空间。在徽州村落中,祠堂耸然高出民居,是村落必不可少的建筑景观。建筑风格分天井式和廊院式两种,一般由三四进院落组成。祠堂是徽州宗族文化的集中体现,"邑俗旧重宗法,聚族而居,每村一姓或数姓;姓各有祠,支分派别,复为支祠,堂皇闳丽,与居室相间,岁时举祭礼。"（民国《歙县志》卷一《舆地志·风土》）徽商的崛起为其奠定了坚实的经济基础。宗祠是聚落中最重要、最显著、最高大、最辉煌的公共性建筑,装饰精美,集建筑与雕刻艺术于一身,是全族精神空间和村落内部空间布局的精神中心,主要功能是祭祖、处理本族大事及唱戏看戏,遵从"左祖右社"古训布局。

(2)水口园林。水口是徽州村落必不可少的组成要素,多以河溪和桥梁为主体,辅以树、牌坊、亭、堤、池塘,甚至文昌阁、魁星楼、文峰塔等等不一[5]。"水口"是风水学术语,水口者,一方众水总出口处,主要发挥精神功能。风水中"水"为财富之象征,有人说水口事关村民命运和前程[17]。水口区位依山势或山脉的走向选取,一般处于山脉转折或两山夹峙、清流左环右绕之处,同村口方向一致。水口建筑结合周围绿水青山和园艺便形成水口园林。水口园林是山水、建筑、园艺、雕刻、书法的综合体。水口园林剪裁真山真水,自然景观占绝对优势,这与苏州人造园林有重大区别。水口园林位置依水口而定,具有生态、观赏、游憩等多种功能。

(五)聚落装饰识别

木雕华美多姿、砖雕清新淡雅、石雕浑厚潇洒,徽州三雕作为徽州建筑装饰无处不在,淋漓尽致地展示了徽州文化的深厚积淀及徽商的富庶。木雕主要装饰梁架、梁托、斗拱、雀替、柱拱、窗扇、栏杆等。砖雕主要装饰民居门楼或门罩及官邸和祠庙大门两侧八字墙等。石雕多用于住宅和祠堂基座、柱础、栏板或漏窗及牌坊形体。三雕图案取材多样,飞禽走兽、花鸟虫鱼、历史典故及民间传说居多,多有特殊的寓意。

(六)参照性环境因子识别

徽州传统聚落景观在意象上普遍呈现出"全村同在画中居"的泼墨式国画意境。徽州村落遵循"天人合一"的哲学思想,依山傍水,充分利用了本地良好的山水环境。徽州古村落依山而建、傍水而居,山水已经成为徽州聚落必不可少的组成部分。此外,徽州人受堪舆学说及商业文化影响,特别重视水,"水口"的设置和营建充分说明了这一点。

总体上,素雅淡秀的色调、别具一格的马头墙、布局紧凑的天井厅堂、奇巧多变的结构、精致优美的装饰、精巧雅致的陈设,承载着徽州文化的丰富内涵,是徽州文化价值观念在徽商支撑下的具体表达。

三、徽州传统聚落景观基因分析及提取

主体基因是指在聚落景观中占有十分显著和主要地位,主导聚落景观的属

性;附着基因是依附于主体景观而存在的,对主体基因起着定性的区别和加强景观属性的作用[14]。在以上分析基础上,根据景观基因识别原则及其内在形成机理可得出,牌坊、祠堂、天井、马头墙及水口园林是徽州传统聚落景观最重要的景观基因要素。从区域聚落景观基因层面分析,牌坊、宗祠、水口园林是徽州聚落景观的主体基因,马头墙和天井为附着基因,最具识别性及代表性。从民居景观基因层面分析,马头墙、天井是徽派民居景观的主体基因。

牌坊是徽州文化的一种符号和标志,是徽州精神文化的物化表达,象征着儒家政治伦理和道德观念。徽州人"官本位"之最高价值取向及徽州女人之节烈观,充分印证了这一点。徽商的雄厚经济实力为徽州牌坊奠定了经济基础。宗祠是徽州宗族文化和宗法制度的产物,得益于徽商的经济支撑,数量众多。二者作为徽州聚落主体景观基因,精神文化功能最为明显,是徽州宗族文化(中原宗族文化与程朱理学融合形成)的主要载体。

水口园林是徽州自然地理环境和徽州民俗(包括风水文化等)等共同作用产生的独立景观,是徽州文化的"特产"。水口园林重在水口。水口园林之内在特质和外在表达都符合徽州聚落景观主体基因的标准。徽州聚落景观基因以浓缩徽州古村落景观基因的共性为原则,因此该景观基因是普遍性(区内比较)与特殊性(区际比较)的统一。

马头墙是徽州传统聚落景观最具特色和识别性的景观要素,最初功能是防火,造型上富于地域特色,部分象征着徽州人商业文化寓意和价值取向,是徽派民居不可少的景观符号。徽州马头墙作为景观基因主要体现在其特征典型的外在造型上,而内在成因或功能上并非不可缺少,且只是民居、祠堂建筑单体等的附属品,在区域空间尺度上不能独立存在,但它又是识别徽派民居不可缺少的景观要素,具备对主体基因起着定性的区别和加强景观属性的作用,因此可作为区域传统聚落景观的附着基因和徽派民居景观的主体基因。

天井充分表达了徽州人"天人合一"的哲学理念及财富方面的寓意,它是构成徽派民居景观形态和空间结构的核心因子,是徽派民居不可缺少的景观要素,独具特色的天井可作为徽派民居景观的主体基因。

牌坊、祠堂、古民居及水口园林在徽州如此具有典型性,除了徽州典型的宗法制度和独特的商业、风水文化内在影响机制外,徽商雄厚的经济基础是其兴盛的根本原因。徽商输金故里,将大量商业资本转化成建筑实体而固定在徽州土地上。在封建社会,徽商的经济支撑最大限度地实现了文化(观念)转化成物质的可能性,而徽州聚落景观(通过空间)则是这些文化(观念)的具体表达和物质载体[18]。

四、结 语

通过对徽州传统聚落景观基因的初步分析可以得出,一方面,从区域内部和区际关系来看,徽州传统聚落景观基因既是最具普遍性亦是最具特殊性的聚落景观要素;另一方面,在徽商支撑下,徽州宗族文化、传统哲学(特别是程朱理学)以及儒商文化对徽州传统聚落景观微观结构的形成具有内在决定性。可以说,徽州传统聚落景观是徽商经济实力、徽州文化价值观念在徽州自然景观基础上直观的物化形态表达。

"徽州文化生态保护实验区"的挂牌以及黄山市"百村千幢"古民居保护利用工程的开展,客观上为深入研究徽州传统聚落景观提供了机遇和挑战。随着古村落文化旅游的勃兴,对其进行科学解读,挖掘其文化原真性,在保护利用和传承的基础上,合理发挥徽州古村落经济效益,走可持续发展道路,具有现实意义。关于徽州传统聚落的景观基因识别分析,只是徽州传统聚落"景观基因图谱"的起始环节,而采集传统聚落景观信息并利用GIS建立数据库,实施科学有效的管理才是最终目的[19],这有待于更多的专家学者共同参与和深入研究。

参考文献:

[1]汤茂林,金其铭.文化景观研究的历史和发展趋向[J].人文地理,1998,13(2):41–45.

[2]陆林,焦华富,凌善金.徽州村落[M].合肥:安徽人民出版社,2005:111–185.

[3]黄成林.徽州文化生态初步研究[J].地理科学,1995,15(4):299–307.

[4]黄成林.徽州文化景观初步研究[J].地理研究,2000,19(3):257–263.

[5]陆林,焦华富.徽派建筑的文化含量[J].南京大学学报(哲学·人文科学·社会科学),1995(2):163–171.

[6]陆林,凌善金,焦华富,等.徽州古村落的景观特征及机理研究[J].地理科学,2004,24(6):660–665.

[7]陆林,凌善金,焦华富,等.徽州古村落的演化过程及其机理[J].地理研究,2004,23(5):686–694.

[8] 刘沛林.传统村落选址的意象研究[J].中国历史地理论丛,1995(1):119-128.

[9] 刘沛林,董双双.中国古村落景观的空间意象研究[J].地理研究,1998,17(1):31-38.

[10] 刘沛林.古村落——独特的人居文化空间[J].人文地理,1998,13(1):34-37.

[11] 申秀英,刘沛林,邓运员,等.景观基因图谱:聚落文化景观区系研究的一种新视角[J].辽宁大学学报(哲学社会科学版),2006,34(3):143-148.

[12] 申秀英,刘沛林,邓运员,等.中国南方传统聚落景观区划及其利用价值[J].地理研究,2006,25(3):485-494.

[13] 刘沛林.古村落文化景观的基因表达与景观识别[J].衡阳师范学院学报(社会科学),2003,24(4):1-8.

[14] 刘沛林,刘春腊,邓运员,等.客家传统聚落景观基因识别及其地学视角的解析[J].人文地理,2009(6):40-43.

[15] 朱永春.徽州建筑[M].合肥:安徽人民出版社,2005:1-2,178.

[16] 张希晨,郝靖欣.皖南传统聚落巷道景观研究[J].江南大学学报(自然科学版),2002,1(2):179-183.

[17] 黄山高等专科学校徽州文化研究所,姚邦藻.徽州学概论[M].北京:中国社会科学出版社,2000:332-343.

[18] 迈克·克朗.文化地理学[M].杨淑华,宋慧敏,译.南京:南京大学出版社,2003:27-35.

[19] 邓运员,代侦勇,刘沛林.基于GIS的中国南方传统聚落景观保护管理信息系统初步研究[J].测绘科学,2006,31(4):74-77.

IDENTIFICATION AND ANALYSIS OF LANDSCAPE GENES OF TRADITIONAL HUIZHOU VILLAGES

XIN Fusen[1], HUANG Chenglin[1], YIN Shoubing[1,2]

(1.College of Territorial Resources and Tourism, Anhui Normal University, Wuhu, Anhui 241000;

2.Tourism Department and Planning Research Center, Zhongshan University, Guangzhou, Guangdong 510275)

Abstract: Based on the concept of landscape genes, the characteristics of landscape genes of traditional Huizhou village are identified from the six perspectives of landmark buildings, residential characteristics, layout patterns, main public buildings, village decorations and environment. And then, an identification system of Huizhou residential landscape genes is established. The article points out that being prominent in function and position, and gable wall and patio which are less important than the above mentioned three element serve as auxiliary landscape genes. And meanwhile, they can be seen as the main landscape genes of Huizhou buildings. Together, these landscape genes form the intrinsic and extrinsic feature of traditional Huizhou village and are considered to be the main carries of Huizhou Culture.

Keywords: Cultural landscape; traditional Huizhou village; landscape gene

（原载于《黄山学院学报》2012年第1期）

徽州传统村落景观的基本特征和基因识别研究

辛福森

（安徽师范大学国土资源与旅游学院）

摘　要: 传统聚落（村落）文化景观是文化地理学的主要研究内容之一,是开展区域文化研究的重要切入点。

徽州传统村落景观是徽州人地关系地域系统长期协调发展的产物,由各种自然环境因子和宗族、理学、风水、徽商等人文因子共同作用而形成。特别是徽商的崛起,重构了徽州人地关系地域系统的主要构成因素,"人"的因素比重加大,使徽州村落在形成机理和景观特征方面都表现得与众不同。徽州村落景观具有地域特色明显、可识别性强和景观文化内涵深厚等特点。

以往从文化景观角度所开展的徽州村落的地理学研究,主要集中在聚落选址、布局形态、演变历史、空间意象和景观要素的解释等方面,以文化景观为主线的村落整体研究相对较少,研究视角相对传统。本文从文化地理学角度,以文化景观为核心,以徽州传统村落为研究客体,综合运用聚落形态学、聚落地理学、历史学、建筑类型学等相关学科理论知识,对徽州村落的类型特点、景观构成和空间特征以及形成机理做了较为系统的整体研究,借助新文化地理学的景观基因视角和权力分析视角,对徽州传统村落景观的基因识别和表达,以及主要景观基因提取和分析做了初步研究,也许能为传统地域文化景观的信息管理、景观文脉的延续以及文化传承提供一定的启示。本研究对区域聚落规划和景观设计,旅游开发和规划,传统村落遗产的保护和利用,以及区域人居环境建设等也有一定的借鉴意义。

全文共五个部分。第一部分绪论,阐述研究依据及研究意义、相关研究综

作者简介:辛福森,2012届人文地理学硕士研究生,现为宁波远见旅游研究有限公司总经理助理,设计二所所长。

述、研究方法、主要研究内容和技术路线。第二部分界定主要概念，简述徽州村落景观形成的自然环境和历史文化环境（包括主要影响因子），分析徽州村落的空间分布特点。第三部分分析徽州传统村落的类型特点、景观构成和空间特征，以及徽州传统村落景观的形成机理。第四部分在第三部分的基础上，探讨徽州村落景观基因识别，提取了主要的景观基因，并做了比较深入的分析。第五部分总结主要研究结论，针对本研究提出了需要进一步探讨的问题等。

关键词：徽州；传统村落；文化景观，机理；景观基因

1 绪 论

1.1 选题依据及研究意义

1.1.1 选题依据

（1）随着城镇化、工业化、农业现代化和社会主义新农村建设的推进，传统村落景观所依赖的文化生态和自然生态正在经受着前所未有的考验，正面临数量锐减、建设性破坏、特色消失和景观文脉断裂等问题，传统村落景观的保护与地域文化精华的传承迫在眉睫。

（2）2008年，文化部批准设立"徽州文化生态保护实验区"，徽州传统村落等因承载着各种物质的与非物质的文化遗产而成为重点保护对象。厘清徽州传统村落基因，有利于"徽州文化生态保护实验区"建设。

（3）以传统村落景观为基础资源的遗产旅游已经成为旅游发展的重要业态和趋势，传统聚落景观正在发生功能转化，由村落景观向旅游景观转变，由村落文化向旅游文化转变，旅游成为弘扬和传播优秀地域文化的重要方式。在旅游开发中，传统村落景观的原真性丧失和景观文化扭曲现象时有发生，景观的文化内涵需要得到科学解读。

（4）徽学作为一门重要的地方性显学正在蓬勃发展，但是在徽学理论研究体系中关于徽州传统村落的文化地理学研究仍然比较薄弱，可能还缺乏整体性的系统研究，这方面亟待加强。

1.1.2 研究意义

（1）徽州传统村落的景观设计思想和人居环境的营造理念反映了中国人的

"天人合一"哲学观,即人与自然的和谐,这对当前的城市规划、村镇规划、景观设计和人居环境建设都有重要的借鉴意义。

(2)在文化旅游日益勃兴的今天,大众文化消费日渐勃兴。传统村落景观承载着丰富的区域历史文化信息,科学解读徽州传统村落景观内涵,认识和把握其核心特征,发掘其文化的原真性,一方面有利于区域聚落景观及其文化的科学保护和传承,另一方面有利于科学合理地实现文化的空间再生产,有效促进村落景观向旅游景观转变,村落文化向旅游文化转变,充分发挥传统村落景观的经济和文化价值。

(3)研究徽州传统村落景观,对于了解徽州文化景观环境,认识特殊时期区域人地关系系统的协调机制来说都是实质性的工作,对区域文化生态的保护同样具有一定的借鉴意义。

(4)本研究丰富了中国区域性传统聚落景观的研究内容,对徽州传统村落景观的研究视角有些微创意,对徽学理论研究体系和研究内容的丰富也有一定意义。

1.2   相关研究综述

1.2.1   国外关于传统村落景观的研究

聚落(村落)景观是聚落形态的重要表述方式,也是景观形态学的重要研究内容[1]。总体来看,国外关于传统聚落景观的研究视角较多,地理学、建筑学和历史(地理)学是聚落(景观)研究的主力军,它们有的虽然并不一定以"文化景观"理论为基础,但经常涉及聚落景观的内容。其中,有三种具有代表性的重要研究理论和方法:第一种是基于景观现象的聚落平面布局特征和生长规律的聚落形态学研究,第二种是基于艺术感受的聚落结构的特征化描述及其特征比较与原型提炼的聚落类型学研究,第三种是基于人类活动叠加在地表的文化景观的历史(地理)学研究[2]。比较有代表性的成果如下:

Schlter、Sauer、Conzen 等西方学者对聚落形态的研究做出了重要的基础性贡献。其中,Sauer 在 *The Fourth Dimension of Geography* 一文中认为,形态的方法是一个综合的过程,包括归纳和描述形态的结构元素,并在动态发展的过程中恰当地安排新的结构元素[3]。美国学者 Taylor 和英国历史地理学家 Conzen 采用基因的分析方法,分别研究了聚落空间布局的规律和历史市镇景观的形态[4,5]。Conzen认为,城市景观代表了人类文明累积的经验和场所特有的意识即"场所精神",是社区精神的物质化表现形式[6]。他指出,城市景观由街道系统、建筑形式和土地利用模式组成,三者相互联系组成了在形态上有别于周围区域的同质区域——"城市景观细胞"。这些"细胞"构成了城市景观单元,进而构成城市景观区域,并由此形成城市景观的等级体系。三个次一级要素变化的速度各异,所呈现的形态模式也不同,因此,城市景观细胞、城市景观单元和城市景观区域的划分比较复杂。等级体系体现的是城市景观历史发展的地理学特征,是区域历史性的浓缩。

20世纪60年代环境心理学的参与,以及80年代新文化地理学的兴起,打破了上述传统聚落研究视角的格局,使研究聚落景观的理论和方法更加多元,研究内容更加深入。

美国著名建筑学家凯文·林奇的《城市意象》在聚落研究历史中堪称里程碑式的著作,作者遵循以人为本的理念,首次提出"意象"的概念,开创了从感觉形式出发分析城市景观空间问题的方法,为此后的城市规划和设计提供了全新的理论视角。他在开展城市景观研究的过程中,将城市意象的形态分解为道路、标志物、边界、节点和区域五类元素进行分析,为聚落空间形态研究提供了新的范式[7]。此后,众多学者纷纷借助"空间意象"的理论方法对传统聚落展开研究。

聚落景观一直是文化地理学研究的核心之一。新文化地理学兴起以后,景观研究已经很少强调人类社会与自然环境的直接联系[1],景观的解释和分析综合运用了多学科理论视角[8],特别是社会学和文化学理论的广泛运用,直接造成景观解释方向趋于多元化[9-12]。在进行聚落景观的分析时,一是关注其形成背后的空间、文化和政治等景观过程,以及景观所起的作用;二是注重"看的方式",将聚落景观看作一个空间象征系统或"文本"[13],继而对其进行多层面、多角度的解读。其中,景观的权力表征分析或政治学解释成为主流模式[14]。

1.2.2　国内关于传统村落景观的研究

传统聚落(村落)是传统地域文化景观的集中表现,综合反映出区域文化景观的地理特征。传统聚落景观长期以来一直是国内文化地理学研究的重心。相对于一般区域而言,聚落实际上是一种小尺度的区域文化景观综合体,包括物质要素和非物质要素。

国内地理学关于传统聚落(村落)景观的研究,开始于20世纪80年代末至90年代初对民居建筑和区域聚落单体的描述[15]。此后,聚落景观研究逐步深入,研究的内容和视角逐步走向多元化。

刘沛林最早引进国外城市"意象"理论分析中国传统村落景观的空间特征[16,17],探讨了中国古村落的景观建构问题[18],并从"人居文化学"角度分析了古村落景观空间的基本特点[19],此后又探讨了广东侨乡聚落景观特点和景观遗产价值[20]。金涛等针对传统村落的相关特征表现及其环境和文化内涵做了考察[21]。黄成林[22-25]、陆林等[26-28]早期以文化生态学和文化景观理论为基础,针对徽州传统村落景观做了相关研究,是重要的区域性聚落景观研究成果。

张祖群等尝试构建了中国传统聚落景观的评价指标体系,通过指标及其权重的确定、指标量化与标准化处理、评价模型,探讨了相关评价方法[29],对景观定量化评价有重要开拓意义。邓辉采用"文化生态学法"和"横剖面复原法"相结合的框架,对燕北地区文化景观变迁开展了区域历史地理研究工作,并灵活有效地运用了RS和GIS手段,是典型的景观形态学和文化生态学研究成果,具有重要的借鉴意义[30]。周尚意等从新文化地理学的景观视角,分析了北京传统商业区景观改造前后文化表征的变化及其表征权力的变化[31]。近几年,刘沛林牵头的研究团队在传统聚落景观研究中引进了"基因"概念,提出了"景观基因理论",并结合GIS技术对中国传统景观展开"景观基因图谱"研究,取得了一系列重要成果[32-42]。"景观基因理论"主要涉及传统聚落景观的基因识别、基因表达、基因图谱构建、基因的GIS管理区系研究以及保护和开发等。利用"景观基因"视角开展传统聚落景观研究,在聚落研究中成为一种创新和特色,是我国文化地理学本土创新的理论成果,有学者开始借助这一理论开展地域传统聚落景观研究[43]。

建筑学专注民居的研究于20世纪90年代迅速扩展到聚落(村落)中各类型建筑的研究及村落结构、聚居形态和地域间聚落的比较探讨,进入聚落研究的层面[44,45]。20世纪90年代初由著名建筑学家彭一刚先生所著的《传统村镇聚落景观分析》一书,全面翔实地介绍了我国七大聚落景观区的民居、村镇聚落景观的基本特征、影响因素、布局形态和空间结构等,是一部系统性很强的代表性著作,堪称经典[46]。陈紫兰重点分析了传统聚落形态的界域性与中心性特征的形成因素及其影响[47]。李建伟等运用"空间结构理论"解读了陕西省华阳古镇空间体系,提出了空间格局再生的思路[48]。刘晓星对传统聚落形态演变途径做了比较研究,论述了自然式演进机制的特征与影响因素[49]。李宁等从秩序化、区域化、符号化三个方面对传统聚落的构成进行了分析[50]。建筑学关于聚落的研究进展非常迅速,研究视角不断向各人文学科靠拢。

1.2.3　徽州传统村落景观相关研究

1.2.3.1　地理学研究

徽州传统村落景观拥有强烈的个性和规律,吸引了学者的广泛关注。徽州村落的地理学研究始于20世纪90年代初,研究成果总体上不多,且主要侧重于村落景观及其要素的历史文化研究。

刘沛林依据古村落的可识别性和可印象性特征,引入"意象"概念,将徽州古村落作为典型之一,从感觉形式出发研究了古村落的多维立体形象,认为其具有中国传统聚落之山水、生态、宗族和趋吉避凶的共同景观意象,随后又从人居文化学视角分析了徽州村落环境空间的理念基础、空间意境追求和精神礼制基础[16,17,19]。他将徽州古村落的基本特点归纳为组团家族性、布局整体性、民居艺术性、建筑历史性和景观独特性等五个方面,并分别做了论述[51]。黄成林从文化生态角度探讨了自然地理环境对传统村落形成的影响,认为二者协调和谐,从文化景观角度论述了徽州传统村落和民居的基本特征及形成因素,探讨了徽州文化景观与徽州地理环境、中国传统文化的关系,指出徽商和徽州人传统观念是影响徽州文化景观的主要因素[22-25]。陆林等论述了徽派建筑的文化属性和社会价值,以文化景观理论为基础,分析了徽州古村落的景观特征,并从聚落地理学、文化地理学的角度探讨了其演化过程和形成机理[26-28]。

总体来看,地理学关于传统村落景观的研究,景观分析仍囿于传统文化地理视野,研究领域多侧重于村落的选址、布局形态等宏观特征描述,村落的景观结构、形成机理和景观变迁机制等方面的研究有待深入。

1.2.3.2　建筑学研究

徽州聚落的建筑学研究经历了从最初的基础资料收集到对民居的分类和特征描述,再到借助民俗文化、环境心理、社会经济等学科的研究方法,深入探讨聚落整体的特征与内在机制。以建筑单体的微观分析为基础向聚落层次过渡是建筑学研究传统村落的学科特点。研究内容主要集中于村落形态、空间结构、建筑形式、环境景观、聚落风水以及形成因素和历史演变等方面,侧重于对聚落物质文化的研究[52]。

　　研究对象既包括村落整体也包括村落构成要素,民居是一个研究重心。在村落研究方面,如姚光钰等论述了徽州古村落风水表征意义及风水文化对村落特征与形成的影响[53];陈伟探讨了徽州乡土建筑和传统聚落的形成、发展与演变[54];吴晓勤等从世界文化遗产角度较细致地分析了徽州古村落的形态特征、环境特色、建筑工艺特色及其价值[55];张希晨等以宏村为主线,对皖南古村落的街巷空间、形态、水环境等做了较为细致的研究[56],是徽州古村落街巷景观研究的重要成果;李春涛等基于"嫁接"理念对皖南古村落景观整治规划进行了诠释[57];谢震林分析了徽派建筑所反映的徽州山地特征、风水意愿和地域美饰倾向,着重讨论了自然地理环境对徽州村落的影响[58]。在民居研究方面,侯曙芳等论述了徽派古民居建筑的地域文化特征[59];孙丹则从徽州民居的布局、单体、装饰和建筑附件等方面阐述了其象征文化[60];李东等从空间、制度、文化与历史等新人文视角,对传统聚落与民居建筑进行了分析[61];王韡围绕宗族、宗祠和牌坊三种要素,分析了徽州古村落的权力空间象征和村落形态本质[62]。几位学者的研究成果在新理论视角的应用层面具有一定的创新意义。陈旭东指出,牌坊和宗祠是宗法观念在徽州古村落的景观体现和象征,并初步探讨了徽州村落的宗法文化景观[63]。戴慧等分析了徽州村落的空间意象特征[64],是关于城市意象相关理论的实证分析。吴敏等基于类型学理论对古徽州景观体系精神本源进行探寻,通过对地段时间、空间的再读,以时代性的语汇、材料、建构形态与法则,重新建立了景观与过去的联系,并就传统景观精神的描述、延续、传承与展望进行了论述[65]。该研究具有理论前沿性,是一次成功的尝试。刘阳从建筑美学角度探讨了徽州古村落布局形态的意象图形问题[66],并就徽州古村落园林化基础和特征做了深入分析[67]。总体来看,这一类成果的共同特点是分析视角比较新颖,同新文化地理学理论视角有些相似。

　　汪楠在《歙县古城空间形态研究》中,以城市空间形态理论为基础,从宏观和微观两个尺度由大到小剖析了古城的空间形态的特质[68]。束冬冬的《黟县古村落景观研究初探》一文从建筑学的角度,以黟县典型古村落西递、宏村、南屏、关麓和屏山为例,对古村落的外部景观格局和内部景观结构形态等方面做了详细分析[69]。孙明的《徽州古村落水口景观构建与解读》从水口与徽州传统文化的相互关系入手,从水口景观构建要素和艺术魅力两个方面,总结了水口景观的价值取向及其应用[70]。王韡借助哲学、社会人类学、经济学、地理学等相关理论，对徽州聚落变迁、徽州聚落文化特征、族权空间以及"风水"与族权关系等方面进行了剖析，较为系统地分析并揭示了徽州聚落物质形态背后的成因和机制，并阐述了聚落空间与"风水"空间在聚落形态发展历程中的重要作用和意义[52]。

　　专著方面，陆林等的《徽州村落》[71]和朱永春的《徽州建筑》[72]，分别从地理学和建筑学角度，从宏观和微观两个层面，系统地探讨了徽州传统村落基本问题。前者重点探讨了徽州传统村落的类型、演化、聚落选址、布局形态、空间组合、文化内涵等内容；后者重点论述了徽州建筑的历史发展、影响因素、建筑单体形态特征、单体组合、建筑构造与结构、工艺特征、景观意象、建筑风格、建筑空间、美学特征以及徽州园林等内容，探讨了徽州传统村落内部结构的问题，同时涉及村落的整体分析。段进等的《世界文化遗产西递古村落空间解析》，针对西递村做了系统性的空间研究，包括村落的形成因素、内部形态、外部形态、村落结构以及演化机制等内容，非常详细[73]。姚邦藻[74]（《徽州学概论》）、李仲谋[75]（《徽州文化综览》）针对徽州传统村落亦有论述。另外，历史学、文化学、社会学、人类学、生态学等学科领域的研究都曾涉及徽州传统村落，这些不同学科的研究成果为我们开展徽州传统村落景观的系统研究提供了重要借鉴。

1.2.4　几点启示

　　(1)以往地理学围绕文化景观核心议题所开展的传统聚落研究，多侧重于聚落的选址、空间布局及演变历史。近几年，地理学在聚落景观的研究视角层面有较大的突破，取得了一些重要研究成果。新文化地理学的出现和"外为中用"为传统聚落景观的解释提供了一些新的人文视角，比较有代表性的有景观基因理论，新文化地理学有关景观分析视角和方法。

　　(2)建筑学关于传统聚落的研究更加微观化，聚落的形态研究和空间研究仍是研究的重点，研究视角吸取了一些社会学和人文科学的理论和方法。

　　(3)徽州传统村落的建筑学研究成果较多，研究内容涉及方方面面，既包括建筑单体的微观研究，又包括聚落层面的宏观研究，研究视角多元化趋势比较明显，充分运用了人文科学的一些视角，对于徽州村落景观的地理研究具有重要的借鉴意义。

　　(4)以"文化景观"为核心开展的徽州传统村落的地理学研究，总体成果不多，研究内容主要集中在村落的选址、布局形态、演变历史、空间意象以及村落构成要素(建筑单体)的景观描述等方面,以文化景观为主线的村落整体研究较少,研究视角相对传统,新的聚落研究视角并未受到足够的重视,理论方法多局限于传统文化地理学的视野范围。因此,本文进行徽州传统村落景观的整体研究有较大的难度,也有较大的发展空间。

1.3　研究方法

本文涉及的视角、理论、方法有较强的学科交叉性和边缘性,以文化地理学为主,综合运用历史学、建筑学、社会学等相关学科的有关方法。

(1)利用文献分析法和实地考察法,以及聚落地理学、历史地理学的相关知识,认识徽州传统村落景观的生长环境、类型特征、构成要素、结构特征和景观形态等。

(2)借助聚落形态学和图示方法,以及历史学和建筑学的相关知识,研究徽州传统村落的景观类型、景观构成和空间特征等。

(3)利用历史学、社会学的相关视角和知识,探讨徽州传统村落景观的形成机理。

(4)借助新文化地理学的景观基因方法和权力空间分析法,建筑类型学,以及相关的历史学、社会学知识,进行徽州村落景观的基因识别分析和景观基因提取。

1.4　研究内容

本文的主要研究内容包括以下几个板块:

(1)徽州村落的类型特点。从徽州村落的来源、平面景观形态、功能和地形条件四个方面,以村落内部景观构成特点为参考因子,对徽州村落进行分类,并论述各个类型村落的主要景观特点。

(2)徽州村落景观的构成和空间特征。采用聚落形态学的研究方法,将徽州村落景观的构成要素归纳为点、线、面三种基本的景观形态,结合图片论述各个景观要素的形态、功能和布局特点。在此基础上,探讨徽州传统村落景观的空间构成和组合特点。针对徽州传统村落的空间分异现象,根据各个空间的功能、景观特点和景观意象,对徽州村落进行空间分区。

(3)分析徽州传统村落景观的形成机理,包括影响因素、模式和动力机制。

(4)徽州村落景观的基因识别和提取。确定识别徽州传统村落景观的核心因子,针对每个因子进行详细论述,把握徽州村落景观的地域特征。依据传统聚落景观基因的识别原则,提取徽州村落景观的主要基因,并利用新文化地理学的景观分析视角对各个基因进行分析。

1.5　技术路线

本文是关于区域性传统村落景观的基础性和综合性研究,具体技术路线如下:

(1)通过文献分析和实地调查,了解徽州传统村落景观的基本特征。

(2)界定与本文有关的主要概念,确定研究对象所在的文化区域,论述影响徽州村落景观特征的自然环境和人文环境因子,并在此基础上分析徽州村落的空间分布特点。

(3)借助聚落类型学、聚落形态学等理论和方法,具体深入地分析徽州村落的景观类型特点、村落的景观构成、空间组合和功能分区;借助历史学、社会学的相关视角,探讨徽州传统村落景观的形成机理。

(4)以聚落景观基因的视角和方法为基础,针对徽州传统村落景观的特点进行识别性分析,提取聚落(村落)景观点的主要基因,并进行较为细致的分析。

2　相关概念界定和研究区域概况

2.1　相关概念界定

徽州,又称新安,是一个历史文化地理概念,既代表历史行政区划地名,也是该区域的文化符号。该区域自秦代始设黟、歙二县,至隋唐置歙州,治歙县,唐大历五年(770)歙州始领歙、黟、休宁、绩溪、婺源和祁门六县。宋宣和三年(1121)改歙州为徽州,仍辖六县。历经元明清三朝,上述行政区域范围基本未变,"一府六邑"的区域格局一直维系到20世纪中叶,历经一千多年,面积约1.2×10^4平方千米,形成了稳固一体化的地域历史文化圈[27]。

目前,"一府六县"的徽州作为行政区的功能已经丧失,婺源划归江西,绩溪划入安徽宣城,徽州主体部分更名为黄山市,但徽州作为颇具地方特色的历史文化圈,并没有因为行政区划的变迁而失去传统特色,学术界和当地百姓仍习惯称"一府六邑"为徽州[27]。历史上,徽州作为中华传统文化典型传承区,曾创造出灿烂而特色鲜明的地域文化——徽州文化。徽州文化体系完善,集典型性、辉煌性及丰富性于一身,在中国传统文化系统中占有重要一席。依托其形成的"徽学"正在蓬勃发展,已成为中国三大地域显学之一。

本文所研究的徽州传统村落的区域范围包括当下行政区划上的歙、黟、休宁、绩溪、婺源和祁门等六县,该区域内的村落景观在环境性质、体系构成、结构特征与形成机理方面具有同构性。

(1)传统村落。村落是聚落的早期形式,随着城市的出现,聚落在景观和功能上出现分化,才有村落和城市之分。聚落是一定区域内人类进行各种形式活动的稳定空间聚居形态,是人类各种形式的聚居地的总称,不单是房屋建筑的集合体,还包括与居住直接有关的其他生活设施和生产设施,如房屋建筑,街道或聚落内部的道路、广场、公园、运动场等活动场地,为居民提供生活用水的池塘、河流、井泉,以及聚落内部的空闲地、菜地、果园、林地等物质要素[71]。聚落既是人们居住、休息和进行各种社会活动的生活场所,也是重要的生产场所。传统村落又称古村落或历史文化村落,是指在历史时期形成的、演化至今的、保留有明显的历史文化特征且历史风貌相对完整的古村镇[2]。

(2)文化景观。文化景观是人类利用自然提供的材料叠加在自然景观之上的人文活动形态(观念、思想、文化等),是地域文化的综合表现和主要物质表征,既包括自然要素又包括人文要素,既包括物质的景观文化也包括非物质的景观文化。文化景观可以反映出一个地方人地关系系统的协调机制。

(3)传统村落景观。传统村落景观是指传统村落外部形态、内部形态及其相互作用的村落综合体给人们带来的具体感受和意象[2],是一个文化地理学概念。村落景观是人类附加在自然景观之上形成的稳定活动形态,不同的村落景观是不同区域文化与自然环境相互作用的结果。村落景观的构成比较复杂,是由不同层次和类型的要素有机组合而成的多维立体系统。村落景观根据空间尺度划分,有村落景观区、村落景观群、单体村落景观和村落景观要素等。村落景观的可视性、可识别性和可解读性特征很强,因此它经常被视为文化区划的主要依据之一。另外,村落景观还有符号意义、象征意义和空间表征意义。

(4)徽州传统村落景观。徽州传统村落景观是指萌芽、成型和分布于明清时期徽州府辖区及其周边,在环境性质、历史背景、结构特征、形成机理和演化过程等方面具有同一性,在村落形态和整体风貌等方面具有相似性,在满足居住功能的基础上以表征和强化儒家文化为主要精神特征的具有鲜明地域特色的乡土聚落群。

2.2　研究区域概况

2.2.1　行政沿革

徽州处于皖、浙、赣三省结合部,历史上曾为吴国和楚国分界地,有"吴楚分源"之称,地处吴越文化区和楚文化区结合之地。徽州古属《禹贡》"扬州"之地。春秋时属吴国,吴亡属越。战国后期属楚国领地。秦置黟、歙二县,属会稽郡。南朝设置新安郡,隋唐改称歙州,治歙县。宋宣和三年(1121),朝廷在平定方腊之乱后,改歙州为"徽州",属于江南东路。元升为"徽州路"。明清改称"徽州府"(图2-1),治所仍在歙县,下辖歙县、黟县、休宁、绩溪、婺源、祁门六县。康熙六年(1667),江南省分为安徽省和江苏省,徽州府属安徽省。

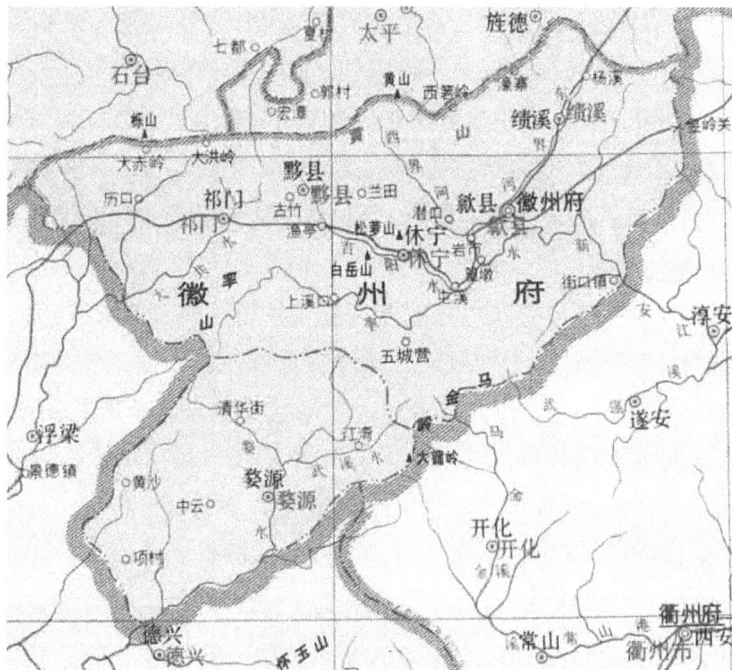

图2-1　明清时期徽州府行政区划范围示意

〔资料来源:谭其骧《中国历史地图集》,中国地图出版社1996年版〕

　　1912年,民国废府,各县由省直辖,"徽州"不再作为行政区划名称。1934
年,婺源县划归江西,1947年划回安徽,1949年复划归江西。1949年设徽州专
区,专署驻屯溪,辖屯溪市及歙县、旌德、绩溪、休宁、祁门、黟县六县。其后辖境
屡有变动。1971年改称徽州地区。1987年,绩溪划入宣城地区,撤销徽州地区、
屯溪市和县级黄山市,设立地级黄山市,市政府驻原屯溪市,辖屯溪区、黄山区
(原县级黄山市)、徽州区及歙县、休宁县、黟县和祁门县。其中,歙县析出岩寺
镇、潜口、呈坎、罗田、西南溪、洽舍、富溪、杨林七乡及郑村乡瑶村,成立县级徽
州区。

2.2.2　自然地理背景

　　徽州地处皖浙赣接壤的山地丘陵之中,属于典型的亚热带湿润季风气候
区,是一个相对独立的自然地理单元。徽州境域大部地处皖南山区,万山环绕,
川谷崎岖,地形复杂,交通难行,历史上长期与外界"通而不畅"。"群山环抱,盆
地居中",基本概括了徽州地形结构(包括区域的和区域下更小的境域)的特
征。整个区域除了婺源,四周高山环峙:北倚黄山山脉,东南靠天目山山脉,南
有白际山、五龙山山脉,西有牯牛降山脉,崇山峻岭,如蜀之剑阁,乃易守难攻之
所。正如民国许承尧在《歙事闲谭》卷十八中所言:"徽之为郡,在山岭川谷崎岖
之地,东有大鄣山之固,西有浙岭之塞,南有江滩之险,北有黄山之厄。即山为
城,因溪为隍。……自睦至歙,皆为鸟道萦纡。两旁峭壁,仅通单车。"境周万山
回环,境内亦由低山和丘陵围合成大小不一、为数众多的谷地、盆地,同样呈现
出山岭环峙的特征。

　　具体到徽州"六县",地理格局又略有差异。歙县地处黄山、天目山之间,北
部黄山诸峰海拔皆在1 800米以上,东北部之天目山主峰清凉峰海拔也高达1
787米。明代歙县《方氏家谱·序》云:"歙以山谷为州也,其险阻四塞几类蜀之剑
阁矣,而僻在一隅,用武者莫之顾,中世以来兵燹鲜焉,以故故家旧牒多有存
者。"婺源与休宁交界处的大鄣山主峰海拔1 629.8米,婺源西南部的凤游山海拔
675米。休宁境内主要山峰海拔均在800米以上,西北部的白岳(齐云山)海拔
虽仅585米,但诸山之间落差非常大,处处悬崖峭壁。黟县山脉绵延起伏,群峰
环抱,黄山支脉五溪山主峰三府尖海拔1 227米。有族谱描述:"徽州处万山中,
而黟又在徽州群山之隘,略无平处。"弘治《徽州府志》亦载:"黟之为邑,东有石
门山之固,西有顶游峰之塞,南有鱼亭山之险,北有牛泉山之厄。自墨岭两石相

对,如蜀剑门。"可见地形之崎岖。祁门与黟县接壤,地形地貌相差无几,山地丘陵比重更大。祁门县地处徽州西部,峰峦起伏,山势陡峻,境北的牯牛降主峰海拔1 728米。府境南部婺源与休宁搭界,境内有大小山峰200多座,主要山峰有障公山、石耳山、五龙山、莲花山、灵山等。

徽州山清水秀,与山相伴而生的还有水,境内群山之间分布着无数山间谷地,山谷间穿流着众多大小溪流。主要水系有新安江水系、阊江水系、青弋江水系、水阳江水系和秋浦河水系等。这些水系既为迁徙至此的徽州家族孕育了栖身繁衍之地,也为徽州通向外界提供了联系通道,为徽商开辟商业通道奠定了基础。这些交通水路大体归纳为四条:①新安江。练水自支流临溪、西溪南、丰口以下,横江自黟县渔亭以下,率水自休宁上溪口以下,皆通舟楫。东由歙之街口出境,下达淳安、建德、杭州、上海及兰溪、金华、衢县各埠。②婺水。北支流自清华以下,东支流自江湾以下,皆通舟楫,西由大白入江西乐平,经鄱阳湖至九江入长江。③大洪水(阊江上游)。自祁城以下,通舟楫,南由倒湖入江西,通浮梁、景德、鄱阳,以达九江、汉口。④青弋江。经旌德北上至徽水,顺流直下,经青弋江可达长江沿岸重镇芜湖等。

徽州最大的盆地(谷地)当属新安江谷地和练江谷地。新安江谷地即境内发育最大的休歙屯盆地,面积约155平方千米;练江谷地约112平方千米,分布于歙县境内。两大谷地连成一片,构成弧形平旷地带。此外,还有祁门县祁城盆地、黟县黟城盆地和休宁县五城盆地,但面积相对小得多。这些盆地、谷地与上述水系相互作用发育而成的肥沃平地,成为村落的主要分布区。境内的可耕地基本集中在这些河谷和山间盆地之中。徽州耕地又分两类,即"在山谷者为山田,在旷野者为畈田",畈田即河谷盆地中的水田,约占本区土地总面积的十分之一,是徽州主要粮食产地。因此,耕地所在之地即宗族聚居之地,一般分布于村落周围,是徽州村落不可缺少的物质因素。

民国吴日法在《徽商便览·缘起》中说:"吾徽居万山环绕中,川谷崎岖,峰峦掩映,山多而地少。遇山川平衍处,人民即聚族居之。"徽州土地利用格局大约可概括为"七山半水半分田,二分道路和庄园",乃山多地少、易守难攻之地,也是名副其实的山水灵秀之所。这种自然地理环境虽然对村落的建设和发展有一定限制,但也为山环水绕的人居环境与宗族繁衍发展提供了世外桃源般的先天地理条件。

2.2.3　历史人文环境

（1）文化整合。徽州土著居民称为山越人,他们创造的山越文化是徽州的本底文化。"山越本亦越人,依阻山险,不纳王租,故曰山越",其生存行为特点体现为群居于"深山远薮"之中,乃"椎髻鸟语之人",且"好为叛乱,难安易动"[76]。山越人这种特性表明,当时徽州发展水平与同时期的中原地区相比相差甚远,其生产生活方式也很落后。

从东汉至南宋,北方中原地区长期作为王朝政治中心,朝代更替,战乱频仍,迫使大量中原士族和百姓南迁避乱。徽州因得天独厚的自然地理环境,成为历次移民大潮的理想避难场所,这其中包括中原衣冠士族,他们直接或辗转迁至徽州山区择居发展。迁入本地的中原衣冠同土著山越人展开了长期斗争,并最终凭借先进的文化和宗族手段反客为主,这场文化冲突最后以中原文化整合山越文化而告终。唐代以后的诸史册已不见"山越"之称,山越文化自此开始步入新安文化阶段(徽州文化前身)[77]。

可以看出,徽州在历史上属于典型的移民社会。概括来讲,中原移民选择徽州避难主要有两个原因:一是徽州地形崎岖复杂,"兵燹鲜至",与世隔绝;二是徽州山清水秀,"世外桃源",易于安居乐业。自然地理环境为宗族繁衍和发展提供了绝好的条件,正如族谱所言:"盖以地僻大江之南,万山回环,郡称四塞,即有兵火,不至延久。故其民多生全,而庶甲海内,隋唐世家,历历可考,且家各有谱。"①

（2）徽州文化。主要是指宋、元、明、清,原徽州属下歙县、黟县、休宁、祁门、绩溪和婺源等六县所呈现的,既有独特性,又有典型性,并具有学术价值的各种文化现象的总和②。它根植于本土"小徽州",伸展于中华大地,尤其伸展于以江南和淮扬地区,以及芜湖、安庆、武汉、临清等城市为基地的"大徽州",由大、小"徽州"互动融合形成的徽州文化区,是一个具有稳定性和完整性的文化地理单元。中原文化是徽州文化的原始基因,徽州文化是对中原文化的继承与发展,融普遍性与个性于一身。徽州文化体系完备,自成一派,集典型性、辉煌性、丰富性于一身,其产生、发展以及传播,皆受徽商商业活动的影响。徽商雄厚的经

---

①《桂溪项氏族谱·新都小溪项氏族谱·序》,转引自赵华富《明清徽州西递明经胡氏的调查》,《安徽史学》1994年第4期第20页。

② 叶显恩:《徽州文化全书·序》,安徽人民出版社,2005年版。

济支撑是徽州文化繁荣的基础,因此有学者将徽商形象地比作徽州文化产生的"酵母"[77],徽商同时不自觉地扮演了"文化使者"的角色。徽州文化是一个多层次、宽视野、全方位的文化系统,其中宗族文化、商业文化占据主体地位,两者皆受理学思想的制约,理学、宗族、徽商三位一体,长期互动贯通,催生出"儒官商互动"运营模式(图2-2),形成了徽州文化的发展机制。这也是催生徽州文化全面开花的根本原因。清朝后期,在国内战争、外族入侵、盐政改革及朝廷剥削等内外交困的形势下,徽商未能因时应变以适应新形势而不断走下坡路,最终归于消亡。自此,盛极一时的徽州文化也随即迅速衰败,一蹶不振,并告一段落。

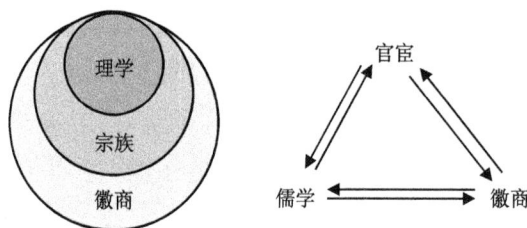

图2-2　徽州文化中的"三位一体"(左)和"儒官商互动"(右)

有人将徽州文化的主要内涵概括为"学成派,商成帮,名人成群"[78],其主要内容涉及徽州经济、社会、教育、学术、文学、艺术、工艺、建筑、医学等众多领域,体系完备。

从徽州文化发展演化过程和机制中可以得出三点重要启示,一是人口流动、文化交流对于(区域)文化发展的重要性,二是文化的发展昌盛建立在经济发展基础之上,三是文化水平的提高对经济的发展具有极其重要的作用。

(3)理学。即宋朝以后儒学变体,在南宋理宗时期被钦定为官方哲学,此后占据意识形态统治地位达800年之久,对中国文化进程产生了深远影响。徽州乃"程朱阙里",受理学熏陶颇深,并将其继承发展为"新安理学"。南宋以来,徽州儒风独茂,人才辈出,人文荟萃,形成许多著名的学术流派和文化品牌,声名远播,被誉为"东南邹鲁",这与理学的昌盛有重要关系。朱熹是理学集大成者,在徽州享有与孔子同等地位。他将宗法伦理提高到"天理"的高度,各大宗族对他顶礼膜拜,将其所著《家礼》(以三纲五常为指导思想和基本原则,加强"礼"治,强调伦理秩序)奉为圣典,视为行动指南,写入族规家典,自此理学彻底实现了世俗化。鉴于理学的影响,有学者认为理学是徽州文化的理性内核[79]。理学定格了徽州人的价值观,三纲五常、三从四德、忠孝节义、"官本位"等儒家伦理纲常和思想观念深入人心,使理学在学理上和实践中都得到了淋漓尽致的发挥,正如清代休宁吴青羽撰《茗洲吴氏家典》所言:"新安为朱子阙里,而儒风独茂,岂非得诸私淑者深欤!""我新安为朱子桑梓之邦,则宜读朱子之书,取朱子之教,秉朱子之礼,以邹鲁之风自待,而以邹鲁之风传之子若孙也。"

理学的另一重要表现是对教育的重视和实践,致使移植而来的中原尚文重教的传统也完全世俗化。正如元代休宁学者赵汸在《商山书院学田记》中所说:"新安自南迁后,人物之多,文学之盛,称于天下。当其时,自井邑田野,以至远山深谷,民居之处,莫不有学、有师、有书史之藏。其学所本,则一以郡先师之朱子为归。凡六经传注、诸子百氏之书,非经朱子论定者,父兄不以为教,子弟不以为学也。是以朱子之学虽行天下,而讲之熟,说之详,守之固,则惟推新安之士为然。然故四方谓'东南邹鲁'。"教育发达,必然人才辈出,其中不乏名臣巨贾。徽州极力倡导理学,这也是徽商成为"儒商"的根本原因之一。那些归隐乡里的官宦、商贾和文人雅士,以清高和超脱的心态构思营建和点缀装饰村庄家园,极大地提升和丰富了村落景观的文化内涵和意象。

(4)宗族。宗族起于周代,是指历史上形成的以父系血缘关系为纽带的社会人群共同体,原为世家大族专有,后经儒教和统治阶级的提倡而逐步在民间走向世俗化。宗族文化是中原文化植入徽州的一个核心文化基因,并在新环境中演变成具有政治、经济、社会、文化等多种功能的综合变体[80]。宗族组织严密,等级森严,是封建社会基层社会组织系统的基础。纵观徽州历史,宗族奠定了区域全面发展的基础,统领族内各项事务,牢牢控制着村落的经济和政治命脉,并左右着村民的精神文化生活。徽州属于典型的宗法社会,宗法思想渗透在徽州人的一切社会活动中,村落的管理制度几乎等同于宗族管理制度。宗族制为基层社会的稳定做出了积极贡献,因此被封建统治阶级作为实现基层社会统治的重要手段。

徽州宗族主要有八个基本特征:共同的始祖,以血缘关系为纽带,有明确的昭穆次序,开展一定的集体活动,一定的聚居地点,一定的组织管理形式,有族规家法和族产[76]。徽州宗族文化主要表现在宗法、家庙、族规、祭祀、族产五个方面。徽州宗族文化随中原士族南迁移植而来,至南宋与理学迅速实现整合,宗族制度化格外明显,如"尊祖"必叙谱牒,"敬宗"当建祠堂、修坟墓,"睦族"需有族产赈济,等等。封建土地所有制和自给自足的自然经济是徽州宗族形成的根本原因[76]。

徽州宗族来源主要有二，一是山越土著人的转化，二是外来"中原衣冠"的迁入。其中，中原衣冠占主体。中原衣冠迁徙徽州主要有四个原因，即逃避战乱、向往徽州山水、宦游徽州、隐居徽州[76]。秦汉以后，南宋之前，是徽州移民的鼎盛期。民国《歙县志》卷一《舆地志·风土》说：新安"大族，半皆由北迁南，略举其时，则晋、宋两南渡及唐末避黄巢之乱，此三期为最盛"。徽州绝大多数宗族成型于唐宋，兴盛于明清。据叶显恩《明清徽州农村社会与佃仆制》统计，徽州大姓士族迁徙情况如表2-1所示。

表2-1　徽州宗族姓氏迁入时间统计

年代	姓氏	总计
两汉	舒、方、汪	3
两晋	鲍、余、俞、黄、程、叶、戴	7
南朝、隋朝	任、闵、徐、谢、詹	5
唐朝	姚、蒋、范、仰、吕、郑、凌、洪、祝、吴、查、冯、周、夏、陈、朱、周、江、梅、毕、罗、康、王、潘、顾、金、赵、施、齐、卢、张	31
五代	邵、项、许、胡（明经）、何、李	6
两宋	韩、滕、苏、马、饶、臧、佘、庄、杜、葛、章、游	12
元朝	田、仇	2
总计		66

根据《新安名族志》的统计，至明代中叶，徽州"名族"共计84个，其中可确认从中原等外地迁入的有60多个，占总量的80%以上[81]，属于典型的移民社会。

徽州宗族发展不平衡，势力悬殊，素有"徽州八大姓"和"新安十五姓"之说。"新安十五姓"是指程、汪、吴、黄、胡、王、李、方、洪、余、鲍、戴、曹、江、孙等十五大姓，前八姓即"徽州八大姓"。以上各姓大族由于入徽较早，支繁派多，在各县均有分布，点多面广。民国《歙县志》卷一《舆地志·风土》说："邑中各姓以程、汪最古，族亦最繁。"据《新安名族志》记载，仅汪氏在各县即有百余处分布点，其中歙县20处、休宁38处、婺源14处、祁门17处、黟县11处。大姓迁居徽州的历史早，对徽州村落发展贡献大、影响远。

交通闭塞、山水秀丽的区域地理条件和尚文重教、崇尚理学的人文精神，推动了徽州宗族的稳定发展，而徽商的崛起则进一步将宗族的繁荣推向顶峰。宗族之间和宗族内部的竞争是宗族发展的内在动力，竞争方式主要是科举入仕和经商。宗族的发展对徽州村落发展的影响主要有三个方面:第一,规整、成片的徽派民居是宗族繁荣昌盛的结果和表现;第二,宗族的繁衍和裂变是徽州村落的起源、空间生长和空间扩散的基本动力;第三,宗族"聚族而居,最重宗法"的习尚,深刻影响村落景观的发展模式,村落景观的空间结构在很大程度上是宗法制度的表征。

(5)徽商。徽商本质上是徽州宗族的一个特殊群体,并自始至终受宗族的制约。这一点可以徽商的发展历程、行为特点和局限性为佐证。依靠宗族力量开展商场竞争是徽商经营的主要手段,这也是徽商区别于其他商帮的重要特征。这里有两层意思,一是徽商建立的商业网络带有明显的血缘性、地缘性特征,推崇"携族人乡党以共事";二是宗族与商业经营的联合催生出"儒官商一体"的运营模式,即"以商从文,以文入仕,以仕保商",借助宗族势力取得政治庇护。

徽商出现之前,徽州生产生活方式与中国其他地区的常规方式并无二致,即"耕以致富,读以荣身"。但随着本区人口增长与土地资源短缺的矛盾不断加剧,人的生存受到严重威胁,使一向怀土重迁的徽州人被迫外出经商,并从此拉开了徽商称雄天下的序幕。从徽商的起源看,背井离乡实"乃时也,势也,亦情也",情非得已。据统计,明万历年间(1573—1620)徽州人均耕地2.2亩,清康熙年间(1662—1722)降为1.9亩,道光年间(1821—1850)仅有1亩出头[82]。根据当时的生产力水平,人均耕地至少4亩才能维持温饱[82]。人地矛盾成为徽州人外出谋生的内在驱动力。此时,恰逢明中叶江南地区出现资本主义萌芽,商品市场的繁荣加上较好的地理区位,为徽商壮大创造了客观条件。徽州盛产木材、茶叶等,这是徽商出贾的基础,并以此与外界互通有无。明朝后期徽州即出现"徽俗十三在邑,十七在天下"的局面,社会职业结构大变。明嘉靖到清嘉庆年间(1522—1820)是徽商鼎盛时期,执商界之牛耳达300年之久。由于强固的封建社会体制和思想的束缚,徽商资本仅限于流通领域,投入生产领域的资本有限,加上海外势力的入侵和战争破坏,徽商未能适应外部环境变化向新式商帮转变,最终归于消亡。

徽商乃封建商人,秉承"以末致财、用本守之"的观念决定了徽商一旦发迹,便衣锦还乡,通过大兴土木、建宅第、修祠堂、筑路桥、开学堂等方式反哺家乡,以此满足和实现其光宗耀祖的终极目标。徽商资金回输的行为为村落景观的营造给予了决定性的物质支撑。此外,徽商的反哺行为提高了宗族人丁繁衍和扩张的速度,间接地加速了村落的空间生长和分裂扩散。

(6)风水。风水是一门独特的中国文化景观[83],它本质上是一门关于选择和营造理想人居环境的经验性学说,有其系统理论体系和实用模式。风水学说体系庞杂,是中国古代重要方术之一,注重物质(自然山水形势)和精神上的双重需求,是古人择址定居的基本理论依据。风水玄奥复杂,若抛却其迷信成分,亦有其合理之处,比如"大地有机说",即主张天、地、人三元归于自然,其因借自然和尊重自然的理念与"人地关系协调论"不谋而合。以现代话语审视,风水兼具心理暗示和生态重建双重意义,囊括了心理学、生态学、美学、地理学等科学思想。

何为风水?晋人郭璞传古本《葬经》说:"气乘风则散,界水则止,古人聚之使不散,行之使有止,顾谓之风水。"风水理论经先秦至唐宋近千年的发展,体系不断完善,至明清时期已臻成熟,风水书籍大量涌现和流行。风水一般分"形法"和"理气"两派,分别以江西、福建为中心。徽州毗邻江西,属形法派,重物质实体和山水形势。徽州山环水绕、丘陵崎岖的自然地理环境为风水理论的实践和发挥提供了理想的用武之地。

徽州风水随中原移民传播而来,经长期发展演变为区域重要民俗,并与理学、宗族糅合而带有很强的宗法性,颇受本区社会的重视。"风水之说,徽人尤重之"。徽州人"迷信"风水由来已久,历史文献多有记载,如弘治《徽州府志》载:"安土重迁,犹愈于他郡。泥于阴阳,拘忌废事,且昵鬼神,重费无忌惮。"清代赵吉士《寄园寄所寄》亦载:"风水之说,徽人尤重之,其平时构争结讼,强半为此。"徽州可谓无村不卜,纵观徽州各族家谱、村志,几乎都有对本族始迁祖相地卜居过程的追述,可见风水之盛。这是因为在徽州人的思想观念中,风水事关宗族与村落的荣辱兴衰,于是相地选址成为宗族建村的首要环节,为寻得一方乐土以护佑本族发达昌盛,各宗族甚至不惜代价。

风水对村落景观的影响首推一套系统的聚落空间选址和布局模式,即风水(空间)模式(图2-3),这对村落的外部形态特征产生了决定性的影响。其次,水口也是徽州村落极其重要的风水景观,在村落建设中水口的选择、营造几乎与祠堂同等重要,是必不可少的工程。此外,村落内部建筑(特别是民居)的选址、布局、朝向和装饰也有具体的风水要求。对于不符合风水或有悖风水之处,一般通过采取人工调适、避让或符镇等手段予以改造或禳除。

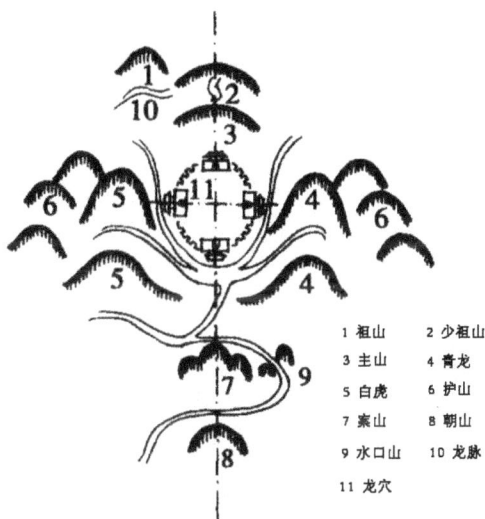

1 祖山	2 少祖山
3 主山	4 青龙
5 白虎	6 护山
7 案山	8 朝山
9 水口山	10 龙脉
11 龙穴	

图2-3 理想风水聚落空间选址模式

(资料来源:陈晶《徽州地区传统聚落外部空间的研究与借鉴》,清华大学硕士学位论文,2005年)

(7)经济结构。徽州素有"七山半水半分田,二分道路和庄园"之说,有限的耕地限制了农业经济的长足发展。人口的急剧增长与有限的土地资源形成的尖锐矛盾,成为徽商崛起的内在动力。明中叶资本主义萌芽产生和商业市场的繁荣,为徽商迅速崛起提供了机遇。明清之际经商在徽州已成风尚,出现"以商贾为第一等生业"(明凌蒙初《二刻拍案惊奇》)和"服田者十三,贾十七"(明万历《祁门县志》)的职业结构,遂形成了"天下之民,寄命于农,徽民寄命于商"的局面。徽商发展堪称迅速,明代即有"富室之称雄者,江南则推新安,江北则推山右"(明谢肇淛《五杂俎》卷四)的说法,此时徽商已与晋商相提并论。万历以后,徽州从商人数占总人口的比重已经很高。

除了商业经济,徽州农业经济、山场林业经济(种植林、茶、桑等)、手工业经济(建筑、雕刻、竹类编制等)等辅助经济业态也是重要的营生方式[82]。

徽商"以末致财、用本守之"的经济行为对家乡的宗族发展和村落建设起到了反哺作用。特殊的经济结构,导致徽州村落不同于一般的农业型自然村落,多形成"寄生"型村落。

(8)社会结构。在徽州宗族社会组织结构中,个人被严格控制在宗族组织网络中,个人利益必须服从宗族利益。宗族成员的个人升迁荣辱同宗族兴衰密切相关,光宗耀祖成为每个宗族成员的终极追求。徽俗聚族而居,重宗法,宗族是社会的基本单位。宗族又以家庭为基本细胞,自上而下形成严密的人伦等级网络。以现代家庭分类来看,徽州家庭可分为主干家庭、核心家庭、残缺家庭和累世同居的联接家庭等类型[77]。

自明中叶徽商崛起以来,徽州社会组织结构开始由大家庭—大宗族向小家庭—大宗族的组织模式转变[77],大家庭的分裂和小家庭的独立已是大势所趋。商人家庭比重不断提高,使普通家庭通过分家析产向小家庭转化,家庭人口规模不断缩小,主干家庭、核心家庭开始占绝对优势。但是,宗族权力不但没有因此而削弱反而更加牢固,仍凌驾于家庭之上,继续维系着稳定的宗族统治。宗族组织网络控制之下,出现了地主、自耕农和佃农的阶级分层,形成商人地主家庭、庶民地主家庭、农民家庭和佃农家庭共存的格局。

明代文学家汪道昆在《太函集》卷十六《阜城篇》中称:“新都业贾者什七八。”明代王世贞在《弇州山人四部稿》卷六十一《赠程君五十叙》中也曾记述:“大抵徽俗,人十三在邑,十七在天下;其所蓄聚则十一在内,十九在外。”这就是说,此时徽人从商已成为主流,其结果是男人常年经商在外,女人居内持家,商人家庭结构出现畸形。

(9)土地制度。明清时期徽州土地占有形态,有封建地主所有制、自耕农所有制和官田三种,这与同时期的全国土地所有制基本一致。徽州土地所有制还有两个特点,一是宗族公堂所有制在地主所有制中占有相当大的比例;二是出现了土地所有权和使用权的分离,即所谓“一田二主”。

佃仆制又称庄仆制,系租佃制的一种特殊类型,是封建社会晚期土地关系的产物。佃仆制本质上是一种严格的人身依附关系,地主通过订立契约或以地方俗例,将佃仆束缚在自己的庄屋,佃仆不能擅自移居他处或转佃,不能与大族通婚,不能应试出仕。佃仆主要来自农民,通过立庄召田、葬地诱佃和招赘三种途径产生,即因“葬主之山,佃主之田,住主之屋”而沦为佃仆[82]。

2.2.4　徽州传统村落的空间分布特点

村落的发展与宗族的繁衍和发展同步。一般来讲,一个宗族的崛起至少需要一两百年的时间,需要几代人的繁衍累积。在农业社会,宗族繁衍严重依赖农业生产,耕地始终是制约村落发展的核心因素。经过宋元明三代的稳定发展期,至明中叶,村落的空间分布格局已基本定型,明中叶以来的村落大都是在此基础上发展起来的,这一段时期村落的发展主要体现为空间规模的扩张。因此,从历史发展的角度看,耕地分布是决定村落空间分布的决定性因素。

徽州的土地利用格局大约是"七山半水半分田,二分道路和庄园",耕地奇缺,于是出现了"天下之民,寄命于农,徽民寄命于商"的社会现象。《徽商便览·缘起》记载:"吾徽居万山环绕中,川谷崎岖,峰峦掩映,山多而地少。遇山川平衍处,人民即聚族居之。"这些"山川平衍处"有两种类型:一是小型山间(沿河)谷地,面积很小,在境内分布广泛,数量占绝对优势;二是山间平原,即较大的山间谷地(也是河网密集地区),面积较大,分布比较集中,数量有限。两种地形的空间分布特点直接决定了徽州村落的"大分散、小集中"的区域空间分布特点。

2.2.4.1　大分散(山间谷地)分布

徽州山多地少,较大的平原屈指可数,在群山之间散布着众多大小不等、山岭环峙、环境闭塞的山间谷地,它们具有"四周环山、盆地居中"的地形特点。山间谷地一般集耕地、水源和安全防御于一身,往往成为宗族迁往定居繁衍的风水佳地,即村落发育和生长的基址。村落的发育特点和区域土地利用景观特点决定了徽州村落总体呈分散布局的空间分布特征。

2.2.4.2　小集中(平原、沿河地带)分布

表现为局部区域的村落密集分布,包括平原地区的村落组团分布以及沿河和交通线的线状密集分布。徽州土地利用的总体格局大体维持在"七山半水半分田,二分道路和庄园",但事实上各县在地形结构上仍有差异,比如歙县、休宁(含屯溪)两县的平原面积就相对较多,而祁门、婺源两县山地丘陵则占80%以上。这些有限的平原地带是村落的集中分布区。

徽州境内的主要水系有新安江及其主要支流、阊江及其支流、青弋江源头各支流等,它们分别属于钱塘江、长江水系。新安江是本区最大的河流,被誉为徽州的"母亲河",由率水(源头)、横江(吉阳水)、西界河(丰乐河)、布射水、富资水、东界河(扬之水)、昌源河等支流汇聚而成。率水和横江汇合后至浦口段新安江,习称渐江。丰乐河、布射水、富资水和杨之水在歙县县城附近汇合后至浦口河段,习称练江。阊江连同婺源的婺水(今清华水)、武溪河(今莘水)、乐安河,流入鄱阳湖。青弋江上游徽水,发源于绩溪,是徽商北上长江的重要水道。其中,新安江流域面积最广,覆盖了黟县、休宁、歙县、绩溪大部,各大支流在歙北、歙西以及休宁东南交界地带聚集冲积发育形成本区最大的平原——休屯歙

盆地。休屯歙盆地即由休宁境内的新安江谷地和歙县境内的练江(新安江支流)谷地连接而成的"新月形"平原地带,这里是徽州名族大村(镇)最为集中的地带,是徽州政治、经济、文化中心。此外,新安江上游支流横江和率水分别流经黟县黟城盆地和休宁五城盆地,支流扬之水流经绩溪小盆地,三个小盆地也是该区大村主要分布之所。阊江流经祁门全境,境内山地较多,除了祁门小盆地以外平原很少。婺源的婺水、武溪水、乐安河等主要河流水系较小,县域山岭崎岖,同样缺乏较大的平原。在这些主要水系及其支流沿岸容易冲积发育成沿河平原,耕地充裕,土地肥沃,水源充沛,交通便利,容易形成大村落和商业集镇,除了较大平原(如休屯歙盆地)处出现村落空间聚集现象外,大部分村落则沿河流串联分布(图2-4)。

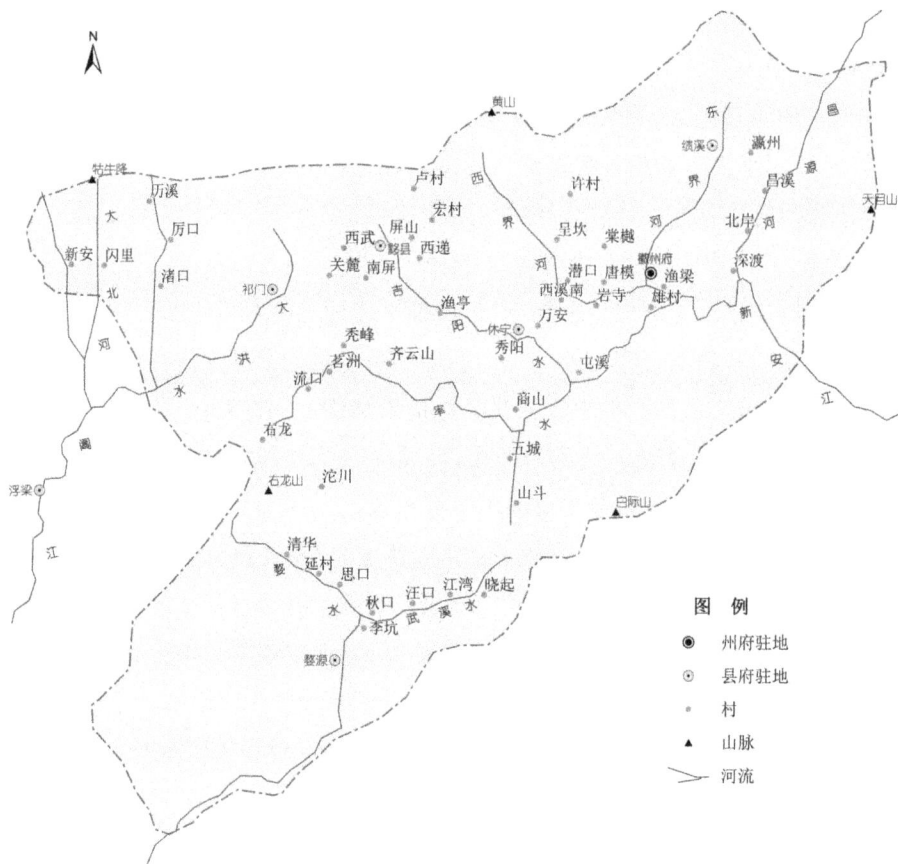

图2-4　明清时期徽州部分大村空间分布示意

水路交通在徽州内外运输方式中占重要地位。徽商商业活动频繁,沿河一带易形成商业集镇或村落,比如横江上的渔亭、万安,练水上的渔梁,渐江上的屯溪等。但是,陆路的交通功能也是不可忽视的,各邑主要陆路交通线同样有发展成名族和大村聚集带的条件,如徽州府西去黟县、祁门直达江西的驿道(官道)沿线即分布着许多大村落。

3　徽州传统村落景观基本特征

徽人撷山川之灵,得徽商之助,擅人文之魅,于深山之中创造了清新雅致、雄浑规整的徽派民居和园林般的村落家园。

徽州(传统)村落景观是徽州人地关系地域系统长期协调的产物,是徽州人叠加在自然景观之上的居住、生产和生活形态,在很大程度上实现了景观形态与意识形态、自然景观与人文景观的完美融合,被誉为"人与自然协调发展的光辉典范"。徽商的崛起,重构了徽州人地关系地域系统的主要构成因素,"人"的(能动性)因素比重加大,从根本上打破了常规区域的人地关系协调机制,使区域文化景观特点和形成机理与常规区域相比明显不同。徽州传统村落在类型、布局形态、景观构成、空间意象、形成机理和演变过程等方面,受徽州宗族、理学、徽商、风水等主要人文因子和各种自然环境因子的强烈支配,表现出极强的地域特性。徽州村落景观再现了其形成背后的环境性质和文化特点,充分表达了徽州人的价值观、人生观和审美观。浓郁的儒家文化气息和雅致的园林情调是徽州村落景观的主要特征。

3.1　徽州村落分类及其主要景观特点

本文依据徽州村落的主要景观特点,从村落来源、平面形态、功能、地形条件等层面进行分类。

3.1.1　按来源划分

陆林等从发生学和历史学的角度将徽州村落分为移民型和定居型[71],客观反映了徽州村落景观历史变迁的主要特征。从历史的角度衡量,以徽州作为审视主体,移民型与定居型村落是徽州村落漫长的演化过程中的两个基本阶段。

(1)移民型村落。徽州是一个典型的移民社会,移民主要来自徽州之外的中原地区。徽州宗族多数形成于唐宋时期,南宋之前徽州一直是重要的人口迁入区,南宋至明中叶徽商崛起期间,人口基本上处于饱和状态。东汉至南宋时期,徽州因自然条件优越、人口稀少、土地资源充足等因素,不断吸引外来移民迁入(这一时期也是各大宗族迁徽的黄金时期),人地关系协调发展。中原移民定居形成的村落属于移民型村落,即此后徽州定居型村落形成的基底。此时,徽州村落的社会特点是"播迁所至,荆棘初开,人皆古质,俗尚真淳,其卜筑山村,殆有人世桃源境界"(道光歙县《济阳江氏族谱》),呈现出一派欣欣向荣与安居乐业的社会景象。

(2)定居型村落。南宋至明中叶(徽商崛起之前)300多年间,是徽州社会经济文化和村落稳定发展期,"耕读传家"是这一时期的主要社会景象。据万历《歙志·风土》记载:"国家厚泽深仁,重熙累洽,至于弘治盖綦隆矣。于是家给人足,居则有室,佃则有田,薪则有山,艺则有圃。催科不扰,盗贼不生,婚媾依时,闾阎安堵。妇人纺织,男人桑蓬,臧获服劳,比邻敦睦。诚哉一时之三代也!岂特宋太平、唐贞观、汉景文哉?"徽州绝大部分村落由移民型村落定居后通过宗族裂变扩散而来,形成定居型村落。

南宋以降,徽州人口增长迅速,人口容量不断趋向饱和,人地关系矛盾不断加剧。明中叶以来,徽州人地关系矛盾彻底激化,其直接结果就是徽商的崛起,从商人员的外流,使本区转化成重要的人口输出地。徽商的崛起重构了徽州的社会结构和经济结构,徽州也因此蜕变成一个典型的寄生型区域。此后,徽商一直致力于桑梓的发展,不断将村落的建设推向顶峰。明清两代,徽州村落的总数变动不大,多数村落是在明中叶以前村落基址的基础上发展起来的,属于典型的定居型村落。

徽商的崛起是徽州历史上的一个重要节点,村落景观风貌也随之焕然一新。明中叶徽商崛起以来,徽州村落的建设进入鼎盛阶段。关于此时徽州村落的景观特点,家谱、方志多有记载,如晚明内阁首辅叶向高在歙县许村《许氏族谱·序》中写道:"今宇内乔木故家相望不乏,然而族大指繁,蕃衍绵亘,所居成聚,所聚成都,未有如新安之盛者";清人程且硕在《春帆纪程》中说:"徽俗,士夫巨室,多处于乡,每一村落,聚族而居,不杂他姓。其间社则有屋,宗则有祠……乡村如星列棋布,凡五里十里,遥望粉墙矗矗,鸳瓦鳞鳞,棹楔峥嵘,鸱吻耸拔,宛如城郭,殊足观也。"婺源也有"乾嘉之间,五乡富庶、楼台拔地,栋宇连云"的村落景象。可见鼎盛时期的徽州村落的景观特点是气势非凡、宛如城郭。

　　经过长期的历史演变,至明清时期徽州村落基本上都转化为定居型村落。这些新转化而来的定居型村落主要有以下两种来源:一是结庐守墓而成,即族中成员看守祖先陵墓(又称"阴宅"),并在墓地周边结庐生活,此后相继不辍,子孙延绵,逐渐发脉,尔后使"阴地"之吉地转化成"阳宅"之吉地,逐步发展成村落,如棠樾、昌溪、篁墩(又称黄墩)、潭渡、雄村、理坑等;二是宗族繁衍裂变和迁徙,如同细胞分裂,由一个宗族(母族)分裂形成众多支族(子族),支族迁移形成新的母族和村落,如此往复循环(图3-1)。

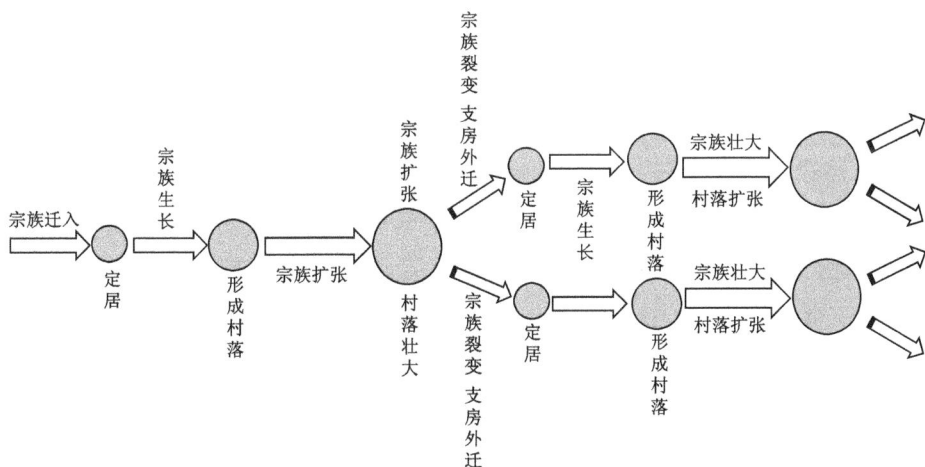

图3-1　宗族裂变模式下的村落空间扩散机制

　　宗族裂变方式主要有因宦游而裂变、因避地而裂变、因择胜而裂变、因指众而裂变、因出赘而裂变和因隐居而裂变等6种形式。此外,还有因依附亲戚、教授异地而裂变者[76]。宗族裂变主要发生在明代以前,明清时期徽州大部分定居型村落的产生基本都遵循上述模式。

　　值得注意的是,宗族的分裂扩散并非局限于徽州一隅,境内周边甚至更远的地区都有可能成为子族迁移的目的地(图3-2)。这一现象造成的直接结果就是徽州与周边地区自始至终保持着较强的血缘关系,为此后徽州文化的传播奠定了基础。另外,子族迁移表现出明显的空间递减规律,即随着迁移半径的扩大,子族前往的数量不断下降。

一	二	三	四	五	六	七	八	九	十	十一	十二	十三	十四	十五	十六	十七	十八	十九	二十
福建汀州	祁门许村	山东许大家	宁国许村	当涂	绩溪	歙西唐模	歙北蕃村	歙北罗田	歙北霞丰	歙北寨下	歙北道溪	歙城	歙北许家那	歙南许川	歙南许家坞	歙东篁墩	歙东桂林	歙北罗家湾	浙江许村

图3-2　许村许氏裂变外迁分布

(资料来源:黄山市政协文史资料委员会《徽州大姓》,安徽大学出版社2005年版)

3.1.2　按平面形态划分

徽州村落在景观形态上以集居型居多,且规模较大,这与地形复杂、耕地奇缺的自然背景以及重宗法(聚族而居)、经商成俗、笃信风水等历史文化习俗有密切关系,在很大程度上,它是摆脱农业生产方式束缚的结果。集居型村落一般呈不规则几何图形,内聚性和向心性非常明显,按景观形态可细分为团状、带状、梯形、象形和点状村落等。无论是块状、带状,还是梯形村落,它们都遵循因地制宜和就山势、顺水流布局发展的原则。在景观上,村落内部人工空间与外部空间,以及村落与外界自然环境空间都存在非常明显的界限。

(1)团状村落。也称作块状村落,其特征是平面东西轴与南北轴长度基本一致,类似方形或圆形。团状村落在徽州的集居型村落中占多数,一般分布于较大山间盆地、谷地且水源充沛地带,如新安江及其各大支流沿岸地带。团状村落具有密度和规模较大,村落景观体系完善,以及景观形态内聚性强等特征。

(2)带状村落。也称作线状村落,因平面形态狭长而得名。带状村落一般分布于山麓、狭长谷地的沿河阶地,平原沿河水路交通集散地。带状村落一般受地形制约被动发展而成,有些平旷之地,为了方便水运,村落也发展成带状。比较著名的带状村落有灵山(图3-3)、瞻淇、扬溪、半坑、万安、渔梁等。

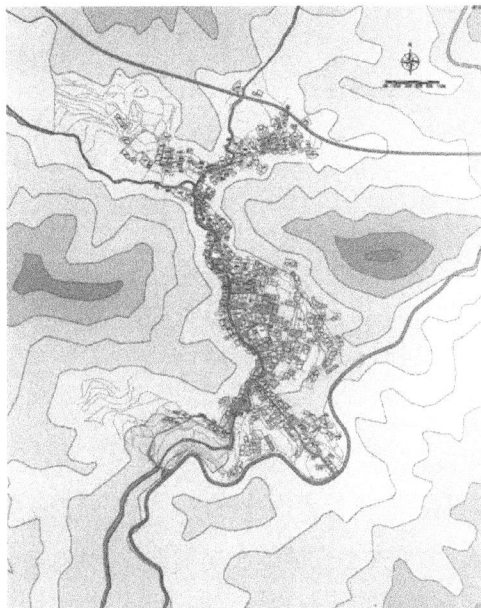

图3-3　灵山村带状景观形态

〔资料来源:《黄山市徽州区灵山村保护整治利用规划》(2010年)〕

(3)梯形村落。其形态完全由地形条件决定,一般坐落于山坡之上,顺山就势扩张,多成阶梯状,故又称阶梯状村落。这种村落布局大致有两种形式,即主要走向与等高线平行或与等高线垂直。这两种情况也决定了村落主要交通道路的走向,前者与等高线平行,后者则垂直于等高线,高程起伏较大[71]。与此相对应,巷道情形正好与主干道相反。同样受地形限制,甚至是水源制约,梯形村落一般规模较块状村落要小,发展受一定限制。比较有代表性的梯形村落有磻头、仙川、塔川、木坑等。

(4)点状村落。在所有村落类型中,点状村落规模最小,村落的景观要素很单调,一般由几户或十几户聚族而居形成。从形态上看,点状村落是块状村落的缩小版,建筑集中且内向性较强,但两者在性质上截然不同。点状村落大多分散于集居型大村边缘的狭小地带,在空间形态上与大村形成"村—庄(小村)"景观(图3-4)。点状村落与中心大姓宗族村落存在严格的依附关系。因受到大村的制约,点状村落一般不能发展为大村。

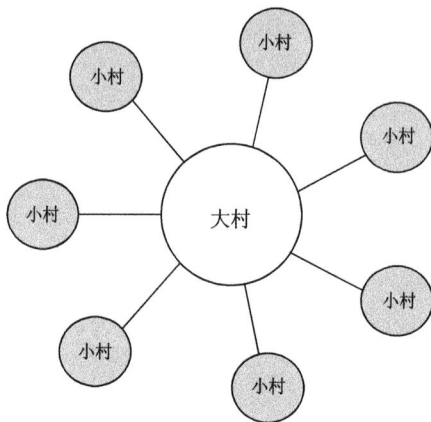

图3-4 徽州"村—庄"景观

　　造成这种格局的原因在于封建土地制度。明清时期徽州盛行佃仆制,土地所有权和使用权分离,大量失去土地的农民被迫沦为佃仆,佃仆缘村而居,于是点状村落和"村—庄"格局成为普遍现象。西递、南屏、宏村、六都等强族大村周围都积聚着大量的寄生型村落,如程姓大村六都,其周边即环绕着芳村、韩村、朝屋口和黄家坞等小姓村落,多系旁姓,或因入赘程姓,或为程姓庄佃仆人,皆在六都所建村落基础上发展而来。

　　另外,还有少数村落由于人丁不足、经商不振、宗族竞争等主客观因素而未能发展起来,最终也可能会沦为点状村落,但不一定依附于中心集村,如瞻淇村边的孝女村、呈坎村边的朱村等。

　　(5)象形村落。象形村落在形态上属于块状村落的特殊类型,是宗法制度和风水模式的综合表现,在景观上极具地域特色。象形实质上是一种"意象"图形,在风水师指导下依据山川形势规划设计而成,并刻意将村落平面形态模拟成一些富有象征性的图案,借此祈求宗族兴旺发达。徽州人匠心独运,创造了许多象形村落,根据其意象图形大致可分为三类,一是动物类,如牛、鱼、马、龟、猪、蝴蝶、凤凰等;二是植物类,如荷花、梅花、葫芦、海棠等;三是非生物类,如船形、棋盘形、八卦形、铜钱形、元宝形、铜锣形、琵琶形、竹筏形等[66]。例如,黟县宏村呈牛形,西递、屏山呈船形,塔川呈塔形等;歙县渔梁村(图3-5)、卖花渔村呈鱼形,呈坎(今徽州区呈坎村)呈八卦形,唐模呈龙形,槐塘呈"九龙戏珠"形等;绩溪石家村呈棋盘形,龙川呈船形,浒面村呈荷花形,尚田村呈梅花形等;休宁首村呈燕子形,婺源豸峰呈铜锣形等。象形村落图案是徽州村落文化的重要符号,它表征了规划设计者的世界观和意愿祈求,也是一种心理暗示。

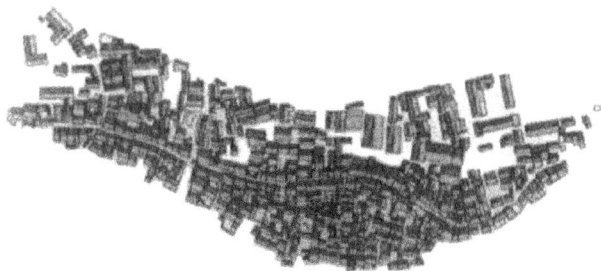

图3-5　歙县渔梁村鱼形景观形态

(资料来源:李徽徽《徽州古村落空间的类型化初探》,合肥工业大学硕士学位论文,2007年)

以黟县"牛"形村落宏村为例,其风水形势呈"卧牛"形态(图3-6)。其空间格局为:雷岗山为"牛首",山侧西溪河水上的人工堨坝为"牛舌",村口红杨树和银杏树为"牛角",村中心半月形的月沼为"牛胃",由西溪河上引入村内贯通牛胃的人工水圳为"牛肠",由东至西错落有致的民居群为"牛躯",南湖为"牛肚",村西外围河流构架的四座桥梁为"牛腿"[84]。

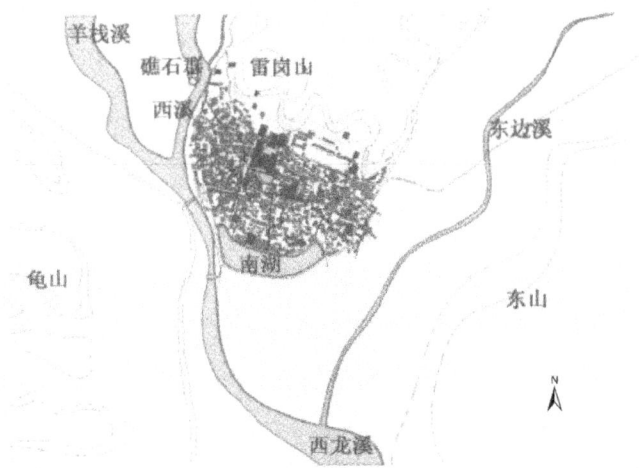

图3-6　宏村平面景观形态

(资料来源:段进、揭明浩《世界文化遗产宏村古村落空间解析》,东南大学出版社2009年版)

3.1.3　按功能划分

明清两代,徽州地区经商成风,这一社会变迁直接造成徽州社会整体职业结构发生剧变和经济结构出现异化。此时,作为本土的"小徽州"与本土之外徽商活动的"大徽州"(主要指江南地区沿长江和运河一带的市镇)形成了一种寄生与被寄生的关系,徽州本土则基本摆脱了自然经济的束缚,蜕变成一个寄生型区域。与之对应,徽州本土依靠徽商反哺而迅速发达的村落也演变成寄生型村落。加上徽州佃仆制的盛行,村落空间分层(即上文提到的"村—庄"空间格局)的现象更加普遍:第一层是大姓大村,依赖徽商的"输金故里"维持生存;第二层是围绕大村周边定居的小村(庄),依靠为大村提供服务而维持生存。徽商的崛起引起了村落景观的急剧变迁,村落景象焕然一新。基于此,以主导性原则为基础,按照徽州村落的主要功能和景观特点,可将村落划分为居住型、商业型、综合型、庄户型四种类型。类型的划分只是相对的,并没有绝对的界限,类型与类型之间许多因子是重叠的。

(1)居住型。居住型是徽州村落的主要类型,其特征是规模大,一村一姓或几姓,一般宗族中为官经商者甚多,虽然脱离了农业生产方式的束缚,但是农业生产并没有中断,农业景观带非常明显。代表性村落一姓者如黟县西递、歙县许村、祁门渚口、绩溪龙川(大坑口)、休宁黄村、婺源理坑、旌德江村等,多姓者如唐模、南屏、岩寺、潜口等。

(2)商业型。因作为陆路交通要道或水路交通枢纽而形成的以商业集散为主要目的的聚居地,村落一般沿河呈带状布局,村落内部商铺建筑密集,甚至伴有码头,商业交易往来频繁,商业景观尤其突出。商业型村落以商业交往为主,如渔亭、万安、屯溪、岩寺、渔梁、深渡等。古时水路是徽州重要的货运方式,沿河交通集散地容易发展成规模较大的集镇,即商业型村落。

(3)综合型。这种村落相对较少,通常集居住、交通、集市、庙会等几种功能于一身,聚落内部商业街、商铺、成规模的庙宇等建筑景观比较齐全。综合型村落的集市或庙会活动区域性和时令特点较强,因此仍然以居住为常态功能。在徽州,潜口、灵山、呈坎以及商山等村落都是比较著名的综合型村落。综合型村落的成因与其功能相对应,集合多种因素而成,一般由居住型村落演化而来。

(4)庄户型。又称作"庄"(即上文的点状村落),规模较小,依靠服务于大村落生存。嘉庆《黟县志》卷二《地理·都图》记载:"黟俗族居者曰'村',其系属于村者曰'庄'……前人重族性,其有系属者所居,具不得入。"可见"庄"的地位很低,即庄仆、奴仆所聚之地,庄仆、奴仆与大村地主存在严格的主仆关系,且不得与地主同村居住,庄仆、奴仆世袭,属于被压迫阶级。在徽州"村—庄"格局中,

"庄"仅作为大村的附属单位,村、庄之间存在严格的等级关系。两者不是孤立存在的,而是一个寄生与被寄生的充斥着物质、能量交换和主仆关系的有机体。"村—庄"共存的现象在徽州比较普遍,诸如西递、宏村、南屏、呈坎、六都等大村落周围都分布着庄户型村落。

3.1.4　按地形条件划分

徽州村落的选址讲究负阴抱阳、依山傍水,山和水(河)是村落必不可少的物质要素。依据徽州复杂的地形地貌特征,大体可将徽州村落分为山地河岸村落和平地河岸村落两种类型。

(1)山地河岸村落。一般坐落于山坞、山麓、隘口、交通要道边。山坞、山麓近水,易灌溉和排水,是村落形成的理想之地。山地村落的空间分布相对比较分散,难以形成较大的集群,但与交通关系密切,在道路交会点或物资集散地容易发展成大村落。山地型村落受地形地貌、交通等限制,规模一般不大。点状村落或庄户型村落,在山地村落中占很大比重。这是因为失去土地而沦为庄仆的农民,依靠为大村服务维持生计,只能在大村可控制范围之内的山坞、山岭、山麓等地建村,形成数量较多的小村落。还有一部分是"棚民"原因所致,徽州村落地名中有许多带有山、坞、岭、坑、峰、尖等地理事物名称的语汇,如灵山、前山、后山、阴山、大麦坞、岭南、赤岭、木坑、三阳坑、秃峰、璜尖等,这些地名景观直观反映了村落所在地的地形特点。

(2)平地河岸村落。一般坐落于河曲凹岸、河口、渡口、水流汇合处、河流冲积扇以及一些较大的山间谷地。此类地区通常拥有地势平坦开阔、水资源丰富、交通方便和土地肥沃的特点,有发展成大村落的先天条件,多由大姓望族占据。随着商业经济的发展,一些村落发育成功能齐全的集镇、商业集散地或区域性经济中心,譬如屯溪、华阳、临溪、北岸、岩寺、潜口、昌溪、深渡、西溪南、溪口、渔亭、西递、宏村、古溪、呈坎、江湾、思溪等。河岸村落地名通常与溪、湖、潭有很大渊源,诸如屯溪、绩溪、高溪、尤溪、瑶溪、溪口、流口、北岸、小溪、昌溪、棉溪、西溪南、蓝渡、深渡、阳湖、川湖、漳潭、月潭、冰潭、小姑潭等,地名景观中明显带有"水"的印记。

此外,依据宗族姓氏可将村落划分为单姓村落和多姓村落,这两种类型在徽州都非常典型,在此不再赘述。

3.2　徽州传统村落景观构成和空间分析

村落景观与城市景观在构成要素、形态、功能、生长环境以及文化生态等方面存在明显差异。城市体量庞大,景观的规划设计需遵循一定的规制,在规划中需要尽量彰显其直观性和可识别性,以此来增强空间的可意象性[7]。相反,村落的发展自发性较强,景观的空间布局较为灵活。中国传统村落普遍受"天人合一"哲学理念的影响,讲究神韵、和谐,处处体现着含蓄的性格特质。这里借助城市形态学、城市意象学和聚落地理学等相关理论方法,试通过对村落景观空间结构的静态分析,回答"徽州村落景观是什么"的问题。

3.2.1　景观构成

徽州村落景观体系丰富,本文按村落景观要素的基本平面形态(点、线、面)进行分解和分类,以文字描述和图示的方法详细分析各形态要素的立面形态、景观功能和空间布局。需要指出的是,并不是所有的村落都具备完整的景观体系要素,本文只针对那些规模较大的村落,但有些要素几乎每村必有,如民居、祠堂、社屋等。

3.2.1.1　点状景观要素

(1)牌坊。牌坊是一种用于旌表功绩、节孝、善举和宣扬教化的礼制性建筑,集建筑与雕刻艺术于一身。牌坊的景观形态不一,主要有牌楼式和冲天式两种,前者明代较多,后者主要建于清代[85](图3-7);牌坊一般布局在村口、路口或祠堂前[74]。在徽州,并非每个村落都建有牌坊,即使有,数量上也存在很大差异,从一座到十几座不等。一些大村落甚至还出现牌坊组群的现象,比如著名的棠樾牌坊群,西递鼎盛时期村口有12座牌坊一字排开,非常壮观(图3-8)。置于路口的牌坊还被赋予"门"的角色,既增加了其交通导向功能,也丰富了村落空间的层次。据不完全统计,历史上徽州共出现过一千多座牌坊,目前仍有一百多座牌坊遗存散布各处。

图3-7 许村五马坊(左,牌楼式)和唐模圣朝都谏坊(右,冲天式)

图3-8 西递鼎盛时期的牌坊分布示意[73]

(2)祠堂。祠堂是村落中最重要、最壮观和最高大的公共建筑景观,室内室外庄严肃穆,规整对称,精雕细刻,在村落中耸然高出民居。祠堂是宗法制度的主要物质载体,也是宗族内部管理、自治和教化的权力场所,对强化族众对本族的认同感和凝聚力有积极作用,为全族共建共有,是徽州村落的主要精神文化景观之一。祠堂按等级一般分为宗祠、支祠(又有总支祠、分支祠之分)、家祠三种,按祭祀对象可分为行祠、女祠、专祠、特祭祠等[86]。《人民日报》(海外版)2001年12月22日第2版《徽州祠堂》指出,祠堂(包括宗祠、支祠和家祠)的来源主要有三：一是由先祖住宅改建而成；二是按朱熹《家礼》中设计的模式修建，以供奉和祭祀高祖以下的四代先祖；三是在居室之外另行修建的祠堂。宗祠一般三进五开间，一进为仪门（又称门厅），由大门、过厅和仪厅组成，大多以重檐歇山式建成"五凤楼"，为祭祀时鼓乐队所在，大厅后设天井；二进享堂（又称正堂，位于天井之后）属祠堂的主体空间，属于祭祀祖先和处理本族大事的场所，大者可容纳上千人，享堂中间正壁悬挂祖宗容像或祖先牌位图；三进为寝室，是供奉祖先牌位或贵重物品的场所（图3-9）。宗祠一般是一村中最富丽堂皇和体量最大的独立性建筑，民宅分列周边。支祠规模通常比宗祠小，由宗族的一支（分房）集资修建。家祠（又称堂）规模最小，一般与本房支派的住宅相连，一般无寝室、仪门。

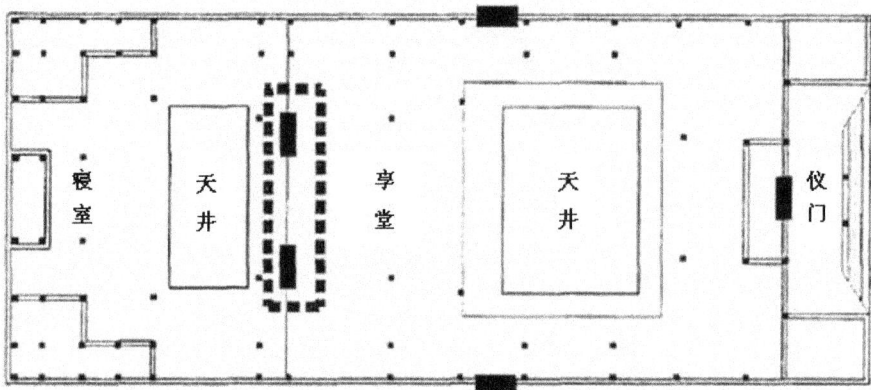

图3-9　祠堂平面结构形态

（资料来源：沈超《徽州祠堂建筑空间研究》，合肥工业大学硕士学位论文，2009年）

在徽州村落中，同一宗族的祠堂数量少则几座，多则几十座，而宗祠是所有祠堂的"首领"，不可缺少，属于整个宗族的精神和权力中心。徽州祠堂起于宋朝，但未形成规模，只是个别现象；元代，统治阶级开始在民间宣扬宗法制度；明中叶，朝廷实施"礼制"改革，极力推进宗法制度的世俗化。嘉靖十五年（1536），明世宗"联宗祠庙"在民间开禁，自此民间大肆修建祠堂，成为宗法制度在基层社会世俗化的重要标志。徽州则凭借徽商雄厚的财力资助掀起广建祠堂的热潮，至清乾嘉年间（1736—1820），祠堂发展至鼎盛，全府总数不下万座。一个成熟的村落或宗族一定建有祠堂，祠堂数量多少和规模大小成为衡量该宗族或村落发达程度的标志（图3-10）。明代徽州建村一般将宗祠置于村口，但随着村域的不断拓展或者其他原因,有些宗祠逐渐进入村内[72],甚至成为村落的中心。

图3-10　绩溪龙川胡氏宗祠(左)和呈坎罗东舒祠后进宝纶阁(右)

(3)书院。书院是一种大型的公共教育机构,建筑规模较大,独立性强,一般附有园林和其他建筑(图3-11)。书院主要用于教育教学和学术研究,有官办和民办两种,多置于望族大村,为区域共有。继南宋歙县紫阳书院创建之后,徽州各县纷纷建设书院,至明清时期走向巅峰,成为中国当时四大书院兴盛中心之一[87]。徽州素有尚文重教的传统,理学的昌盛推进了书院的建设,书院也因此成为徽州文化教育水平发达的重要表征。徽州不仅富甲海内,其文风昌盛、儒风独茂同样闻名遐迩,有"东南邹鲁"之誉。徽商、宗族和学派流布是促进徽州书院发达的三个主要因素[88],据不完全统计,徽州有历史可考的书院共有125所,其中,宋元两代47所,明清两代78所[76]。

图3-11　古紫阳书院平面示意(左)和雄村竹山书院(右)

此外,徽州还有大量的其他教育机构(学校),比如社学、私塾、义塾等,它们一般规模较小,数量众多,多与民宅相连,或者直接就设置在民宅内,基本上村村皆有。

(4)社屋。社屋是公共祭祀性建筑，以祈求风调雨顺、五谷丰登。如呈坎长春社即专门祭祀土地神，其形制与祠堂相似。社屋体量较大，屋前通常筑有广场以供村民进行祭祀活动。在徽州，社屋在村落体系构成中与祠堂一样普遍，一般村落外围都有设置，可为几村共同祭祀。祠堂出现前，社屋兼有祠的功能，明中叶以后祠堂崛起，社屋始与祠堂并存，但在权属上归于祠堂[52]。

(5)庙庵。庙庵也是徽州村落不可缺少的祭祀性建筑，一般置于水口或村落附近山上。庙庵的种类比较多，式样各不相同，规模大小悬殊，这与徽州所崇奉的各种地方神相对应。普遍存在的庙庵丰富了村落的景观体系和聚落功能。

(6)桥。有水必有桥，桥在徽州村落中是非常普遍的一类景观要素，数量众多，式样各异，同时具备交通、节点、景观等多重功能。桥调和了徽州村落古拙凝重的景观意象，使村落景观更显丰富灵动。桥的造型灵活多变，与廊、亭、阁、屋组合形成廊桥、亭桥、阁桥、屋桥(图3-12)等[72]，景观功能更加凸显。

图3-12　唐模高阳桥(屋桥)

(7)井(台)。井(台)是村落非常生活化的一类景观要素。水井一般位于街头巷尾或街、巷交会点，用石条筑成井台，由多户家庭共用(也有一户享用的水井)，以满足村民生活用水之需(饮水、洗涤、消防等)。井台周边是民居和街巷围合形成的半封闭式的空地，兼有小广场的功能，是比较重要的公共场所和空间节点，生活气息浓厚(图3-13)。

图3-13　徽州古井景观

（8）塔。塔是佛教和道教融合的产物[89]，旧时认为有祈求文运昌盛或辟邪之功用，多置于村落周边低山或水口区。事实上，塔在徽州村落并不是非常普遍的景观要素，在财力雄厚的旺姓大村方可见到，如岩寺文峰塔，休宁富溪辛峰塔和万安古城岩古塔（图3-14）等。

图3-14　休宁万安古城岩古塔

（9）树。树是村落内部或水口区重要的自然景观，丰富和活泼了村落的景观色彩和园林情调。树是徽州村落非常重要的一类要素，山场、风水林都是寻常的景观，几百年以上的古树也比较常见，如唐模的千年银杏树、呈坎罗东舒祠古桂花树（图3-15）等。

图3-15　呈坎罗东舒祠古桂花树

(10)亭、台、楼、阁。其形态和风格极其丰富,在村落整体景观构成中与桥一样,形态各异,生动活泼,与民居建筑的规整庄重形成鲜明对比,是村落的主要景观性建筑之一(图3-16),一般作为藏书、聚会、休闲、观景之用。亭、台、楼、阁同时也是重要的水口建筑,经常与牌坊、桥、祠堂成组布局。

图3-16　唐模水口亭(左)和灵山灵阳桥、天尊阁(右)

3.2.1.2　线状景观要素

(1)河流。水是选址的重要物质要素之一,也是村落重要的自然景观要素。流动的水满足了村民生产、生活之需,同时还起到了调节村落内部小气候和丰富村落景观的作用。溪流与村落内部空间的布局关系主要有两种:一是溪水穿村而过,形成水街(较宽,一般作为村落主街),建筑临水而建,跨河搭桥,如唐模、灵山等;二是溪流沿村边缘曲折而过,村民一般通过拦河筑坝或建水圳引水入村,实现"家家门前有清泉",如宏村等。这两种不同的空间关系反映了宗族选址布局和村落空间生长的不同模式。村落溪流出村之处一般设置水口封锁"地户",传说可以防止财禄和福运外流。

（2）街巷。街巷是街和巷的统称,是实现不同建筑(特别是民居)间联系和交流的主要通道。街是村落最重要的交通空间,宽度和长度比巷大得多,巷则起到沟通民居与街的功能。街的一个重要特性是亲水性,因此易形成水街,如西递的前边溪、后边溪,灵山水街,唐模水街,以及呈坎前街等。一些街还具有商业功能,如西递横路街、大路街,呈坎钟英街,唐模水街等(图3-17)。与街相比,巷则具有狭窄、幽深、宁静等特点,数量众多。无论是形态上还是功能上,街、巷都存在等级差异,巷是街的分支或延伸。街、巷相互交叉贯通形成交通网络景观,即村落建筑空间分布的基本骨架(图3-18)。

图3-17 西递大路街(左)和唐模水街(右)

图3-18 当今西递街巷网络景观形态示意[74]

街作为村落的主干道,由于贯穿全村,同一条街的长宽比变化较大,但在立体空间上变化不明显,视野相对开阔。巷的宽度比街要小得多,仅限于行人走动,显得格外幽深狭长(图3-19)。狭巷具有狭管效应,夏季免受阳光直射,巷内非常凉爽[25]。徽州巷道狭窄曲折,宽窄变化频繁,步移景异,始终处于动静转换之中,空间层次丰富多变。路面一般用青石板或麻石条铺砌,偶尔铺设鹅卵石修饰或防滑,尽显古朴雅致。街巷两侧墙面,或有大小繁简不一的漏窗、门楼或门罩等,墙面高处偶尔置小窗采光,还有高低起伏的马头墙,路中、转角处常设置拱门、过街楼、更楼等节点建筑,用于实现空间转换,增强街巷空间景观变化和空间层次感。空间意象是一种心理感觉,就徽州街巷空间的可识别性或方向性而言,可意象性较差,置身其中,如进迷宫,甚至有恐惧感。

图3-19　徽州巷道景观

街巷交叉连接处形成各种形态的交通节点,它们变化多端的组合增强了街巷景观的空间变化(图3-20)。

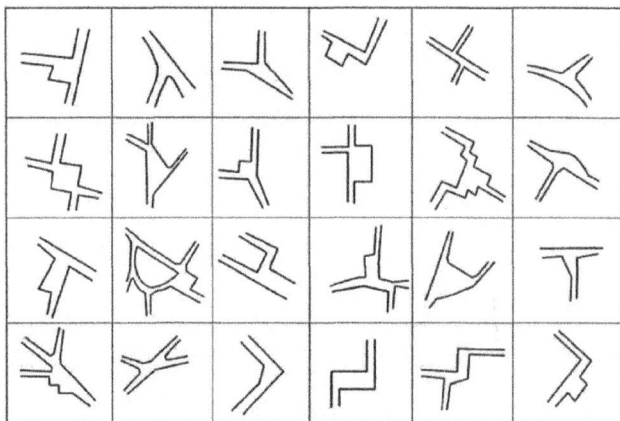

图3-20　街、巷交叉形成的节点景观形态示意[69]

(3)水圳。水圳是徽州村落中比较常见的一类人工水系(水渠),与街巷平行,狭窄曲折(图3-21)。水圳经拦河筑坝引水分流而成,解决了村落饮用、洗涤、排污、防火、调节小气候、灌溉等用水问题,同时还有象征聚水敛财的风水寓意。水圳与街巷相伴而生,形成"家家门前有清泉"的独特景观,增加了街巷空间"动"的因素。水圳因借自然,引活水入村,其功能与穿村而过的河流有异曲同工之妙。徽州人高超的理水艺术和情怀,完美地实践和诠释了"天人合一"的哲学理念[90]。徽州不少村落的水圳至今仍在发挥功能,比较著名的如宏村、呈坎等。

图3-21 宏村水圳景观

3.2.1.3 面状景观要素

(1)民居。民居是村落景观的基本构成单元。明代官方对民间建筑形制等有严格限制,据《明史·舆服志》载:"庶民庐舍,洪武二十年定制,不过三间五架。"清代基本沿袭明代规制。因此,徽州民间宅院的基本单元是标准的三合院模式(少数为四合院),其格局多作内向矩形布置,面阔三间(偶有五间),明间厅堂,次间厢房,左右规整对称,中间是厅堂与两厢围合形成的天井(民居基本单元的重心)。民居以天井为中心,自由组合产生多种变体,其平面景观形态最常见的有"口"字型、"日"字型、"H"型三种[75](图3-22)。

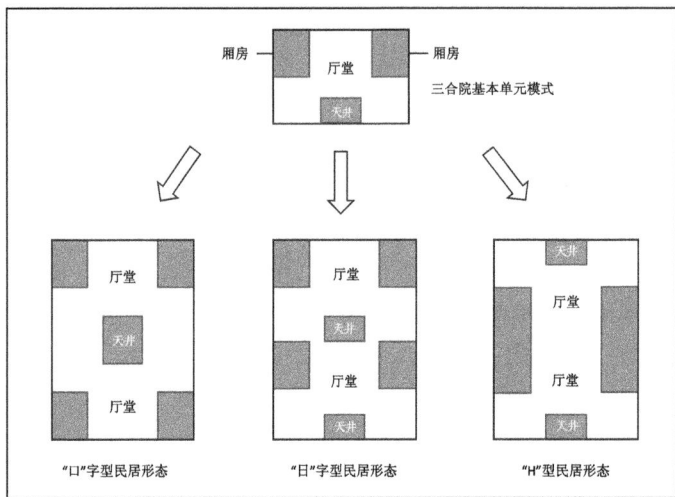

图3-22　徽州民居平面结构与组合形态

(资料来源:李微微《徽州古村落空间的类型化初探》,合肥工业大学硕士学位论文,2007年)

　　徽派民居整合了土著山越"高床楼居式"干栏建筑和北方"地床院落式"单层四合院构造式样,形成"地床"+"高床"+"天井"的新型天井楼居式民居风格[54],二至三层,砖木结构,顶层一般采用抬梁式或穿斗式人字形坡顶。明代民居,二楼大厅高敞,用于日常活动和接待客人,一楼较低,两侧是厢房;清代民居,日常活动和客厅移至一楼,一层升高,厅侧住室,二楼设阁楼和仓库[91]。室内明间宽敞,次间较小,正厅之外多设偏厅,中置天井,用于通风采光,有的二进民居还辟有花园庭院(即庭院园林)。室外由高墙围合,墙面一般不开窗,即便有也是既高又小,以防火、防盗。马头墙耸然高出屋顶,叠落起伏,韵律和组合千变万化,与天空、远山、林木浑然一体,丰富了村落"天际线"(图3-23)。徽州因受儒家思想影响颇深,民居整体形态中规中矩。

图3-23　呈坎晨韵(呈坎旅游公司提供)

在村落空间格局中,徽派民居最大的特点是组团布局,这种模式使民居的表现形态脱离单体建筑的点状而表现为集合的面状(块状街区)景观。民居组团在村落中形成规模大小不等和形状各异的街区,街区之间界限清晰,外围高墙林立,封闭性和内聚性很强,"区"与"区"的间隔便形成街巷空间。民居的空间组团方式主要有四种:第一种,民居并联横向组合,宅第之间通过侧门贯通,使同一大家庭之间保持一种既分又合的空间关系;第二种,以某一栋民居为中心,向四周延伸;第三种,纵向串联成一列,两宅之间附加连廊或庭院实现组合,这种方式是第一种方式的变形,即在并联方式受限制的情况下采用;第四种,庭院式组合,即各组团的民居围绕庭院布局,盛行门朝向庭院,整体空间向心性较强[72]。徽派民居组团扩展的原因在于宗法制度盛行。聚族而居习尚的直观表现就是血缘最近的家庭同堂(家祠)聚居,组团规模随家丁不断增加而扩张。宗族的繁衍表现为民居的增加,民居的组团生长则表现为村落空间的扩张。

(2)广场。广场是徽州村落非常重要的面状景观要素,在民间也称作"坦",一般置于祠堂、社屋、寺庙等公共主体建筑的门前,或比较重要的水塘以及古树周边(图3-24)。广场是宗族成员举行大型集会活动的场所,不同类型广场的空间尺度存在较大差异。

图3-24 婺源晓起村古树及广场景观

（3）水塘。水塘是徽州村落重要的人工水系，它们或嵌在村中，或位于村旁，或生于水口，不仅有蓄水、防火、调节小气候和景观的功能，而且是风水佳兆和财富积累的象征。比较著名的有宏村的南湖、月沼，宅坦的九塘，唐模水口区的小西湖，等等（图3-25）。水塘周边易形成广场，可构筑祠堂、书院、牌坊等重要建筑。

图3-25　宏村月沼(左)和唐模小西湖(右)

（4）水口。水口是村落的重要功能区，是风水学说的重要产物，有屏护、定界、构景、导向、防御、游憩等多重功能，属于公共空间，主要由山、水、树和建筑四种基本要素构成[92]。在风水学说中，水口指"一方众水总出口"，即村落水流出处。古人认为水有主财禄、发富贵和御邪气的功效，事关宗族兴衰。风水学认为"凡水来处谓之天门，若来不见源流谓之天门开，水去处谓之地户，不见水去谓之地户闭，夫水本主财，门开则财来，户闭则用不竭"（清代《入地眼图说》卷七），又云"气乘风则散，界水则止"。所以，水来处要开敞，水去处需关闭，需增设"关卡"达到藏风聚气的目的。为增加闭锁气势，又讲究"源宜朝抱有情，不宜直射关闭，去口宜关闭紧密，最怕直去无处"，为防止财运"直射关闭"，理想的水口一般置于山脉转折、两山夹峙（即水口山）、清流左环右绕处[74]，同村口方向一致（图3-26）。

图3-26　水口布局[18]

水口选址结束以后,一般要通过改造地貌和构筑建筑群的人工调适方式予以完善,譬如栽植风水树,建造桥、台、楼、塔等,以增加闭锁气势,其中,桥是最常见的关锁之器(图3-27)。自然环境与人工环境有序融合形成水口园林,这一模式丰富了徽州村落的园林情调和景观层次,增强了村落的园林化特征[27]。

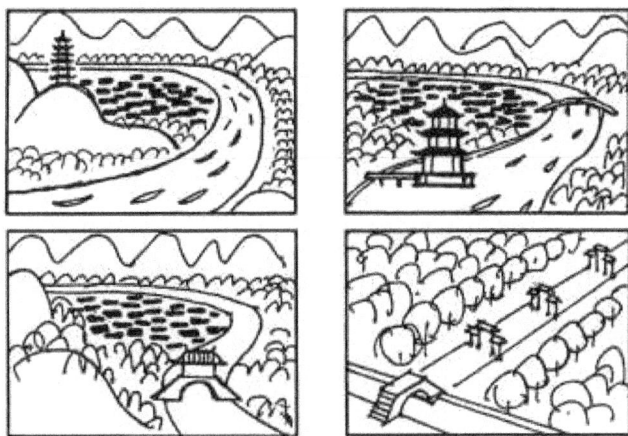

图3-27　水口景观营造

在徽州村落的整体布局中,水口充当了村落的门户,有"入山寻水口,登局定明堂(村址)"之说。于是,水口成为村外自然空间向内部人工空间转换的过渡性空间,即村落空间序列的开端[71]。水口的布局一般与村落居住区保持一定的距离,通过石板路连接内部空间(图3-28)。

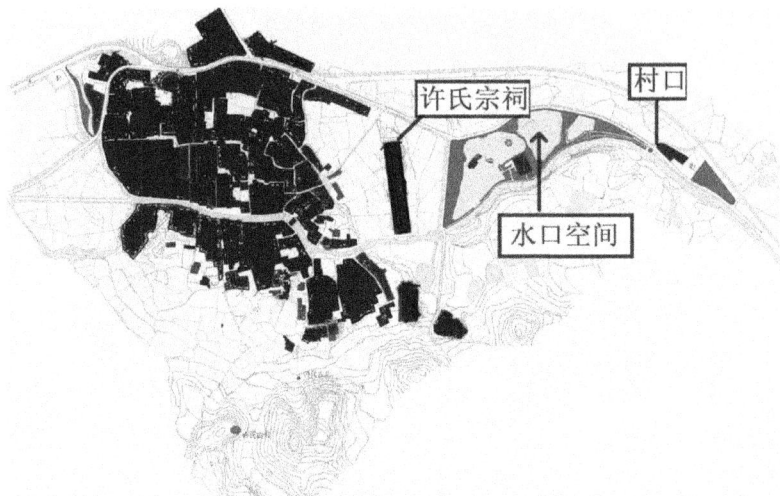

图3-28　唐模村景观形态平面示意

〔资料来源:《黄山市徽州区唐模村保护整治利用规划》(2010年)〕

(5)山体。与水一样,山体同样是风水选址和布局过程中的基础物质要素,拥有很强的景观功能。如同城市"天际线",村落领地内的山体轮廓线容易形成观赏性自然景观,许多谱牒中关于村落"八景""十景"的描述即为佐证。此类景观一般与人工居住空间保持一定距离,由护卫村落的山体、林木和其他自然景观构成。根据聚落的定义,那些属于村落领地之内且距离人工建筑区较近的山体本身也是村落景观的构成要素。

(6)风水林。风水林是水口(园林)的主要物质组分之一,有"藏风聚气"的功效,在风水学说中同样事关村落的兴旺与发达。风水林能涵养水源、洁净空气,有调节村落小气候和营造小环境的功能。此外,风水林还是构筑村落封闭空间的主要物质要素之一,特别是在缺少自然山体屏障的情况下,人们一般通过人工栽植树木的方式予以营造(图3-29)。

图3-29 休宁新安源村水口林

3.2.1.4 小 结

综上所述,徽州传统村落景观体系完善,既包括自然要素,也包括人文要素。这些景观要素虽然形态、结构各异,但功能互补,特别是在一些典型村落,居住、商业、娱乐、教育、祭祀、交通、景观、生产生活、防御、园林、水利等众多设施一应俱全(表3-1)。这一特点充分体现了徽州村落内部景观系统的完整性,同时折射出明清徽州村落物质文化的发达。

表3-1 徽州传统村落景观主要构成要素(景观基本单元)功能分类

功能类型	景观要素
纪念类	牌坊、古塔(部分)
祭祀类	祠堂、社屋、寺庙(包括地方神祭祀庙宇,如汪华庙)、庵、观
居住类	民居(包括官厅)
教育类	书院、社学、私塾、义塾、书屋
交通类	街(包括水街)、巷、石板路(如水口区至居住区的路径)、桥、节点建筑(部分亭、阁、桥、牌坊等,具有导向功能)
景观类	桥、亭、台、楼、阁、榭、雕刻、树、塔、牌坊
商业类	店铺、码头(少数)、商业街
休闲娱乐类	广场、戏(楼)台、园林
生产生活设施类	河流、耕地、山林、水塘、水圳、水碓

3.2.2 空间构成

根据以上对徽州村落的景观分解和剖析,本节主要从核心景观要素层面分析徽州村落的景观空间构成。核心景观要素主要包括自然环境(地形)、街巷空间、祠堂、民居和水口等。以西递(图3-30)为例,进行静态分析,并通过对村落空间形态的分解和叠加分析来考察村落的景观空间组合。

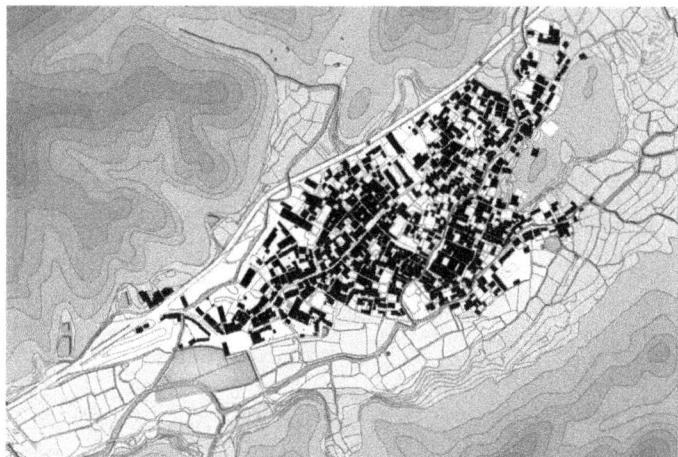

图3-30　西递村落空间格局示意

〔资料来源:《西递古村落保护规则》(2004年)〕

3.2.2.1　村落的基底——自然环境空间

这里的自然环境空间指的是村落生长的基底,包括村落生存发展所依赖的各种必备物质要素,如山场、林地、河流、耕地等自然环境要素(图3-31)。与人文要素相比,自然环境空间基本不变,属于被动的影响因素。在徽州,村落自然基址的选择内化成风水文化的一部分,是营造理想人居环境的第一步。

图3-31　西递村落基底环境(自然环境空间)

〔资料来源:《西递古村落保护规则》(2004年)〕

3.2.2.2　村落骨架——"枝干"街巷网络形态

街巷交通网络系统是村落建筑特别是民居布局的基本骨架。街、巷空间交叉分布的组合形态如同"树木",其中街为"树干",巷为"树枝",巷是街的扩展和延伸,街、巷在形态和空间上都存在比较明显的等级关系。民居是村落空间的基本构成单元,它们组团分布于街巷两侧形成街区,村落在平面形态上被街巷分割成大小不一的片状区域。

此外,街道本身具有很强的亲水性,河流两岸或水塘边缘非常容易发育成村落的主干道,并形成水街,而巷道的规划建设则比较自由,主要依据街的整体格局而定。

3.2.2.3　村落的权力空间和民居布局重心——祠堂(系统)

祠堂包括宗祠、支祠和家祠,是宗族或本房族众开展集体活动、处理宗族事务的主要场所和权力空间。在徽州村落中,特别是一些大村落的宗族,枝繁叶茂,房门派系分门别立,往往建有多座祠堂。一村之内,一姓或多姓,同姓同族者以宗祠统领,族下支派、支房又有支祠、家祠统领,秩序井然(图3-32)。正如嘉庆《黟县志》卷三《风俗》所载:"徽州聚族居,最重宗法。黟地山逼水激,族姓至繁者不过数千人,少或数百人或百人,各构祠宇,诸礼皆于祠下行之,谓之厅厦。居室地不能敞,惟寝与楼耳。族各有众厅,族繁者又作支厅。"这样就形成了以宗祠为首,总支祠为辅,支祠、分支祠、家祠为次中心的多核心等级空间格局。据段进等统计,西递明清时期共建有祠堂28座,其中可确定的有宗祠1座,总支祠2座,分支祠20座,家祠4座[73]。

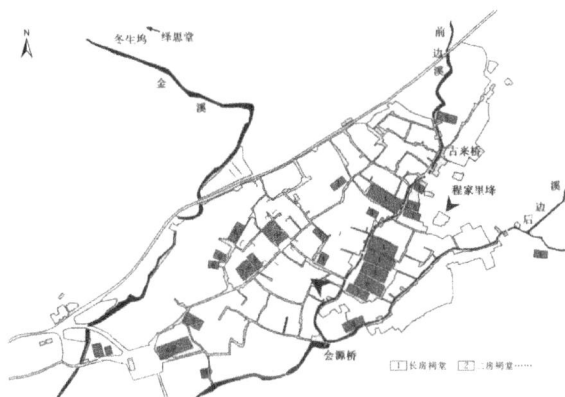

图3-32　西递的祠堂景观格局示意[73]

民国《歙县志》卷一《舆地志·风土》载："邑俗旧重宗法，聚族而居，每村一姓或数姓；姓各有祠，支分派别，复为支祠，堂皇闳丽，与居室相间。"民居围绕祠堂组团生长，每一座祠堂都是一片民居区域的心理和生长中心（因受多种客观原因的制约会发生变化，祠堂在空间上并非民居分布的几何中心），因此，祠堂的空间分布在一定意义上影响了民居的具体布局。

祠堂一般分布于主要交通干道旁边。出于对公共活动和防火需要的考虑，在条件允许的情况下祠堂可近水布局。宗祠在村落空间的具体布局主要有两种情况，一是随着村落发展和民居的扩张，在村口的祠堂最终有可能发展为村落的中心[72]，也有的直接由祖先住宅改造而成；二是宗族兴旺发达之后重建宗祠，布局在村口位置。

3.2.2.4　村落的基本单元（街区）——民居

民居是构成村落的基本单元。徽州崇尚宗法，讲究聚族而居，因而造成民居在空间上以组团（紧凑，围绕祠堂分布）方式布局的现象。民居组团和扩展以祠堂为中心展开。这里的祠堂多指支祠（因为一个宗族的宗祠只有一座），支祠的来源主要有两种情况，一种是由家祠（庙）转化而来，即本房独立之初家丁规模有限，但随着本房人丁的增长，家祠（庙）转化为支祠，这类支祠的主人一般指本房的始祖；另一种是在人丁繁衍过程中，某一重要人物（如为官者）的出现推动了本房的迅速发展，于是本房建造支祠祭祀这位重要人物（即支祠的最初主人）。因此，祠堂在村落中的分布更多地反映了各房派的空间分布格局，其密集程度则反映了本房派的发展繁荣程度。但无论上述何种机制，在空间的表现形态上，民居围绕祠堂组团或扩展布局都是不变的。

徽州村落宗族支分派别，一村之中一姓或几姓同居，同姓族众聚族而居，人口增长在空间上表现为民居的增长，进而表现为村落的空间拓展（图3-33）。民居围绕本房祠堂组团生长，支房派系之间以街巷为界，形成一个个街区，区与区之间界限清晰（图3-34）。

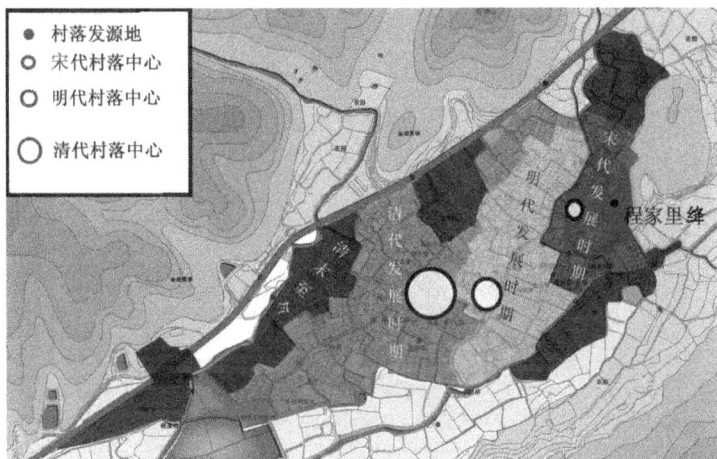

图3-33　西递景观形态历史变迁

〔资料来源:《西递古村落保护规划》(2004 年)〕

图3-34　西递祠堂空间分布、街巷肌理和街区形态示意[73]

　　此外,土地资源的严重短缺制约了徽派民居平面扩展延伸,这一先天不足迫使徽派民居尽可能在垂直空间上发挥和创新,从而形成楼居景观。这一自然选择的结果,增强了徽州建筑空间和村落空间的立体感,也是街巷景观形态形成的直接原因之一。

3.2.2.5　村落门户——水口

　　水口通常与村落居住区保持一定的距离,通过石板路与村落内部空间沟通。依据风水理论,在因借自然的基础上,通过人工调适和水口组景形成园林

(图3-35)。水口园林与村落规划有机结合,经一番人工裁剪,在空间上形成开闭、收放、起承转合、主从分明以及富有节奏韵律的意象效果。水口园林充当了村落"门户"的角色,独立成区,属于过渡性物质空间,成为进入村落序列空间的开端,构成村落的第二空间。

图3-35　复原后的西递水口景观

徽州许多村落遵循仿生学的营造模式,倘若将这类村落看作一个生命有机体,则街巷网络系统是骨骼,水流是血液,河流、水圳为血管,民居是肌肉,土地(山地和耕地)是皮肤,草木为毛发,祠堂、牌坊、社屋等主要建筑为器官(图3-36)。

图3-36　族谱中的西递村落景观[73]

3.2.3 物质空间分区和意象

依据村落的定义,从空间功能和意象两个维度出发,综合考虑不同物质空间的差异性特征,对徽州传统村落景观进行空间分区。

3.2.3.1 自内而外的物质空间分区

自内而外是指从村落居住区向村落境外自然环境的一系列过渡空间,具体如下(图3-37):

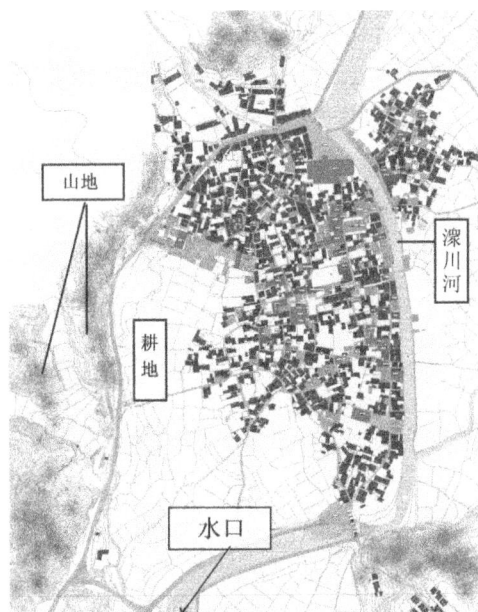

图3-37 呈坎景观空间结构示意

〔资料来源:《呈坎古村落保护规划》(2004年)〕

第一空间——内部人工空间,主要指居住区,包括民居、祠堂、牌坊等建筑空间,街巷空间,商业空间,节点空间,以及内部人工水系空间等,是村落的日常生活空间。第一空间是村落的主体空间,从建筑外部空间进入民居空间,又依次有街巷公共空间、半私密天井空间、厅堂空间、民居室内私密空间的变化。

第二空间——生产空间,包括村落周边的耕地、山场、林地、河流、池塘以及水利工程等空间要素,是村落主要的农业生产空间。第二空间主要以农业土地利用景观为主。

第三空间——过渡空间或缓冲空间,即水口空间。水口区域包括园林、风水建筑等,景观的密集程度相对较低,主要用于村落安全防御(注重精神),属于村落的"门户",是沟通村落自然空间与村落空间的纽带。水口空间与村落内部居住空间通常保持一定的距离。

外在地形条件的制约,内在宗法观念(特别是聚族而居)的影响,以及风水空间模式的规划指导(选址布局),导致村落不同功能区之间的界限非常清晰,在空间上表现出一定的圈层结构(风水模式和宗法制度共同作用的结果),各区所呈现出的景观特征和空间意象也明显不同。

3.2.3.2　自外及内的景观空间意象

空间意象是对外界环境的感知而形成的心理图像。徽州村落景观的空间意象性很强,由外及内表现出强烈的层次感或序列感,由村外经村口(水口)进入村落,可感受到不同的空间意象,依次为山水自然景观意象—水口园林景观意象—田园(生产)景观意象—内部街巷景观意象—生活景观意象(参见图3-37和图3-38)。

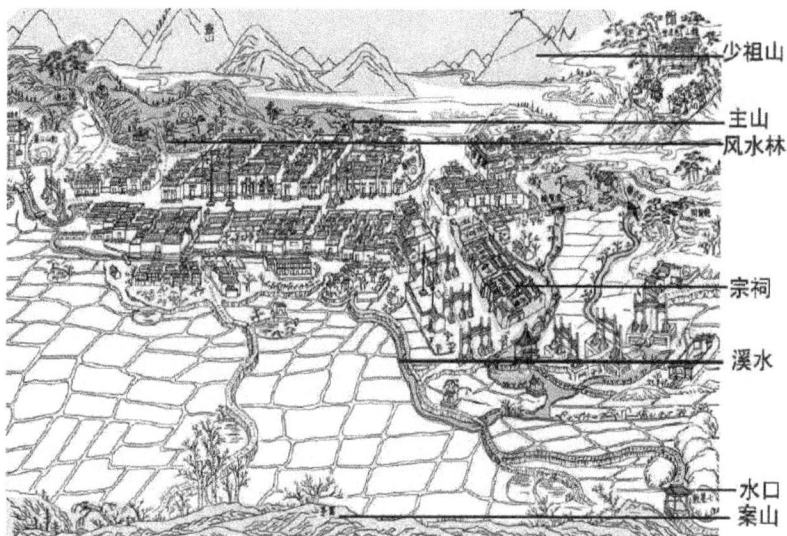

少祖山

主山
风水林

宗祠

溪水

水口
案山

图3-38　族谱中的棠樾村景观空间格局

(资料来源:东南大学建筑系、歙县文物管理所《徽州古建筑丛书——棠樾》,东南大学出版社1999年版)

3.3　徽州传统村落景观的形成机理

徽州传统村落景观是历史上徽州人地关系地域系统协调作用的产物,被称为"人与自然合作的光辉典范",折射出特殊的人地关系协调机制,承载着丰富的区域历史文化信息。徽商的崛起,重构了徽州人地关系地域系统的主要构成因素,"人"的(能动性)因素比重加大,使徽州文化景观的形成机理与中国一般区域有很大不同,区域特点非常明显。徽人撷山川之灵,得徽商之助,擅人文之魅,于山清水秀之地创造了清新雅致、雄浑规整、文化深厚的徽派民居与园林般的村落景观。

3.3.1 村落景观形成的主要影响因素

(1)自然因素。徽州村落景观深深地打上了徽州自然地理环境的烙印,主要体现在三个方面:第一,山水形势(地形地貌)制约和左右着村落的整体景观风貌;第二,许多自然要素是构成村落景观体系的重要景观要素,丰富了村落的园林情调;第三,自然环境提供的建筑材料。

(2)人文因素。在第二章已做过详细的论述,在此不再赘述。其中,理学、宗族、徽商、风水不但是徽州文化形成的核心因子(文化特质),也是影响徽州村落景观风貌的主要人文因素,它们对徽州村落的整体文化风貌,村落内部景观结构和秩序,完善的村落景观体系和建筑的艺术风貌,以及村落的整体景观形态产生了决定性的影响。

徽州村落景观是徽州人在自然景观基础上创造出来的小区域综合体,是多种因素共同作用的结果,人文活动在景观的形成过程中扮演着主导角色。本文仅从起决定性作用的文化(人文)因素方面探讨村落景观的形成机理。村落景观的形成与徽州文化的发展演变息息相关,可以说,它是徽州文化物化内容的重要组成部分。

3.3.2 村落景观形成的主要模式

从徽州村落景观的历史过程来看,风水学说、宗法制度发挥了重要作用。相应地,风水模式和民居组团发展模式成为村落景观形成的基本形式,祠堂的空间扩散主导着村落空间的生长方向。

徽州人笃信风水,风水对徽州村落景观的影响首推一套体系完整的风水模式,在堪舆家具体指导下,通过相地选址、建筑布局和其他人工调适措施进行村落的基本规划。关于风水模式,除了风水四象"左青龙,右白虎,前朱雀,后玄武",以及"负阴抱阳,背山面水"的基本选址原则,《丹经口诀》对此有更为细致的描述:"阳宅须教择地形,背山面水称人心。山有来龙昂秀发,水须转抱作环形。明堂宽大斯为福,水口收藏积万金。关煞二方无障碍,光明正大旺门庭。"用现在的话解释为:背靠连绵的山脉,前临开阔的平原,水流萦绕于前,两侧有护山守卫,远处水流出处留有狭窄的豁口(水口山),以确保村落与外界既合又开的人居环境。当然,这是聚落选址的最理想模式,一般聚落难以达到这一要求,但是要满足"枕山、环水、面屏"山水形势的基本要求还是比较容易的,特别是在山水俱佳的徽州。可以看出,风水讲究"藏风聚气",强调聚落环境的封闭性和防御性(山、水、林都可作为屏障实现村域定界),增强了村落外围的界域性,使村落空间与外界自然环境空间保持清晰的界限。而村落内部高集中和高密度的建筑空间,与周边半自然空间(即本章第二节的第二空间,水口至居住空间区域)的界限同样明确、清晰。另外,水口独立成区,不但增强了村落布局的完整性和园林化特征,而且增加了村落的缓冲空间,使村落的空间分区更加明显。总体来看,风水学说对徽州村落景观的宏观空间结构产生了重要影响,使村落景观呈现出"圈层"结构形态和景观空间分区的现象(图3-39)。徽州人在人居环境的规划设计过程中,将中国古代叠山理水的技艺发展到了一个新的高度。

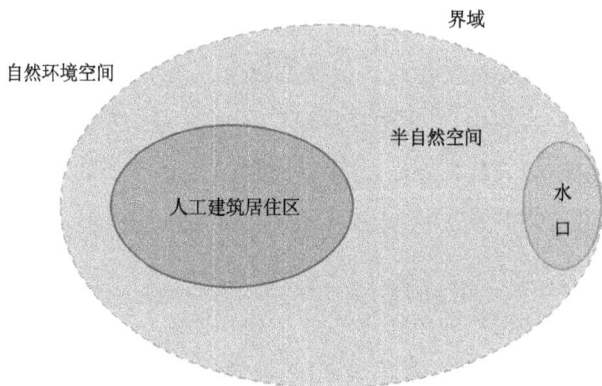

图3-39　风水模式下的徽州村落"环形"景观形态和空间分区

　　村落景观形成的具体过程体现在物质环境特别是建筑(主要体现在民居上)空间的历史演变上。民居是村落景观构成的基本单元,人口的繁衍表现为民居的空间生长,进而推动着村落物质空间的扩张。民居并非自发地毫无秩序地生长,而是以祠堂为中心组团扩展(图3-40)。徽派民居这种组团发展模式充分反映出民居和祠堂及两者的关联性在村落景观形成过程中的核心地位,诚如民国《歙县志》卷一《舆地志·风俗》所言,"邑俗旧重宗法,聚族而居,每村一姓或数姓;姓各有祠,支分派别,复为支祠,堂皇闳丽,与居室相间",客观描绘了明清时期徽州村落内部的主要景观格局。

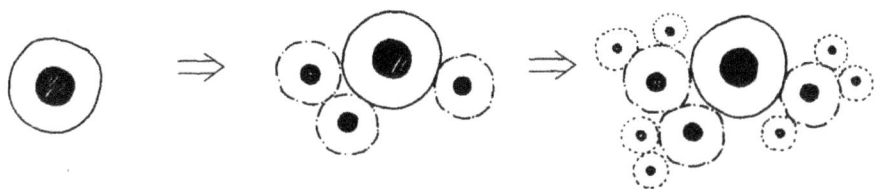

图3-40　民居组团扩展模式示意[73]

　　宗法伦理结构的物化是徽州村落内部空间的基本特性[72],祠堂在其中发挥了核心作用。祠堂是徽州村落最重要的精神文化景观,是族权的象征和宗法制的主要物质载体之一。一个完整村落的权力空间一般是由宗祠、支祠、分支祠、家祠和民居等多个不同等级的权力中心构成的族权系统。其中,宗祠总领各房支祠,属于全族的权力和精神中心。在村落结构中,祠堂如同写在地上的族谱,遵循严格的长幼秩序,同一宗族的祠堂系统组织结构一般和本族宗族组织结构相对应(图3-41)。祠堂系统的空间结构成为徽州(村落)宗法伦理(儒家道德伦理的一部分)结构的空间表征和物化表达。

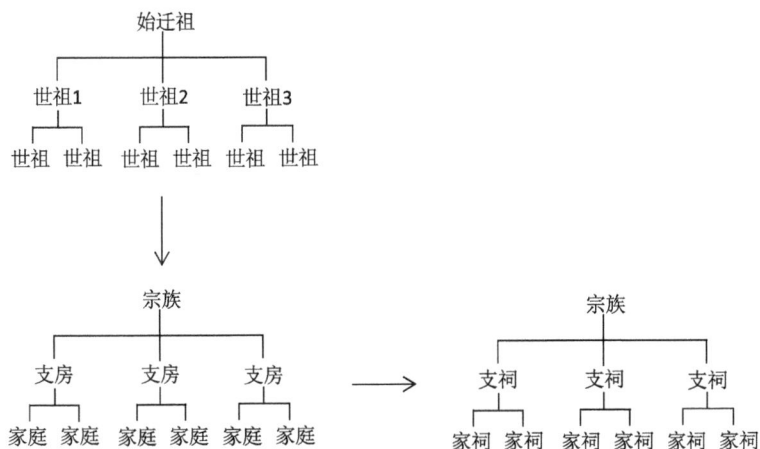

图3-41　族谱世系、宗族组织结构与祠堂系统

　　祠堂在宗族和村落景观体系中的地位至关重要。嘉庆《黟县志》卷三《风俗》载:"徽州聚族居,最重宗法。黟地山逼水激,族姓至繁者不过数千人,少或数百人或百人,各构祠宇,诸礼皆于祠下行之,谓之厅厦。居室地不能敞,惟寝与楼耳。族各有众厅,族繁者又作支厅。"上文已经提到,民居的空间生长具有围绕祠堂组团扩展的特征,因此祠堂的空间扩散过程反映了村落的生长过程,这一点可从歙县瞻淇村的景观形态的历史演变过程中得到印证（图3-42,图3-43）。事实上,多数徽州村落景观的形成过程大抵如此。祠堂的空间扩散主导着村落景观形成的基本过程和发展方向。因此,通过追踪每座祠堂的修建时间,可以大体掌握村落景观的演变过程。

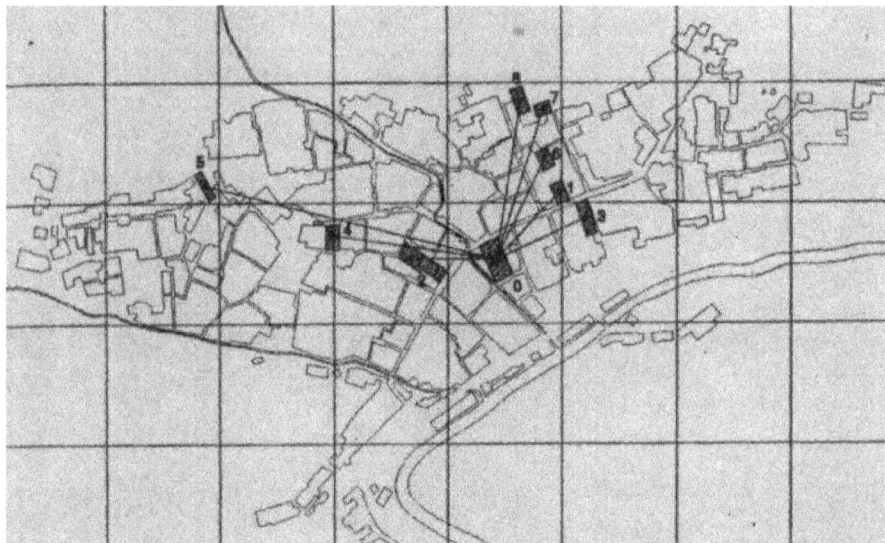

图3-42　瞻淇村祠堂系统空间格局和扩散顺序

（资料来源:东南大学建筑系、歙县文物管理所《徽州古建筑丛书——瞻淇》,东南大学出版社1996年版）

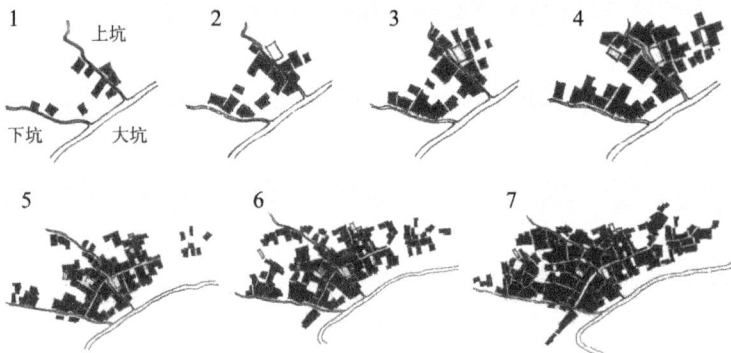

图3-43　瞻淇村景观形态演变

（资料来源:李立《乡土聚落:形态、类型与演变》,东南大学出版社2007年版）

3.3.3　村落景观形成的动力机制

宗族的繁衍和裂变是徽州村落景观形成的内在动力。在徽州,宗族是社会的基本组成单位,村落则是区域社会的缩影。徽州宗族制度完善而牢固,世俗化和生活化程度相较其他地区尤深。徽州宗族具有稳定性、封闭性和排他性特点,聚族而居是宗法制度的重要表现形式,这一社会习尚促使村落在整体景观上(居住空间)表现出既合又分(整体形态集聚紧凑,内部秩序泾渭分明)的形态特征。

　　从单个村落的演变过程来看,徽州村落景观的形成发展与宗族的发展基本是同步的。迁入一地的徽州宗族(即母族,一般规模很小)通常首先在风水理论指导下框定村址,于资源充足的土地上开始定居繁衍。随着族众数量的不断增长,同堂共居的大家庭因饱和(或者其他矛盾)而发生裂变,子族析出,子族或外迁,或就地靠近母族居所另辟新居继续发展,依此规律循环,形成村落的雏形(图3-44)。经过长期发展,母族裂变产生子族,子族再产生子族,一村(单姓或多姓)之内一族支派交错,各支房居室连接成片,由宗祠统领,村落规模开始定型,村落景观就此形成。这个过程是一个长期积累的过程,通常需要几百年的时间。

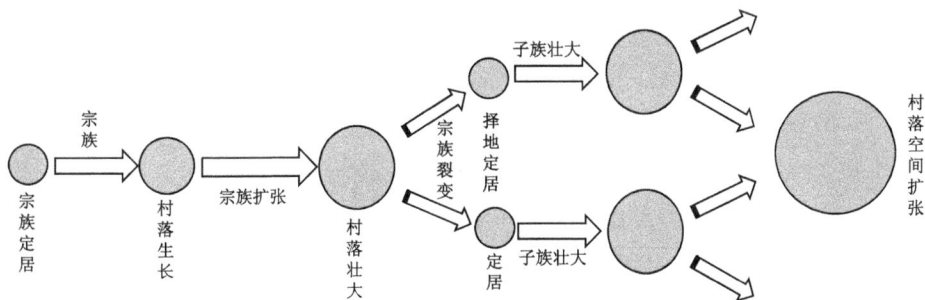

图3-44　单体村落景观形成的动力机制

　　明清时期的徽州村落,单姓聚落非常普遍,容易形成规模较大的村落,如西递胡氏、宏村汪氏、呈坎罗氏、灵山方氏、许村许氏、六都程氏、江湾江氏、理坑余氏、李坑李氏等。单姓村落宗族内部的各分支并非均衡发展,而是通过为官、经商、加强宗族建设等手段相互竞争,这些行为无形中成为村落持续发展的动力。徽州多姓聚居的村落也可能产生一些大村落,由不同姓氏的宗族(包括本族内部分支的竞争)相互竞争共同推动村落的发展,最典型的例子当属黟县南屏与徽州区唐模。前者在叶、李、程三大姓氏的竞争下至清代走向巅峰,唐模早期为汪氏、程氏聚居地,后来许氏入赘并因宗族迅速繁衍而发达,一跃成为许氏名村(仍与汪、程同村共居)。

徽商的物质支撑是徽州村落景观形成的外在动力。徽商是徽州宗族的一个特殊群体,受儒家道德伦理和宗法思想的长期熏陶,光宗耀祖、叶落归根成为所有宗族成员的终极目标。这一点自始至终影响着徽商的社会行为:徽人经商富有之后,将大量资本回输故里以反哺家乡,通过续谱牒、修祠堂、建豪宅、置田产、筑路桥、兴书院、构园林、树牌坊、挖水池、开水渠等方式振兴桑梓,实现自己的人生价值观。徽商在大兴土木的同时,将世俗化很强的商人文化特质(包括价值观、审美观等)融入村落的景观内涵之中,比如徽州村落随处可见、寓意深厚的"徽州三雕"成为村落建筑装饰的主要景观要素,即充分反映了徽商的资金支持和价值观、审美观的影响。总体来看,徽商的经济和社会行为对徽州村落景观的贡献主要表现在三个方面:第一,极大地丰富和完善了村落的景观体系,增强了聚落的基本功能;第二,徽商资金的支持最大限度地实现了徽州人价值观的物化形态转化,提升了村落的整体文化风貌和园林情调;第三,营造了村落景观清新雅致的整体景象。此外,徽商的物质支持提高了宗族子嗣的繁衍速度和文化素质水平,间接地促进了村落的景观建设。一言以蔽之,徽商的崛起是明清徽州村落景观形成和变迁的根本性人文因素。

理学(儒学)是徽州宗族和徽商的理性内核[80],其在村落景观形成中的表现是隐性的和深层次的,理学的核心价值观(特别是儒家伦理道德"三纲五常""忠孝节义"等核心理念)深刻影响着徽州宗族(含徽商)的价值观,并融入徽州社会的一切生活中。在徽州村落景观体系中,牌坊、室内装饰、建筑结构都成为儒家道德伦理秩序(权力)的重要空间表征。理学的兴盛极大地提升了徽州村落的整体文化风貌和景观内涵,儒家文化气息极其浓郁,促使享有"程朱阙里""东南邹鲁"和"文献之邦"之称的徽州成为儒家思想传承和演绎的典型区域。

事实上,在徽州传统村落景观的形成和历史演变过程中,理学、宗族、徽商、风水等主要影响因子并非孤立运行,而是相互贯通糅合,共同发生作用。宗族的强化、理学的昌盛和徽商的崛起,成为徽州文化发展演变史上的三个重要节点,对徽州社会的历史变迁都曾产生过决定性的影响。三者相互促进、三位一体形成良性循环的稳定运营模式,即徽州人地关系地域系统协调机制(图3-45),一直是徽州文化长盛不衰的重要法宝,也是徽州村落景观形成、演变和长期保持鼎盛的根本原因。

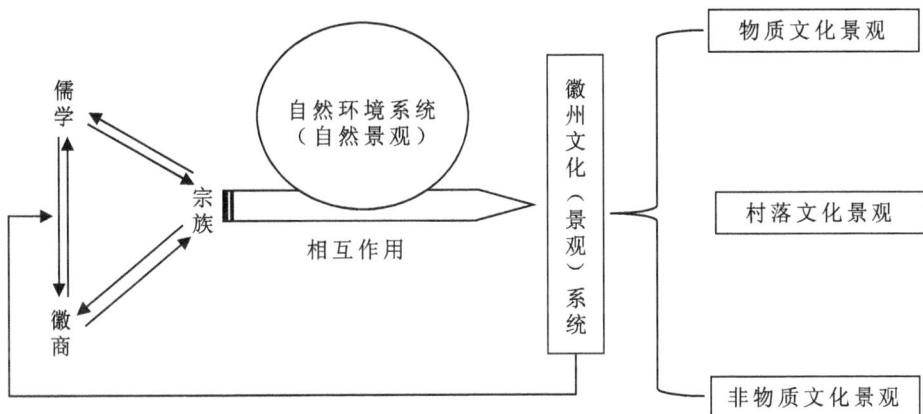

图3-45　徽州人地关系地域系统协调机制

4　徽州传统村落景观基因识别

徽州传统村落景观的区域特色鲜明,同其他聚落一样,其可视性、可意象性和可识别性很强。本部分借助景观基因的视角和方法,通过景观的基因识别和表达,试图准确把握徽州村落景观的核心特征,回答"哪些是徽州传统村落景观"的问题。聚落(村落)景观基因是判识传统聚落景观区系特征的核心因子,属于聚落文化景观研究的新视角和新方法,具有较强的理论意义和实践意义。

4.1　景观基因

4.1.1　景观基因的内涵

"基因"是指生物遗传信息的载体,可以通过自身复制将遗传信息传递给下一代,使后代表现出与亲代相同的性状。景观基因理论则是受生物学基因概念启发,将其引入文化景观研究并逐步系统化的一种新视角和新方法,主要用于分析聚落景观的内在特质、外在表达及其传承特点,属于新文化地理学范畴。景观基因不仅强调景观的物质形态,而且重视该景观背后所隐喻的内在形成机制——文化因子,具有"符号"的意义。在新文化地理学视野中,传统村落景观被视作一个空间符号系统或象征系统,是可以解读的"文本"[13]。

文化景观基因是文化"遗传"的基本单位,即某种代代传承的区别于其他文化景观的文化因子,它对某种文化景观的形成具有决定性的作用,反过来,它也是识别这种文化景观的决定性因子[32]。一个景观的形成可能存在多种影响因子,这些因子在景观的形成过程中所起的作用有主次之分,功能地位有高低之别,那些起主要和决定作用的文化因子就是该景观的基因。根据景观基因所处地位的差异,可将其分为主体基因、附着基因、混合基因和变异基因四种[2]。根据景观基因的物质形态差异,又可将其分为显性基因和隐性基因两种。就单个景观基因而言,它除了具有一定的外部形态之外,更重要的还在于其背后所隐喻的内在形成机制,诸如自然的、历史的、文化的、宗教的因素等。因此,比较不同区域聚落景观的差异,就转化成比较不同区域的聚落景观基因。就本文而言,聚落景观基因具体是指一个聚落区别于其他聚落所特有的遗传因子。聚落景观基因具有一定的层次性,如区域聚落景观基因、单体聚落景观基因、民居景观基因等,这是根据它们不同的空间尺度划分的。

文化景观基因的分析,对于把握区域文化景观的核心特征、形成机理与景观文脉的延续和保护、传承具有实质性的意义。

4.1.2　景观基因的判识原则

确定一个聚落或一定区域聚落的景观基因,大致可遵循以下原则:①内在唯一性原则,即在内在成因上为其他聚落景观所没有。②外在唯一性原则,即在外在景观上为其他聚落所没有。③局部唯一性原则,即某种局部的但是关键的要素为其他聚落所没有。④总体优势性原则,即虽然其他景观有类似景观要素,但本聚落的该景观要素尤为突出[2]。

4.2　景观基因识别

下面从标志性建筑、民居特征、布局形态、主体性公共建筑、建筑装饰、参照性环境因子等方面[40],识别徽州村落景观基因。这些识别因子既是影响徽州传统村落景观形成的主要因素,也是徽州文化特质的重要体现。

4.2.1　标志性建筑

牌坊,是一种脱离于墙体独立存在的门洞式的礼制性建筑,融建筑与雕刻艺术于一体,一般建造在村口、路口或祠堂前,高大挺立,非常壮观。有的村落还出现牌坊组群景观。牌坊最重要的功能在于其具有"符号"的意义。牌坊在景观上和功能上都是大村落不可或缺的形体建筑,直观地彰显着本族或本村的无限荣耀。牌坊既是对儒家道德伦理"忠孝节义"的直观表征,又是徽州人价值观的物化表达。牌坊一般需得到皇帝的恩准并由朝廷颁发建坊"执照"方可营造,并且存在等级之分。从形态式样和细部装饰来看,徽州牌坊分牌楼式和冲天式两种,前者明代较多,后者主要建于清代;根据牌坊的功能和旌表主人的身份,又大致可分为标志坊(导向、景观作用)、功德坊、节孝坊及百岁坊等,其中以节孝坊数量最多。牌坊作为一种特殊景观,属于影响区域和单体村落整体风貌的一类建筑。

牌坊是徽州村落一个重要的景观符号,并非每个村落都有分布,但是大村落多建有牌坊,它是村落文化风貌的重要体现,是徽州宗法思想的重要结果和理学昌盛的重要表征,是徽州文化的缩影[93]。

4.2.2 民居特征

民居是村落的基本单元,村落是民居的综合表现[25]。从发生学和文化整合角度来看,徽州民居由中原四合院(地床)和土著山越干栏式(楼居)建筑整合而成,其式样和风格在自然选择过程中继承了两者的优点。在封建社会等级森严的建筑规制制约下,徽州民居虽然拥有徽商资本的强力支持,但在规模、装饰和色彩等方面仍然不敢越制,只能在细部装饰层面进行雕琢。这一因素直接造成徽州民居在整体上表现为"外隐内显、外俗内雅、外平内秀"的景观特征,正所谓"民房其外,官邸其中"。

祠堂和聚族而居是徽州宗法文化景观的主要表现,促使民居在村落整体景观结构中大多以组团的形态出现,从而形成小型街区板块形态,街区之间形成街巷,街巷脉络或肌理非常清晰(图3-34),因此,徽派民居和街巷景观很有地域特色。

为精确地识别徽派民居景观,把握其核心特征和遗传因子,本文从以下几个方面进行解读。

(1)天井。天井是徽州民居的一大特色,系由高墙和正屋围合而成的小面积露天空间,是浓缩了的自然空间,体现了我国"天人合一"的哲学理念。除了通风采光之用外,在徽州人观念中天井还与"财禄"有关,天井露天,能直接接收雨水,象征着徽州人"肥水不流外人田""四水归堂"的商业文化意识。徽州民居内部结构基本上以天井为中心建构和布局,比较常见的结构有"凹"字型、"口"字型、"H"型和"日"字型等。天井不仅成为具有导向作用的枢纽空间,而且可用来放置盆景、鱼缸等,起装饰美化作用。由于采光多为二次折射光线,很少天然眩光,故能给人以静谧舒适之感(图4-1)。

图4-1　徽州天井景观[95]

(2)楼层。二层楼居为主,明代民居一楼较低,二楼高敞,二楼作为主要活动区,清代则相反。

(3)屋顶。硬山顶,马头墙高出屋顶,屋顶双面青瓦。马头墙造型为叠落式,以三阶为主,多则五阶,吸收了中国"五行"中的"土",异于南方其他古民居马头墙生动活泼的造型特点,受儒家思想影响,其外形中规中矩。马头墙有"坐吻""印斗""鹊尾"三种形式[72]。马头墙高低起伏、层层叠叠而极富韵律感,是徽州民居极具识别性的景观要素之一。

(4)建筑材料。砖木结构,即外砖墙,小青瓦,内置木梁架(以穿斗式为主),砖铺地。屋架为干栏式。

(5)朝向。徽州民居朝向不定,受传统观念"商家门不宜南向"影响,避免正南朝向。徽州有相当一部分民居坐南朝北,极具地域特色。

(6)建筑色彩。外在特征白墙黑瓦青砖,立面黑多白少,与大自然浑然一体;室内呈木材原色,柔和雅致。

(7)装饰。屋宇装饰主要由木雕、砖雕、石雕构成,图案取材多样,注重喻义和谐音表达。如大门饰以门楼(砖雕),分门罩式、牌楼式、八字门楼式三类。有的大门上方悬挂圆镜或剪刀,有的民宅墙脚嵌砌条石,刻有"石敢当"或"泰山石敢当"字样,此类装饰皆用于避邪镇宅。厅堂内匾额、楹联、中堂、屏条高挂,桌椅、案几、古瓶、方镜各置其所[25](图4-2),典雅工丽、富含寓意,儒家书香气息浓厚,彰显了"东南邹鲁"之儒商文化氛围。随处可见的对联则透射着主人的人生观和价值观。木雕主要用于门、梁、木栏杆、隔扇、天窗、家具等处。民居外墙细部装饰以砖雕为主,室内木雕占绝对优势,石雕使用相对较少,但柱础、漏窗、天井、庭院花园多用石雕构件。

图4-2　民居室内陈设

(8)街巷。街巷作为交通网络,夹于民居高墙之间,其宽度与民居外墙高度之比在1:5~1:10,曲折狭长,意境幽深。徽州街巷形态包括曲线、折线、直线、十字相交及"丁"字或"人"字型等[56]。

综上,可通过屋顶造型、山墙(马头墙)、屋脸(立面)形式、平面结构、局部装饰、建筑用材和建筑色彩等七个方面,来把握民居的主要景观特征,建立徽派民居景观要素识别系统(图4-3)。

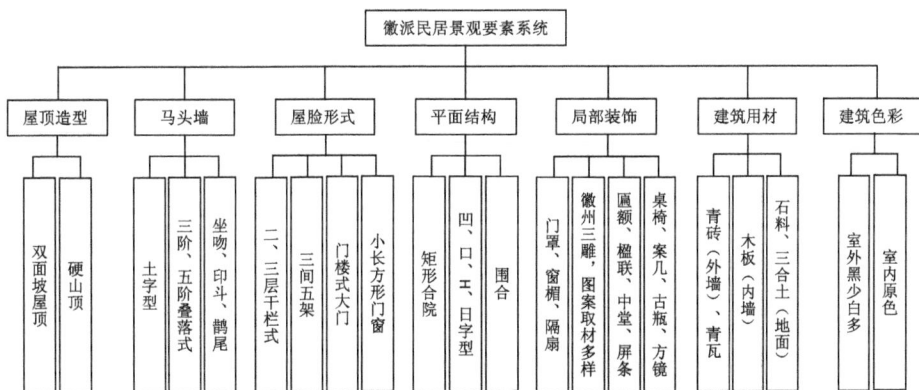

图4-3　徽派民居景观要素识别系统

总体上,素雅淡秀的色调,别具一格的马头墙,布局紧凑的天井与厅堂,奇巧多变的结构,精致优美的装饰,精巧雅致的陈设,大体上概括了徽派民居这一主体景观的基本外在特征。民居是徽州人的主要生活居住场所,承载着丰富的徽州文化内涵,许多细部空间成为徽州人价值观的具体表达。

4.2.3　布局形态

徽州村落布局的整体性和家族性很强,空间形态具有很强的内聚性,内部建筑密度非常高。徽州村落以团状景观形态居多,这是地形条件、风水学说以及宗法观念(聚族而居)、徽商经济实力综合作用的产物。

宏观上,为营造理想的人居空间,遵循"天人合一"及"物我为一"的哲学理念,刻意追求一种与大自然和谐一致的生态环境。徽州宗族追求和营造和谐人居环境观的愿望,在风水实践中得到充分实践。徽州村落的选址和布局依据一套系统完整的风水空间模式规划设计。"风水之说,徽人尤重之",徽州差不多都是风水聚落,每村必卜。《朱子语录》指出,徽州"古时建立村庄之际,乃依堪舆家之言,择最吉星缠之下而筑之,谓可永世和顺也",可见风水之盛行。村落的选址布局遵循"依山建屋、傍水结村"和"枕山、环水、面屏"的基本原则,在堪舆家的帮助下最终确定理想的生产生活场所。这样一来,徽州村落最大限度借助自然环境营造的安全的封闭居所(防御性),界域性很强,与自然环境保持一种既合又开的和谐状态。实际上,徽州许多村落的外部形态都表现出非常明显的环状景观。

"徽州聚族居,最重宗法",加之土地资源紧缺,谋生方式并不完全依赖耕地,导致集居型村落占绝对优势,建筑布局紧凑,密度和规模较大,以团状景观形态最众,沿河的带状形态也不少。在集居型村落中,象形村落(如宏村牛形、西递船形、呈坎八卦形、石家村棋盘形等)是徽州最具地域特色的一类,它们在风水理论指导下着意模拟一些吉祥图案,以求富贵绵长,宗族繁荣昌盛。

4.2.4　主体性公共建筑

祠堂,礼制性建筑,按等级分为宗祠、支祠和家祠,为村落的公共空间和精神空间。祠堂也是村落的重要景观标志物,每村必有,高出民居,威严庄重,景观特点突出。依据建筑构造,祠堂分天井式和廊院式两种,一般由二至三进院落组成。祠堂及其内部结构集中彰显了宗法制度,诚如民国《歙县志》卷一《舆地志·风俗》所说,"邑俗旧重宗法,聚族而居,每村一姓或数姓;姓各有祠,支分派别,复为支祠,堂皇闳丽,与居室相间",可见其地位的重要性。宗祠为全族所有祠堂之首,集全族力量而成,规模最为宏大壮观,装饰精美,集建筑和雕刻艺术于一身,属于全族的精神空间,同时也是许多村落内部民居等布局的中心。

社屋,同祠堂一样,也是徽州村落必不可少的祭祀性公共建筑景观,识别性很强。社屋的景观形态与祠堂相似(但是地位相差很大),体量较大,独立性强,主要用于一村或多村供奉和祭祀地方神或土地神。

水口,是徽州村落重要的风水景观,也是村落的重要空间过渡区,多以桥为关键建筑,辅以树、牌坊、亭、堤、塘、阁、楼、塔等景观要素[26],具有生态、观赏、游憩等多种功能。水口依山势或山脉的走向选取,一般处于山脉转折或两山夹峙、清流左环右绕处,同村口方向一致。水口建筑结合周围绿水青山便形成水口园林,集山水、建筑、园艺、雕刻于一身,是明清徽州经济和文化发达的产物。水口园林通常依水口而定,裁剪真山真水,自然景观占绝对优势,这与苏州人造园林有重大区别[94]。水口的营造提升了村落的园林化特点,也丰富了村落的景观层次。

4.2.5 建筑装饰

徽州"三雕"——木雕、砖雕和石雕,是徽州建筑很有地域特色的装饰要素,通常集建筑技艺、雕刻工艺、绘画艺术和儒家教义于一体,享有极高的声誉(图4-4)。徽州"三雕"在很大程度上丰富和提升了徽州建筑的整体形象和景观内涵,既彰显了徽商雄厚的物质财富,又反映出徽州人高雅的审美取向。

图4-4　徽州木雕、砖雕和石雕

　　徽州砖雕清新淡雅,木雕华美多姿,石雕浑厚潇洒,它们作为徽州建筑和家具装饰部件无处不在。徽州"三雕"一般不会独立存在,需依附一定的建筑载体而构成其附属部件,从而增强了建筑的景观功能。"三雕"作为细部装饰对建筑部位有所选择,其形态和图案取材也不尽相同。木雕主要装饰梁架、梁托、斗拱、雀替、柱拱、窗扇、栏杆等,雕刻内容多为人物、山水、八宝、博古等,题材包括戏剧、民间传说、神话故事等。另外,叉手、脊爪柱、步梁头的云纹卷草浮雕和斗拱、撑头上的人物和动物圆雕也采用木雕工艺。砖雕主要装饰民居门楼、门罩、照壁以及官邸和祠庙大门两侧八字墙等,以神态逼真的人物、虫鱼、花鸟、八宝、博古和几何形体为主要刻画内容。石雕多用于住宅和祠堂基座、柱础栏板、漏窗、门额、牌坊以及石桥栏杆等建筑部件,石雕以浮雕、透雕的工艺手法为主,图案取材包括飞禽走兽、山水风景、八宝、博古、人物故事等,其中仙鹤、猛虎、雄狮、大象、麒麟、祥云等吉祥性造型最为常见[97]。从工艺特征来看,明代雕刻追求粗犷朴实,清代雕刻则显得细腻繁琐。徽州"三雕"以微观艺术世界表征了徽州人的观念世界(特别是徽商的情怀),其刻画的内容题材往往具有特殊的文化寓意。

4.2.6　参照性环境因子

　　山环水绕和园林情调是徽州村落的主要环境景观意象,这一园林化特点主要得益于徽州的秀丽山水。徽州村落建筑色彩以黑白为主色调,给人以清新简洁、淡雅明快的感觉,因此在景观意象上整体呈现出一幅"全村同在画中居"的泼墨式国画意境[17]。在村落规划方面,徽州宗族以风水学说为理论依据,遵循"枕山、环水、面屏"的基本风水模式,因借自然,充分合理地利用了本地良好的生态山水环境,体现了中国"天人合一"的哲学思想。可以说,徽州村落基本属于风水聚落,山、水已成为徽州聚落不可或缺的要素。此外,风水学的重要产物水口也是徽州村落极具识别性的景观基因要素。水口通常需要大量风水林构筑成理想的封闭环境,并辅以一些建筑景观形成园林,所以说树是徽州村落非常重要的景观要素,且种类多样。

　　根据上述分析,可以构建徽州村落景观基因识别系统(图4-5)。

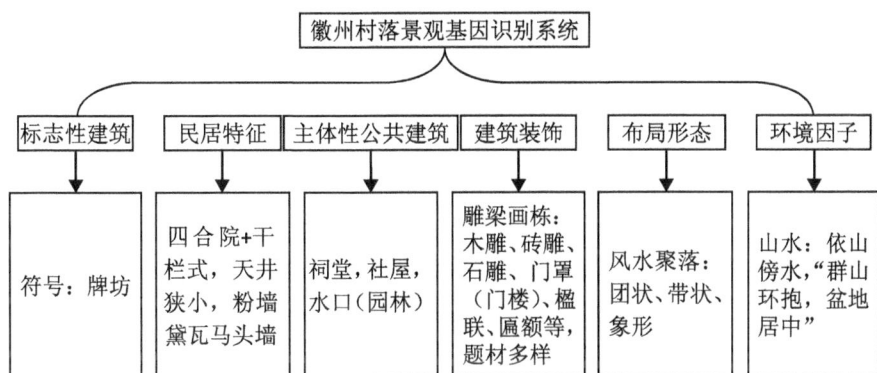

图4-5 徽州村落景观基因识别系统

4.3 景观基因提取

根据聚落景观基因的识别原则和内在形成机理,牌坊、祠堂、民居、天井、马头墙、门罩和水口等是构成徽州村落景观的重要遗传基因,是村落景观必不可少的景观要素。其中,牌坊、宗祠、民居和水口四种要素为主体基因,马头墙、天井和门罩为附着基因。

4.3.1 主体基因

主体基因是指在整体村落景观中占有显著地位,决定村落整体(景观、文化)风貌的一类元素。

(1)牌坊。牌坊被视作徽州的文化符号,对村落景观整体风貌的影响是内在的,这有三个方面的原因:第一,牌坊是儒家思想的重要产物。徽州是一个典型的宗法社会,儒家思想(特别是朱子理学)世俗化和生活化,并融入族规家法之中。首先,在理学的熏陶下,"官本位"成为读书人的最高价值取向,"入仕"是达到荣宗耀祖终极目标的最理想途径。其次,牌坊所标榜的"忠孝节义"是儒家伦理道德的核心价值观。徽州鼎盛时期的牌坊有上千座,充分表明徽州是名副其实的德化之地,牌坊、书院林立,所谓"东南邹鲁"的气象一览无余。第二,牌坊是徽州文化特质的集中表现。徽州以功德坊和节烈坊占多数,有其域情背景。崇奉理学、尚文重教以及经商成俗等人文特质都是牌坊盛行的社会因素。徽州经商成俗,造成区域人口性别和年龄结构严重畸形,妇女独操家业,隐含着诸多不稳定因素。为维持宗族统治和社会稳定,宗族社会本质上是一种男权社会。元代以来,统治者极力在民间倡导和推进宗法制度的世俗化,尤其强调女子守节,遂成为宗族荣耀。这一运动在徽州自然备受推崇,宣扬"存天理,灭人欲",在思想和行动上给予女人无情的禁锢和压迫。第三,牌坊景观的空间表征意义。牌坊是一种礼制性建筑景观,主要突出景观的空间意义,表征皇权。表面上它象征着宗族无限的荣耀(皇帝嘉奖),代表着村落或宗族的门面,其深层次意义却在于宣扬教化,是统治者对民众进行思想灌输和伦理教化进而强化基层统治的软性手段。朝廷对地方的统治有两种方式,一是刚性的层层政治监管,二是软性的道德教化(即思想统治)。徽州牌坊的兴盛客观反映出统治者与地方社会的相互认同。

(2)祠堂。在徽州人观念中,祠堂即祖宗的化身,关乎宗族盛衰。他们认为"举宗大事,莫最于祠,无祠则无宗,无宗则无祖","追本报远,莫重于祠","崇本枝,萃涣散,莫大于建祠"[76]。祠堂与族谱同等重要,是宗族文化的重要产物和宗法制的主要物质载体之一,是一村或一族的权力中心、精神空间和教化场所,因此,修建祠堂是加强宗族建设的主要内容之一。祠堂表征族权,且存在严格的等级差异。

就祠堂本身而言,它是徽州村落中最高大和富丽堂皇的建筑景观,主导了村落景观的基本空间格局。祠堂修建是一项浩大工程,周期长且耗资巨大,一般由本族成员集资(特别是徽商的经济资助)共同完成。如果说牌坊是民间村落与皇帝"礼"的维系,那么祠堂则是徽州村落内部"礼"的凝聚[98]。

(3)民居。民居是构成徽州村落景观的最基本单元,也是徽州人的生活空间,集中表现出徽派民居的地域风貌,可识别性强。无论在数量上还是景观上,徽派民居都是识别徽州村落景观的主体建筑,属于主体景观基因。

(4)水口。作为村落的门户,水口的独立性很强,其主要功能是安全防御(主要指精神需求)等,即所谓的"藏风聚气"和"保瑞避邪"。水口属于形而下的物质空间实体,是风水学说的重要实践产物,也是徽州人心理环境和自然环境相融合的结果[92]。徽州人笃信风水,并与宗族"联姻",宗法意识极强,水口于是被视为主宰宗族、村落命运和前程的"关口",其营造和维护成为举族大事。水口的规模与气势是村落彰显宗族荣耀和昌盛的重要标志。

水口是进入村落的咽喉,为村落的领地边界,因此成为表征村落权力空间的重要景观,是宗族不可侵犯的领地。

4.3.2 附着基因

聚落景观的附着基因是指需依附于一定的载体(主体景观,如民居、祠堂)而存在,进而区别和加强主体景观属性的一类元素。附着基因一般也是主体景观的主体基因,通常不能独立存在,但必不可少。

(1)马头墙。马头墙是徽州村落和民居最具特色和可识别性的景观要素,造型富于地域特色(图4-6)。徽州马头墙由封火墙演变而来,经过长期发展成为徽派民居的重要景观符号。马头墙作为景观基因主要体现在其特征鲜明的外在形态上,且只是民居、祠堂建筑单体等的附属品,在区域空间尺度上不能独立存在,但它是识别徽派民居不可缺少的景观要素,具备对主体基因起一定区别和加强景观属性的作用,因此可作为区域传统聚落景观的附着基因,徽派民居的主体基因。

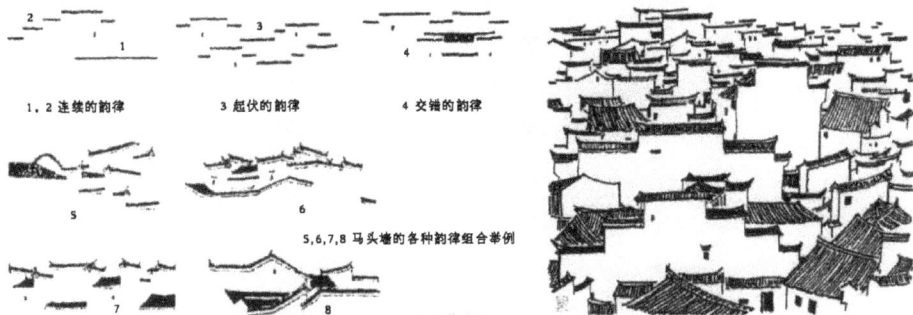

图4-6　徽派民居马头墙丰富多变的组合方式和景观形态[95]

(2)天井。天井是徽派民居必不可少的空间形态。从民居演变角度来看,徽派民居的天井由北方四合院落浓缩形成,它是当地自然条件和"天人合一"的哲学理念共同作用的产物。天井主导了徽派民居的平面景观形态,是民居的生长点,成为民居联体组合的主要过渡性空间。依据天井景观的重要地位,可将其作为村落景观的附属基因和民居景观的主体基因。总体来看,天井的形成主要在于区域的自然选择,地域文化作用次之。

(3)门罩(门楼)。门罩(门楼)是判识徽派民居的重要景观基因。徽派民居对外门框正上方一般都装饰门罩,通体黑色砖雕,图案题材多样,识别性很强(图4-7)。门罩有避邪、景观、艺术审美等多种功能,是徽商文化和地方风俗相结合的产物。

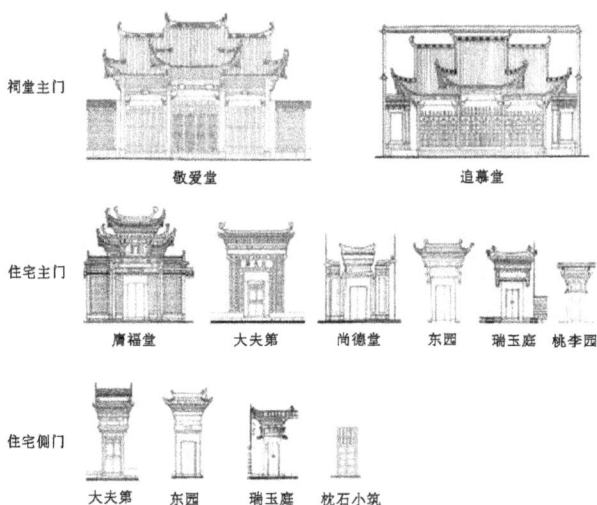

图4-7　西递村形态各异的门罩(门楼)

(资料来源:陈晓东《黟县西递村外部空间构成与解析》,东南大学硕士学位论文,2004年)

马头墙、天井和门罩(门楼)属于民居主体景观基因,规定和增强了民居的徽派属性和韵味,是民居景观不可或缺的要素。作为村落附着基因,其对村落景观形成过程的作用虽然没有主体基因明显,但是影响村落景观整体风貌的重要因子。

4.3.3　小　结

上述几种主要的景观基因(特别是主体基因)在村落景观的形成过程中所起的作用都是外在的,它们背后的权力关系才是本质性的。也就是说,村落的景观格局不过是其背后权力关系的表征。

村落社会是社会的浓缩,在村落空间中充斥着封建社会主要的权力秩序,自上而下依次为皇权、族权、父权和夫权四种,相应地对应着四种权力关系:皇帝与宗族,族长与族众,家长与子女,丈夫与妻子。维系这种权力结构的内核是儒家"礼"(道德伦理秩序"忠、孝、节"),体现这四种权力关系的景观(空间)也各有所指:牌坊表征皇权,祠堂(特别是宗祠)表征族权,民居表征父权与夫权。值得一提的是,地主阶级和佃仆之间的主仆关系是徽州比较普遍的权力关系,其典型的产物就是"村—庄"景观。

5 结 语

5.1 主要结论

本文在总结以往学者相关研究成果的基础上,借助有关理论和方法开展了较为系统的区域聚落景观研究,主要有以下结论:

(1)徽州村落景观的要素体系完整(布局完整)、功能齐全,反映出明清时期徽州村落发达,族人兴旺。

(2)自然基址环境、街巷系统、祠堂系统、民居单元(街区)和水口等核心景观要素的组合和空间叠加,构成村落的基本框架。其中,祠堂系统的秩序性使村落内部景观的空间结构表现出较强的秩序性。

(3)村落内部空间由内而外可划分为人工建筑空间、农业生产空间、水口过渡空间,各空间之间界限清晰、层次(功能)分明;相应地,村落景观的空间意象由外至内表现出很强的序列性和层次性。

(4)徽州村落景观是多种因素共同作用的产物,其中,宗族、理学、徽商和风水是影响徽州村落景观形成的主要人文因素。风水空间模式、民居组团发展模式是徽州村落景观形成的基本形式。祠堂作为徽州村落宗法景观的典型代表,其空间扩散主导着村落景观的空间迁移方向。宗族的繁衍和裂变是徽州村落景观形成的内在动力,宗族间及宗族内的相互竞争是推动村落景观发展的重要途径。徽商的物质支持是村落景观发展的外在动力,除了直接的资金支持,加速宗族繁衍和投资文化教育间接促进了村落景观的形成和发展。综合来看,宗族、徽商和理学三位一体、相互贯通的稳固运营系统是徽州村落形成与长期保持旺盛的根本原因,主导着徽州人地关系地域系统协调机制。

(5)可以通过标志性建筑、民居特征、布局形态、主体性公共建筑、建筑装饰和参照性环境因子等六个因子,识别和掌握徽州村落景观的核心特征,并构建徽州村落的景观基因识别系统。民居的景观识别、表达和景观要素识别系统的构建,可从屋顶造型、山墙(马头墙)、屋脸(立面)形式、平面结构、局部装饰、建筑用材和建筑色彩等方面展开。

(6)牌坊、祠堂、民居和水口是主导和决定徽州传统村落整体风貌的一类景观要素,是徽州村落景观形成和识别的核心因子,属于主体景观基因,表征了徽州文化的主要特质;天井、马头墙和门罩(门楼)是影响徽州村落整体风貌的重要因子,属于附着景观基因,同时是徽派民居景观的主体基因,它们增强了徽州村落和民居的景观属性与地域特性。景观基因是徽州文化景观文脉延续和文化传承的核心载体。牌坊、祠堂、民居和水口还是村落权力空间系统的景观表征,自上而下分别表征皇权、族权、父权(家权)、夫权以及村落的领地权。

5.2　需要进一步探讨的问题

主要有以下几个问题有待进一步完善和研究:

(1)关于徽州传统村落景观形成机理的分析不够深入,有待继续完善。

(2)徽州传统村落景观的识别体系有待进一步细化和深入,主要景观基因的提取和分析只是初步的探索,还有许多地域性的景观基因有待挖掘和深入分析。

(3)这里仅仅借用了景观基因的分析视角和表达形式,还需要借鉴其他学科的相关理论和方法。

主要参考文献:

[1] R. J. 约翰斯顿. 人文地理学词典[M]. 柴彦威,等译. 柴彦威,唐晓峰,校. 北京:商务印书馆, 2004.

[2] 刘沛林. 中国传统聚落景观基因图谱的构建与应用研究[D]. 北京:北京大学,2011.

[3] Sauer C O.The Fourth Dimension of Geography[J]. Annals of Association of American Geographers,1974,64(2):189-192.

[4] Taylor G. Environment, Village and City:A Genetic Approach to Urban Geography;With Some Reference to possiblism[J]. Annals of the Association of American Geographers, 1942, 22 (1):1-67.

[5] Conzen M R G. Morphogenesis, Morphogenetic Regions, and Secular Human Agency in the Historic Townscape, as Exemplfied by Ludlow[C].// Denecke D, Shaw G. Urban Historical Geography.Cambridge:Cambridge University Press, 1988: 253-272.

[6] Conzen M R G. Geography and townscape conservation[A].// Uhlig H, Ienau G. Anglo-German symphsium in applied geography. Giessen-WUrzburg-MUnchen, 1973:95-102.

[7] 凯文·林奇. 城市意象[M].方益萍,何晓军,译. 北京:华夏出版社,2001.

[8] 凯·安德森,莫娜·多莫什,史蒂夫·派尔,等. 文化地理学手册[M].李蕾蕾,张景秋,译. 北

京:商务印书馆,2009.

[9] 周尚意.英美文化研究与新文化地理学[J].地理学报,2004,59(增刊):162-166.

[10] 李蕾蕾.从新文化地理学重构人文地理学的研究框架[J].地理研究,2004,23(1):125-134.

[11] 李蕾蕾.当代西方"新文化地理学"知识谱系引论[J].人文地理,2005,20(2):77-83.

[12] 迈克·克朗.文化地理学[M].杨淑华,宋慧敏,译.南京:南京大学出版社,2003.

[13] 朱竑,钱俊希,封丹.空间象征性意义的研究进展与启示[J].地理科学进展,2010,29(6):643-648.

[14] 汤茂林.欧美景观地理学的新进展及其启示[J].地域研究与开发,2005,24(4):12-16.

[15] 刘沛林.近年来我国文化地理学研究的进展[J].地理科学进展,1998,17(2):90-95.

[16] 刘沛林.传统村落选址的意象研究[J].中国历史地理论丛,1995(1):119-128.

[17] 刘沛林,董双双.中国古村落景观的空间意象研究[J].地理研究,1998,17(1):31-38.

[18] 刘沛林.中国古村落的景观建构[J].寻根,1997(4):30-33.

[19] 刘沛林.古村落——独特的人居文化空间[J].人文地理,1998,13(1):34-37.

[20] 刘沛林.广东侨乡聚落的景观特点及其遗产价值[J].中国历史地理论丛,2003,18(1):76-83,160.

[21] 金涛,张小林,金飚.中国传统农村聚落营造思想浅析[J].人文地理,2002,17(5):45-48.

[22] 黄成林.试论徽州地理环境对徽商和徽派民居建筑的影响[J].人文地理,1993,8(4):57-63.

[23] 黄成林.徽州文化生态初步研究[J].地理科学,1995,15(4):299-307.

[24] 黄成林.试论徽商对徽州文化的影响[J].人文地理,1995,10(4):36-39.

[25] 黄成林.徽州文化景观初步研究[J].地理研究,2000,19(3):257-263.

[26] 陆林,焦华富.徽派建筑的文化含量[J].南京大学学报(哲学·人文科学·社会科学),1995(2):163-171.

[27] 陆林,凌善金,焦华富,等.徽州古村落的景观特征及机理研究[J].地理科学,2004,24(6):660-665.

[28] 陆林,凌善金,焦华富,等.徽州古村落的演化过程及其机理[J].地理研究,2004,23(5):686-694.

[29] 张祖群,赵荣,杨新军,等.中国传统聚落景观评价案例与模式[J].重庆大学学报(社会科学版),2005,11(2):18-22.

[30] 尹钧科.一个特殊地区区域历史地理研究的特殊成果——读《从自然景观到文化景观》

[J].地理研究,2009,28(4):1 146.

[31] 周尚意,吴莉萍,苑伟超.景观表征权力与地方文化演替的关系——以北京前门—大栅栏商业区景观改造为例[J].人文地理,2010,25(5):1-5.

[32] 刘沛林.古村落文化景观的基因表达与景观识别[J].衡阳师范学院学报(社会科学),2003,24(4):1-8.

[33] 刘沛林,刘春腊,邓运员,等.中国传统聚落景观区划及景观基因识别要素研究[J].地理学报,2010,65(12):1 496-1 506.

[34] 申秀英,刘沛林,邓运员,等.中国南方传统聚落景观区划及其利用价值[J].地理研究,2006,25(3):485-494.

[35] 申秀英,刘沛林,邓运员.景观"基因图谱"视角的聚落文化景观区系研究[J].人文地理,2006,21(4):109-112.

[36] 邓运员,申秀英,刘沛林.GIS支持下的传统聚落景观管理模式[J].经济地理,2006,26(4):693-697.

[37] 胡最,刘沛林,陈影.传统聚落景观基因信息图谱单元研究[J].地理与地理信息科学,2009,25(5):79-83.

[38] 刘沛林."景观信息链"理论及其在文化旅游地规划中的运用[J].经济地理,2008,28(6):1 035-1 039.

[39] 刘沛林,刘春腊,邓运员,等.基于景观基因完整性理念的传统聚落保护与开发[J].经济地理,2009,29(10):1 731-1 736.

[40] 刘沛林,刘春腊,邓运员,等.客家传统聚落景观基因识别及其地学视角的解析[J].人文地理,2009,24(6):40-43.

[41] 胡最,刘沛林,申秀英,等.古村落景观基因图谱的平台系统设计[J].地球信息科学学报,2010,12(1):83-88.

[42] 刘沛林,刘春腊,李伯华,等.中国少数民族传统聚落景观特征及其基因分析[J].地理科学,2010,30(6):810-817.

[43] 翟文燕,张侃侃,常芳.基于地域"景观基因"理念下的古城文化空间认知结构——以西安城市建筑风格为例[J].人文地理,2010,25(2):78-80.

[44] 蔡凌.侗文化圈传统村落及建筑研究框架[J].新建筑,2004(6):7-9.

[45] 蔡凌.建筑—村落—建筑文化区——中国传统民居研究的层次与架构探讨[J].新建筑,2005(4):4-6.

[46] 彭一刚.传统村镇聚落景观分析[M].北京:中国建筑工业出版社,1992.

[47] 陈紫兰.传统聚落形态研究[J].规划师,1997(4):85-87.

[48] 李建伟,朱菁,尹怀庭,等.历史古镇空间格局的解读与再生——以华阳古镇为例[J].人文地理,2008,23(1):43-47.

[49] 刘晓星.中国传统聚落形态的有机演进途径及其启示[J].城市规划学刊,2007(3):55-60.

[50] 李宁,李林.传统聚落构成与特征分析[J].建筑学报,2008(11):52-55.

[51] 刘沛林.徽州古村落的特点及其保护性开发[J].衡阳师专学报(社会科学),1997,18(1):86-91.

[52] 王韡.徽州传统聚落生成环境研究[D].上海:同济大学,2005.

[53] 姚光钰,陈珌.徽州古村落风水表征[J].古建园林技术,2000(2):38-42.

[54] 陈伟.徽州乡土建筑和传统聚落的形成、发展与演变(续)[J].华中建筑,2000,18(4):123-125.

[55] 吴晓勤,陈安生,万国庆.世界文化遗产——皖南古村落特色探讨[J].建筑学报,2001(8):59-61.

[56] 张希晨,郝靖欣.皖南传统聚落巷道景观研究[J].江南大学学报(自然科学版),2002,1(2):179-183.

[57] 李春涛,汪兴毅.基于"嫁接"理念的皖南古村落景观整治规划研究——以绩溪县仁里村新农村建设景观整治规划为例[J].城市规划,2007,31(10):93-96.

[58] 谢震林.解析徽州古民居室内装饰的地域特征[J].合肥工业大学学报(自然科学版),2009,32(9):1 426-1 429.

[59] 侯曙芳,李道先.徽派古民居建筑的地域文化特征[J].重庆建筑大学学报,2006,28(6):24-26,46.

[60] 孙丹.徽州民居的象征文化[J].中外建筑,2004(4):63-65.

[61] 李东,许铁铖.空间、制度、文化与历史叙述——新人文视野下传统聚落与民居建筑研究[J].建筑师,2005(3):8-17.

[62] 王韡.权力空间的象征——徽州的宗族、宗祠与牌坊[J].城市建筑,2006(3):84-89.

[63] 陈旭东.从牌坊和宗祠建筑看古徽州的宗法文化景观[J].山西建筑,2010,(36)11:50-51.

[64] 戴慧,吴运法.徽州传统聚落空间意象分析及启示[J].安徽建筑工业学院学报(自然科学版),2010,18(6):44-47.

[65] 吴敏,江海东,吴前宏.以类型学引导的徽派景观体系的现代复兴[J].建筑学报,2011(S1):148-152.

[66] 刘阳.意象图形与徽州古村落布局形态[J].新美术,2010,21(5):91-93.

[67] 刘阳.徽州古村落园林化探析[J].江淮论坛,2010(4):189-192.

[68] 汪楠.歙县古城空间形态研究[D].厦门:厦门大学,2008.

[69] 束冬冬.黟县古村落景观研究初探[D].北京:北京林业大学,2011.

[70] 孙明.徽州古村落水口景观构建与解读[D].合肥:合肥工业大学,2010.

[71] 陆林,焦华富,凌善金.徽州村落[M].合肥:安徽人民出版社,2005.

[72] 朱永春.徽州建筑[M].合肥:安徽人民出版社,2005.

[73] 段进,龚恺,陈晓东,等.世界文化遗产西递古村落空间解析[M].南京:东南大学出版社,2006.

[74] 黄山高等专科学校徽州文化研究所,姚邦藻.徽州学概论[M].北京:中国社会科学出版社,2000.

[75] 李仲谋.徽州文化综览[M].合肥:安徽教育出版社,2004.

[76] 赵华富.徽州宗族研究[M].合肥:安徽大学出版社,2004.

[77] 卞利.徽州民俗[M].合肥:安徽人民出版社,2005.

[78] 张海鹏.求实集——张海鹏史学论文选[M].合肥:安徽教育出版社,2006.

[79] 刘伯山.程朱理学渊源考[J].探索与争鸣,2000(3):45-48.

[80] 周绍泉,赵华富.'98国际徽学学术讨论会论文集[M].合肥:安徽大学出版社,2000.

[81] 曹志.徽商在徽文化创建中的贡献探微[J].湖北省社会主义学院学报,2005(1):76-79.

[82] 刘和惠,汪庆元.徽州土地关系[M].合肥:安徽人民出版社,2005.

[83] 李小波.中国古代风水模式的文化地理视野[J].人文地理,2001,16(6):64-68.

[84] 潘敏文.皖南古黟"牛"形村——宏村古村落规划中的图腾和风水[J].昆明理工大学学报(理工版),2004,29(2):103-106.

[85] 黄成林.旅游文化[M].合肥:安徽人民出版社,2006.

[86] 黄山学院学报编辑部.徽州祠堂的规制[J].黄山学院学报,2007,9(6):122.

[87] 庄华峰.明清徽州书院考述[J].江淮论坛,1993(3):66-72.

[88] 李琳琦,张晓婧.明代安徽书院的数量、分布特征及其原因分析[J].华东师范大学学报(教育科学版),2006,24(4):72-81.

[89] 吴晓勤,汪日东,万国庆,等.世界文化遗产皖南古村落规划保护方案保护方法研究[M].北京:中国建筑工业出版社,2002.

[90] 秦筑.徽州古村落理水分析[J].华中建筑,2009,27(8):209-214.

[91] 胡时滨,舒育玲.中国明清民居博物馆:西递[M].合肥:黄山书社,1993.

[92] 阚陈劲,吴泽民.徽州古村落水口景观及现状[J].小城镇建设,2009(1):63-68.

[93] 高寿仙.徽州文化[M].沈阳:辽宁教育出版社,1995.

[94] 陈晖.徽州水口园林的建筑特色——兼与苏州园林比较[J].黄山学院学报,2007,9

　　(6):13-14.

[95] 胡振楠. 徽州地区古民居建筑形态解析[D]. 合肥:合肥工业大学,2009.

[96] 丁俊杰. 基于建筑类型学下的"徽质空间"分析[D]. 合肥:合肥工业大学,2010.

[97] 吴晓勤,万国庆,陈安生. 皖南古村落与保护规划方法[J]. 安徽建筑,2001(3):26-29.

[98] 单德启. 冲突与转化——文化变迁·文化圈与徽州传统民居试析[J]. 建筑学报,1991

　　(1):46-51.

ON CHARACTERISTIC AND GENE IDENTIFICATION OF CULTURAL LANDSCAPES OF TRADITIONAL VILLAGES IN HUIZHOU REGION IN ANHUI PROVINCE

Abstract: Traditional settlement (village) landscapes has been one of the main research contents of cultural geography over time, also an important breakthrough point of carrying out the research of regional cultural landscapes.

Known as the shining example of "man and nature", traditional village landscapes in Huizhou region in Anhui province is the historical creature of the coordinating relationship of regional man-land system, a reflection of the special coordination mechanisms of people-land relationship. In particular, the rise of the Anhui Merchants had reconstructed the main constituent elements of the regional man-land relationship system, the "people" (initiative) factors increased, compared significantly different from the cultural landscape features and formation mechanism of the conventional regions. In addition to natural environmental factors, clan, Neo-Confucianism, fengshui, Anhui Merchants and other human factors are the core factor which affect the landscape characteristics and cultural characteristics of traditional villages in Huizhou region in Anhui province. Therefore, the traditional village landscape in Huizhou region encompassed the important regional important natural and historical and cultural information and genetic factors.

Based on the inspection survey and literature collection of the existing typical traditional villages, from a geographic perspective, the paper makes a more detailed analysis of the characteristics and gene identification of the traditional village landscapes in Huizhou, on the cultural landscape theory and the integrated application of multi-disciplinary theories and methods. The research is expected to be of some enlightenment on the regional settlement planning and landscape design, the tourism planning and development, protection and utilization of traditional village heritage and regional housing environments.

The full text consists of five parts: The first part of the introduction, which outlines the background, significance, research review, methods, contents and technical routes of the research. The second part includes the definition of the related concepts which sketches the development circumstances and main factors of the traditional village landscapes in Huizhou, the spatial distribution of the regional traditional villages. The third part and the fourth part are the core contents of the paper, which mainly discusses the features, landscape composition, spatial analysis and Mechanism of Huizhou traditional village landscapes, the gene identification and extraction of the landscape features. The fifth part includes the main conclusions and the issues for further exploration.

Keywords: Huizhou Region in Anhui Province; traditional village; cultural landscape; mechanism; landscape gene

徽州文化生态研究

文化地理学研究文化生态,主要研究自然地理环境对文化发生、发展的影响和地理环境与文化的关系。徽派民居、徽商、徽菜、徽派盆景、新安画派、徽派雕刻、新安医学等徽州文化特质,都明示或隐含着以"山多耕地少""山深地不偏"等为特征的徽州地理环境的印记。

文章认为,徽州文化现象与徽州自然地理环境存在着制约、适应、再现和选择四种关系。这一观点不仅得到了文化地理学者的高度认同,其实也是人类在经济社会发展历程中与自然环境和谐相处的基本准则。

徽州文化生态初步研究

黄成林

(安徽师范大学地理系,芜湖 241000)

摘　要:文章从文化生态学的视角,初步讨论了徽州文化形成、发展的地理背景和徽州地理条件对徽州文化现象的影响,以及徽州文化和徽州自然环境之间的关系:①徽州地理位置和自然环境是徽州文化形成和发展的重要前提;②徽州地理环境直接影响徽州物质文化,间接影响徽州精神文化;③徽州文化与徽州自然环境协调和谐,具体表现为制约、适应、再现和选择四种关系。[①]

关键词:徽州;徽州文化;文化生态

文化生态是文化地理学重要研究课题之一,主要研究地理环境(主要是自然地理环境)对文化形成、发展的影响以及地理环境与文化的关系。徽州文化是南宋至清末在徽州崛起的一种地域文化。徽州文化广博深邃,内涵丰富,半个多世纪以来,一直吸引着国内外专家学者的广泛关注和悉心研究。本文从文化生态学角度,研究徽州地理环境对徽州文化形成发展和徽州文化现象的影响,揭示徽州地理环境与徽州文化的关系。

1　徽州文化形成发展的地理背景

1.1　中原士民南徙迁徽定居与徽州文化

考察徽州文化形成和发展过程,我们不难发现,徽州文化并非徽州土著文化——山越文化,而是中原文化由中原士民以迁移传播方式扩散到徽州以后,在徽州特定条件下形成的具有徽州地方特色的一种新质的文化。徽州文

安徽省教委资助科研项目《徽州文化地理研究》子课题。

化的基质是中原文化。洪偶据明代《新安名族志》残本对徽州56个大族的分析[1],间接但十分充分地说明了中原士民在徽州社会历史发展过程中的巨大作用。56个族中:按迁出地分,23族直接从中原迁至徽州,26族先南渡辗转,然后迁居徽州,间接迁自中原,二者合占迁徽大族的87.5%,7族迁自其他地区;按迁徽定居时间分,汉代3族,两晋之际9族,唐代24族(唐宋之际近20族),两宋之际15族,其他朝代5族,绝大多数大族迁徽定居时间与西晋"永嘉之乱"、唐"安史之乱"和北宋末年"靖康之乱"所导致的三次大规模北民南移相吻合;按迁徽定居原因分,避难迁居23族,游宦留居(在徽任职届满的外地官员不回原籍,留居徽州)14族,迷恋徽州山水定居8族,自由迁居11族,以避难迁居占优势。中原士民的素质明显高于徽州山越百姓,他们迁徽定居,加强了落后的徽州和发达的中原之间的联系,强化了中原文化的影响,加速了徽州社会经济的发展。由于中原文化和徽州山越文化的位势不同,作为强势文化的中原文化逐渐向作为弱势文化的徽州文化扩散、渗透,后者逐渐被融合或同化,徽州人的社会习俗明显改观。淳熙《新安志》卷一《风俗》载:"其人自昔特多以材力保捍乡土为称,其后浸有文士,黄巢之乱,中原衣冠避地保于此,后或去或留,俗益向文雅,宋兴则名臣辈出。"崇文风尚的逐渐形成,是徽州文化形成发展不可或缺的社会因素之一。

中原士民迁徽定居是徽州文化形成发展不可或缺的人文背景。然而,中原士民迁徽定居却与徽州特定的地理环境有关:徽州山深道险,相对闭塞,物产种类丰富,风光秀丽,既是极好的避难所,又是理想的定居地。

婺源以外的徽州位于皖浙赣三省接壤的崇山峻岭之中,是一个相对独立的自然地理单元,外围群山环抱,腹地为休(宁)屯(溪)歙(县)盆地,山地丘陵占总面积的80%以上,主要属于新安江和阊江水系。在生产力水平很低的情况下,这些阻碍徽州内外联系的山地固然不是不可逾越的障碍,但毕竟有碍联系与交往,徽州交通闭塞是可以想象的。若从新安江、阊江入境,需逆水行舟。若走陆路,无论从歙县昱岭关、箬岭,绩溪县逍遥岩、丛山关入境,还是从黟县羊栈岭、祁门县大洪岭和榉根岭、休宁县马金岭和浙岭等入境,都需翻山越岭。正因为徽州地形复杂,与外界联系相对不便,且又有险阻天成、易守难攻、邻近江南发达地区的地理环境,所以徽州历史上沦为战场的频度低,不失为一处理想的避难所或"世外桃源"。因而自东汉初年开始,每当中原动荡不安、烽火连天、大量人口南徙时,就有一部分中原士民直接或间接迁居徽州。发生在20世纪的事情,也足以说明徽州是极好的避难所:日寇侵华期间,因徽州山深道险,日军只敢出动飞机轰炸徽州城镇,不敢派步兵进犯徽州,恐遭伏击;而沪杭等沦陷区的避难商民,纷纷涌入徽州,机关、团体、学校也大量内迁,就连国民党安徽省党部也一度迁驻屯溪,以避战时之乱。

徽州虽地处群山之中,但自然条件与部分资源却很优越。徽州属亚热带湿润气候,热量充足,降水丰沛,动植物种类繁多,气候条件适合农业生产和人类居住。徽州山清水秀,环境宜人,部分物产丰饶,这对逃避战乱的中原士民来说,无疑是理想的定居地。就连来徽州任职届满的官员,踏遍青山的游方墨客,乃至身怀一技之长的能工巧匠等,见徽州山水之秀、物产之丰,定居徽州亦是很多。如著名文房四宝之一徽墨的创始人奚超及其儿子奚廷珪,就是唐末南渡的中原佳墨产地易水著名墨工。南徙途中,他们父子见徽州古松葱郁,制墨原料极佳,便定居下来,重操旧业,成为徽墨之开山鼻祖。

1.2　徽州邻近太湖流域与徽州文化

徽州文化的形成发展,与中国文化重心自唐宋以后从中原南向空间转移关系十分密切。唐朝中叶以后,一方面,北方的内乱和外患导致中原继续成为全国文化重心的若干有利条件先后丧失,经济日渐萧条衰败,士民大批南徙;另一方面,南方农业自然条件远比北方优越,尤其是以太湖为中心的长江下游南岸(即通常所讲的江南),农业发展迅速,经济繁荣,社会安定,为文化重心南迁提供了良好的条件。北宋王朝的覆灭,南宋王朝定都临安,是中国文化重心南迁的分野[2],太湖流域遂成为中国文化的重心地区。

文化传播扩散存在着距离衰减现象[3]。一般地,文化在其源地或中心向外传播扩散过程中,离源地或中心越近的地区,受这种文化的影响越强烈越深刻,越远则越微弱越浅显。徽州邻近太湖流域(徽州治所经新安江水路至临安约340 km,经宁国陆路至湖州约260 km),虽然其间有以西天目山为代表的浙西山地,以黄山东段余脉徽岭为代表的皖东南丘陵,山地丘陵又是文化传播的吸收屏障或者是吸收性很强的可渗透屏障,但毕竟山体不高,且又有水陆通道相通,徽州必然能够接收到来自太湖流域的文化辐射或等级扩散,特别是市场需求信息。新安江水路连接徽州与临安,并可经大运河等水道与整个太湖流域等地域相通。徽州木材等农林产品和太湖流域的粮食、纺织品等,借助新安江水道,互通有无。徽州经昱岭关、逍遥岩、丛山关可至临安、太湖流域,还有其他陆上通道可以通达。徽州与太湖流域通过上述水陆通道相互联系,太湖流域的文化必然会以传染扩散方式扩展到徽州。

徽州、明州、台州、衢州都邻近太湖流域,都能接收到来自太湖流域的文化辐射,唯有徽州具有比较完整的盆地地形结构,有利于外来文化的"浓缩"、积淀和发展,形成新的地域文化,其他地区则地形开阔,可能不利于文化的"浓缩"、积淀,并由此生发出新的地域文化。

1.3　徽州地形的相对"隔绝机制"与徽州文化

群山环抱,盆地居中,是徽州地形结构的基本特点。因此,徽州与周围地区既相通又相对"隔绝"。这种因地形而产生的"隔绝机制"对文化的影响是二重的。一般地,一方面,山地对文化传播扩散的阻隔作用与山地高度、绵延、体量、完整性成正比,与山地的可通行性成反比;另一方面,盆地的封闭性容易使生活其间的居民产生一种特殊的环境感应心理——盆地心理,导致盆地文化内聚性和封闭性十分明显[4]。盆地地形的向心结构,盆地内部相对开阔和较为优越的环境,在一定程度上抵消了盆地及周围山地对文化发展传播的负面影响,并且为进入盆地的外来文化和本地文化的交流、渗透、融合、同化、升华提供了较为有利的条件,为新的地域文化的形成提供了良好的自然基础。四川盆地对巴蜀文明的影响,充分说明了这一点[5]。

由于位置的邻近性,加上群山之中不乏通往太湖流域的水陆通道,徽州周围山地对文化传播的负面影响相对较弱,从而使休屯歙盆地对文化形成发展的有利影响进一步显现出来。除此以外,由于徽州相对闭塞,受外界干扰相对较少,社会环境和社会结构虽相对封闭但相对稳定,也为中原文化融合、同化徽州土著文化,形成新质的徽州文化,提供了较为宽松安定的环境。同时,一旦徽州文化逐渐成形,又因徽州"群山环抱、盆地居中"的地形结构所形成的"隔绝机制",能使其世代相袭、积淀,长期延续下来。

2　徽州地理环境与徽州文化现象

任何文化都包含着多种文化现象。徽派民居、徽商(徽州商帮)、徽菜、徽派盆景、徽州教育、徽州刻书、新安理学、徽派朴学、徽剧、新安画派、徽派雕刻、新安医学、徽派篆刻等文化现象，都是徽州文化的重要组成部分。徽州地理环境对徽州文化现象的影响，有的比较直接，立竿见影，文化现象中明显烙有地理环境的印记，有的比较间接，潜移默化，要以物质生产方式等为中介。

2.1　徽州地理环境与徽州物质文化

凡人力曾经和正在作用其上的一切物质对象以及人类的物质生活方式均可视为物质文化[6]。徽派民居、徽商、徽菜等，都属物质文化范畴。

徽派民居主要指以"粉墙黛瓦马头墙"为特色的徽州明清时期民居建筑。地理环境对徽州民居建筑的影响，主要反映在选址、用地、材料、结构、造型等方面。徽州山多平地少，徽派民居选址和平面布局不拘一格，因地而异，正屋普遍二层或三层，门前空旷场地小，千方百计地节约用地。砖瓦、木材、石料、石灰等传统建筑材料，徽州一应俱全。徽派民居墙基块石垒就，外墙青砖砌就，石灰粉刷，屋面青瓦覆盖，屋内间架隔断均用木材。正屋二层或三层，除了充分利用空间、节约用地外，还在于当时徽州出产粗大的木材，能够加工出建造楼房所需要的木柱。虽然徽派民居"四周山墙高起、中间屋面较低"的造型主要出于防火目的，但这种造型亦与徽州"群山环抱、盆地居中"的地形结构特点别无二样。徽州现存的这些明清时期的民居建筑以徽州商人建造的为主。在徽州境外经商谋生本可侨居他乡不回原籍的徽州商人，回故里大兴土木，原因和目的是多种多样的，其中与徽州宜人的自然环境和徽州地形结构对徽州人心理的影响不无关系。

徽商是我国明清时期财力雄厚的十大商帮之一，从明中叶到清乾嘉约300年间，在商界称雄我国东南半壁。徽商的形成原因是多方面的。第一，徽州人的商业活动起源于徽州物产的"结构性失调"。中原士民迁徽定居以后，随着子民的繁衍，粮食不足问题日益显现出来，康熙《休宁县志》卷七《艺文·奏疏》载："即丰年亦仰食江楚，十居六七，勿论岁饥也。"徽州盛产木材、茶叶等，笔墨纸砚闻名全国。徽州人在这种物产"结构性失调"的情况下，逐渐萌发了以"互通有无"为目的的"为买而卖"的商业行为。第二，明清时期，徽州人多地少的矛盾进一步恶化，促使"徽民寄命于商"，徽州人从最初的"互通有无""为买而卖"的商业行为，逐渐发展到以"殖财牟利"为目的的"为卖而买"的商业经营，形成商帮。第三，良好的市场区位和水运条件。徽州邻近唐宋以后以太湖流域为中心的我国经济重心地区，市场机会多，并有通达范围很广的新安江、闾江水运通道与这一市场相沟通。第四，徽商通过与封建官府的"交易"，获取商业垄断特权——徽商经营诸多行业的"龙头"——盐业。徽州地理环境对徽商的影响，除了上述物产"结构性失调"和"地狭人稠"、市场区位、水运通道外，还影响徽商贸易构成、贸易对象、活动范围和资本流向等[7]。徽州特定的地理环境孕育了徽商，徽商以其雄厚的经济实力、特有的意识形态和经营活动影响着徽州文化的方方面面，徽商是徽州文化的"酵母"[8]。由于徽商利润过多地流向非生产性领域；封建官府的敲诈勒索；清道光十二年（1832）清政府改盐业"纳引制"为"票盐法"，徽商失去了昔日对盐业的垄断经营特权，徽商的中坚——盐业逐渐走向衰落；清咸丰、同治以后，徽商茶叶内销竞争失利，外销受到洋茶的排挤和洋商的打压，其他行业也先后失去往日的辉煌；清咸丰年间（1851—1861），历史上"兵戈所不能害"的徽州惨遭兵灾，所以到清道光以后，徽商逐渐趋于衰落[9]。

　　菜系是在民间饮食基础上逐渐发展起来的，是采用当地优势烹饪原料和优良烹饪方法制作的具有地方风味的系列菜肴。不同的菜系，反映了各地自然条件、物产、生活环境和嗜食习俗的差异。源于徽州的徽菜是我国八大菜系之一。历史上，徽州山珍野味很多，故徽菜以烹饪山珍野味著称，主料和辅料均取自本地。徽菜已有700余年的历史，时至今日，徽菜中的名菜仍然保留着以山珍野味为主料的特点，如"火腿炖甲鱼"主料为山区沙地马蹄鳖，"清蒸石鸡"主料为山涧石鸡（棘胸蛙），"双爆串飞"主料为野鸡、野鸭脯肉等。历史上徽州交通不便，交通工具落后，人们外出常靠步行，体力消耗大。为了保持旺盛的体力，徽州人需要食用油重的食物。为了使菜肴味道可口，增强食欲，徽州人习惯在菜肴中加酱着色引香。为了减少菜肴在烹饪过程中的营养损失，徽州人善于因料施艺，或旺火快炒，或烈火爆炸，或匀火蒸煮，或文火焖炖，以保持原汁原味。久而久之，徽州人的这种饮食习惯，逐渐演变成传统徽菜重油、重色、重火功的特点。徽菜的形成，还与徽州历史上多富商、官宦有关。

2.2　徽州地理环境与徽州精神文化

　　精神文化是指人类在精神需求下所形成的精神活动的方式及其对象化产品的总和[6]。徽派盆景、徽州牌坊、徽州教育、徽州刻书、新安理学、徽派朴学、徽剧、徽派版画、徽州砖木石雕、徽派篆刻、新安画派等,都属精神文化范畴。

徽派盆景是我国盆景的重要流派之一,以古朴、遒劲、凝重、师法自然景物风姿神韵的风格而闻名。徽州地理环境对徽派盆景的影响,主要反映在盆景植物品种、盆景风格和培育方法上。徽州可供观赏的植物50余科300多种,盆景植物资源丰富。徽州景致秀美,一草一木、一山一水都是盆景创作的自然之师,尤其是那树干曲虬、枝奇叶密、高不盈尺、色形神韵兼妙的黄山松,更是徽派盆景的自然之师。徽派盆景培育方法之一野桩速成法,得益于山野之中累经樵夫刀斧"截干修枝"的无意之作——百年老桩给人们的启示。徽州人从山野挖回七拐八弯、伤痕累累的树桩,经过整形和复盆炼苗等环节,即可培育成干裂根露、古朴凝重的树桩盆景。

牌坊,又称牌楼,是一种门洞式的纪念性建筑物,旧时多用以标榜功德,宣传封建礼教,维护封建伦理纲常。徽州历史上牌坊很多,今天仅歙县就尚存82座,密度之大全国罕见。徽州地理环境对徽州牌坊的影响,主要反映在建筑材料和立坊位置上。徽州多雨水,寒暑温差大,牌坊必须耐腐蚀抗风化,才能长期存留,以教化乡邻。因此,徽州牌坊以石质牌坊占绝对优势,矗立旷野的牌坊都是石质牌坊,而且选用的都是当地或附近盛产的雕刻性能好、整体性强、耐腐蚀抗风化的优质石材,如"茶园石"(淳安产火山凝灰岩)、红麻石(红色砂岩)、白麻石(石英砂岩)等。为数极少的木牌坊,都位于房宅、祠堂门口,上有瓦顶遮盖,可避风雨。

徽州精神文化影响十分深远。南宋是徽州教育奠基时期。自南宋以后,徽州教育日渐发展,明清达到鼎盛。明代徽州人口最多时达56万,徽州有社学462所,约1 200人就有一所社学;清康熙年间(1662—1722),徽州拥有学者士子讲学读书的书院54所[10]。光绪《婺源乡土志·婺源风俗》载:"虽十家村落,亦有讽诵之声。"清代会试,始于顺治三年(1646),止于光绪三十年(1904),258年间共行112科,取中状元114人。包括寄籍外府的徽州状元在内,徽州府共中状元17人,占全国状元总数的14.9%,仅次于苏州府,位居全国第二。其中,徽州府休宁县中状元13人,占全国状元总数的11.4%,位居全国各县第一[11]。

徽州刻书在中国图书史上有着极其重要的地位,明崇祯年间(1628—1644)曾跃居全国之首。

始自南宋前期终结于清初的新安理学,是中国封建社会后期居统治地位的学术思想之一,前后维系约600年。

徽派朴学又称徽派考据学,反对理学之空疏,直接继承汉古文经学,把乾隆考据学发展到了顶峰。

徽剧是我国戏剧史上具有里程碑意义的剧种,唱、念、做、打并重,是国粹京剧的两大源流之一。

在墨范镂刻和刻书基础上发展起来的徽派版画,明万历年间(1573—1620)曾是全国版画中最精美的一派。

新安画派师法自然,反对专事临摹,猛烈冲击着明末清初画坛唯古是尊的陋习,给明末清初中国山水画坛带来了勃勃生机。

徽州地理环境对徽州精神文化的影响是多方面的。徽州地理环境为徽州刻书、徽派版画、徽州砖木石雕、徽派篆刻提供了丰富的雕刻材料,为新安画派提供了特殊的表现对象(黄山)。但是,徽州地理环境更多的则是通过物质文化,尤其是徽商,同精神文化发生联系,间接影响着精神文化。经济繁荣是教育发达的基础,教育发达是人才辈出、文化流派纷呈的前提,而地理环境又是经济繁荣最根本的物质基础。徽商为徽州教育注入大量资金,教育勃兴,人才必然不断涌现,新安理学、徽派朴学、新安画派、徽派篆刻、徽州砖木石雕等徽州精神文化现象或流派的出现,自然在情理之中。这仅仅是徽商以其雄厚的经济实力影响徽州精神文化,徽商对徽州精神文化的影响远不止这些[8]。

2.3　徽州地理环境与徽州制度文化

制度文化是指人们在一定历史条件下经由交往活动所缔结而形成的社会关系以及与之相协调的社会活动的规范体系及其成果,又称规范性文化[6]。在徽州文化中,宗法制度是徽州制度文化的重要表现形式之一。

徽州是一个宗族势力强大、宗法制度严格的地区,"乡落皆聚族而居,多世族,世系数十代"(光绪《婺源县志》卷三《风俗》),"奉先有千年之墓,会祭有万丁之祠,宗祐有百世之谱"(乾隆《绩溪县志·序》)。徽州宗法制度对徽州政治、经济、思想、文化以及社会生活、风俗民情等方面都产生过深刻的影响。徽州宗法制度的形成隐含着徽州地理环境的影响。中原士民南徙迁徽时,人地生疏,或者便于相互照应,或者出于防御山越人的侵扰,"人多力量大",延续中原传统,便集群聚居,生育繁衍,逐渐形成了以血缘关系为基础由若干同祖家庭组成的社会单元——宗族。当迁祖始住地人丁增多、地狭人稠时，必须析出一部分人口。迁出后，普遍以房系为基础，在移居地依然聚族而居。人口不断增长，不断迁居，同一宗族的势力范围也随之不断扩大。为了沟通乡村间的联系必须修桥铺路，为了防御洪旱灾害必须开渠筑坝，这些工作单家独户是无法完成的，必须动员全村乃至数村人参加，族长无形中担当了这种组织者的角色。在通达不便、国法难以施加影响的山区，宗族又充当了化解种种矛盾、协调人际关系的工具。长此以往，维系宗族关系的种种规章制度，逐渐演变成以血缘关系为纽带维护宗族统治的宗法制度。

3　徽州地理环境与徽州文化的关系

徽州地理环境与徽州文化二者之间的关系是协调和谐的。这种协调和谐的关系大体上从四个方面体现出来。

3.1　制约关系

徽州地理环境制约着某些徽州文化现象的发展，构成这些徽州文化现象的某些要素具有明显的地方性。如徽派民居、徽州牌坊、徽菜、徽州砖木石雕、徽派盆景等的原材料都取自徽州，徽州地理环境在这些方面给人们提供的初始选择范围相对有限，徽州人只好对这些有限的原材料予以加工，使其成为某些徽州文化现象的载体或重要组成部分。

3.2　适应关系

受徽州地理环境的影响，某些徽州文化现象表现出与徽州地理环境相适应的特征。如徽派民居选址与用地，徽派民居色彩与环境的协调，徽商贸易构成与贸易通道，传统徽菜"三重"特点等，都是这种适应关系的具体体现。在徽商雄厚财力的作用下，徽州精神文化空前繁荣，这是上层建筑与经济基础之间的一种适应。

3.3　再现关系

徽州地理环境为徽州文化的形成和发展提供了参照系，一些徽州文化现象从而再现了徽州地理环境。如徽派民居"周高中低"的造型再现了徽州"群山环抱、盆地居中"的地形结构特点,徽派盆景再现了徽州山水,新安画派作品再现了黄山等。黄山系花岗岩山地,原生、次生、垂直、水平、斜交、片状等多种节理发育。由于这些节理的大量存在,在长期风化作用下,黄山花岗岩山体容易形成彼此分离的屏状、块状、筒式、石林式峰林或独峰,以及类球状、柱状、片状怪石。黄山还多奇松。在新安画派作品中,画家多以峻岭奇松、悬崖峭石入画,极富黄山野逸、轩爽、清秀的韵味。

3.4　选择关系

徽州地理环境为徽州文化的形成发展提供了多种选择,徽州人对此做出了最佳选择。这方面以徽商最具有代表性。

在山区,面对人多地少的矛盾,直到今天,有的人毁林烧荒,开山种粮;有的人自甘清苦,安土重迁;有的人迁居他乡,一去不返。然而几百年前的徽州人并没有选择上述做法,而是选择了一条于自己于家庭于家乡都有利的行贾四方的经商道路,并且很多人习惯于"叶落归根"。这种选择非常缜密周详。

徽州文化生态的初步分析充分说明,地理环境是文化产生的土壤,任何文化的形成发展不可能脱离地理环境,任何文化都毫无疑义地带有该文化形成地域的地理环境的印痕。由于地理环境制约着人类文化起始阶段的初始选择,由于在地理环境提供的多种可能性面前人类存在着取舍问题,由于人的心理是人脑对外界客观事物的反映,而地理环境是重要的外界客观事物,地理环境必然会在一定程度上影响人的心理素质和性格特征,因而在不同地理环境下孕育、形成的文化,在特征、内涵、体系、风格等方面,必然会出现一定程度的差别,表现出明显的地域性。

参考文献:

[1] 洪傊.明以前徽州外来居民研究[J].徽学,1986(1):18-26.

[2] 金其铭,董新,陆玉麒.中国人文地理概论[M].西安:陕西人民教育出版社,1990:414-417.

[3] 王恩涌.文化地理学导论[M].北京:高等教育出版社,1989:20.

[4] 张岩,翁齐浩.浅论文化的地域性[J].青年地理学家,1989,4(4):36.

[5] 段渝.论巴蜀地理对文明起源的影响[J].四川大学学报(哲学社会科学版),1988(2):
　　100-106.

[6] 萧扬,胡志明. 文化学导论[M]. 石家庄:河北教育出版社,1989:81-84.

[7] 黄成林. 试论徽州地理环境对徽商和徽派民居建筑的影响[J]. 人文地理,1993,8(4):57-63.

[8] 黄成林. 试论徽商对徽州文化的影响[J]. 人文地理,1995,10(4):36-39.

[9] 张海鹏,张海瀛. 中国十大商帮[M]. 合肥:黄山书社,1993:495-507.

[10] 安徽省徽州地区地方志编纂委员会. 徽州地区简志[M]. 合肥:黄山书社,1989:257.

[11] 吴建华. 清代徽州状元[J]. 徽学通讯,1989(增卷):65.

THE PRELIMINARY STUDIES OF CULTURE ECOLOGY IN HUIZHOU

HUANG Chenglin

(Department of Geography, Anhui Normal University, Wuhu 241000)

Abstract: From the point of view of cultural ecology, this paper discusses preliminarily the geography background of the formation and development of Huizhou Culture, the influence of Huizhou geographical conditions upon its cultural phenomena, and the relation between Huizhou Culture and its natural environment. The paper puts forward some views as follows: ① The geographical position and natural environment of Huizhou is an important prerequisite of the formation and development of Huizhou Culture. ② Huizhou geographical environment influences directly its material culture, and affects indirectly its mental culture. ③ Huizhou Culture is in harmony with its natural conditions, the relation between Huizhou Culture and Huizhou natural environment embraces four aspects: restriction, adaptation, reappearance and selection.

Keywords: Huizhou; Huizhou Culture; Culture ecology

(原载于《地理科学》1995年第4期)

试论徽州地理环境对徽商和徽派民居建筑的影响

黄成林

（安徽师范大学地理系）

摘　要：文章从文化生态学角度,论述了徽州地理环境对徽商和徽派民居建筑的影响：①徽州人商业活动起源于徽州物产"结构性失调",徽州"地狭人稠"促使"徽民寄命于商"；②徽商经营行业受徽州地理环境影响,以调剂徽州物产余缺为基础；③徽州群山环抱,陆路交通闭塞,新安江等水路从而成为徽商境内外贸易的主要通道；④徽商投资产业多在徽州以外地域,明显受徽州物产和市场因素影响；⑤徽派民居建筑在选址、用地、材料、结构、造型等方面,与徽州地理环境协调和谐。

关键词：徽州地理环境；徽商；徽派民居

徽州历史悠久,文化昌盛,有"东南邹鲁"之称。徽州文化体系较为完备,物质文化、制度文化、精神文化齐全,无论是新安理学、新安医学、徽派朴学,还是新安画派、徽派版画、徽派篆刻、徽州砖木石雕、徽派民居建筑、徽派盆景、徽菜、徽剧、徽商,或以精深的学术思想自成体系,或以独特的艺术风格彪炳千秋,或以雄厚的经济实力称雄中国商界,都在中国文化巨卷中写下了不朽的篇章。

本文仅从文化地理学的一个研究侧面——文化生态学角度,试论徽州地理环境对徽商和徽派民居建筑的影响。

1　徽州地理环境与徽商

徽商即明清时期徽州府籍商帮集团。徽州人经商历史悠久,东晋时期就有新安商人活动,以后代有发展,明嘉靖以后直至清乾隆、嘉庆时期达到高潮,清

安徽省教委资助项目《徽州文化地理研究》子课题。

末走向衰落[1]。明成化(1465—1487)、弘治(1488—1505)年间,徽商开始形成,并迅速崛起,与晋商并列为中国财力最为雄厚的两大商帮。明万历四十五年(1617)盐业纲运制度确立以后,徽商超过晋商,执商界之牛耳[2],活动范围遍及大半个中国,"燕、赵、秦、晋、齐、梁、江、淮之货,日夜商贩而南;蛮海、闽广、豫章、楚、瓯越、新安之货,日夜商贩而北"(万历《李长卿集》卷十九),对全国社会经济生活产生过重大影响。

1.1　徽州地理环境与徽商的起源和发展

婺源以外的徽州位于皖浙赣三省接壤地区,群山环抱,边境有黄山、牯牛降、天目山、白际山等山脉,境内以山地丘陵为主(山地丘陵占皖境徽州总面积的80.8%),平地面积小。徽州地处亚热带湿润气候区,热量充足,降水丰沛,植被茂盛,盛产木材、茶叶等。徽州虽然部分物产丰饶,但受自然条件限制,并非一切自给自足,少数生活资料向来不足(如粮食、纺织品等),或一直仰仗外地(如食盐等)。徽州人就是在这种物产既丰富多样又"结构性失调"的情况下,逐渐萌发了以"互通有无"为目的、"为买而卖"的自然而然的商业行为。

地理环境的变化促使徽州人由以"互通有无"为目的的商业行为,发展到以"殖财牟利"为目的、"为卖而买"的商业经营。"徽州介万山之中,地狭人稠,耕获三不瞻一。即丰年亦仰食江楚,十居六七,勿论岁饥也。天下之民,寄命于农,徽民寄命于商。"(康熙《休宁县志》卷七《艺文·奏疏》)"地隘斗绝,厥土驿刚而不化。高山湍悍少潴蓄,地寡泽而易枯,十日不雨,则仰天而呼;一骤雨过,山涨暴出,其粪壤之苗又荡然空矣。大山之所落,多垦为田,层累而上,指至十级,不盈一亩。"(顺治《歙县志》卷一《舆地·风俗》)寥寥数语,道出了徽州"地狭人稠"、山多地少、依靠耕地难以维持生计的严峻事实,道出了"徽民寄命于商"的地理背景。徽州耕地数量有限,直到南宋,因人口不多,还无耕地不足之虞,虽其物产不能做到完全自给,但基本上能够建立起自食其天、自给裕如的自给型经济。一方面,随着子民的繁衍,到了元代以后,人多地少的矛盾日趋尖锐,生存问题日益突出,外出经商成了身处耕地不足环境中的徽州人的求生选择或谋生途径。另一方面,由于山高地狭,人多地少,可能无法容纳个别殷实之家对土地的投资,而当时商业贸易有了一定的发展,消费市场扩大,为商业投资开辟了市场,而且商业投资比投资于土地更有利可图,这就可能促使个别殷实之家把资金投向商业,从而为徽商的发展提供了部分资金来源。总之,进入明代以后,徽商骤起,山多田少、"耕获三不瞻一"是一个重要的原因。

1.2　徽州地理环境与徽商贸易品种构成

一个地区的地理环境无论多么优越,其物产种类和具有明显优势的物产都是有限的。这种物产种类的有限性和某些物产的优势,必然影响到该地区的贸易品种构成。徽商早期贸易品种构成中,运销境外的主要是本地盛产的木材、茶叶、生漆、桐油等林产和土特产,以徽州优质原料和传统技艺生产的笔墨纸砚等手工业精品,运销境内的主要是境内生活缺少的粮食、纺织品、食盐等,是以徽州当时的物产余缺为基础的。

徽商起源于徽州,成长、发展和壮大却在徽州境外,这与徽州地理环境关系密切。徽州范围不大,囿于境内外调剂余缺,贸易规模有限,无法满足愈来愈多的外出经商谋生者和商业发展的需要。于是,贸易品种增加,贸易地域范围扩大,在传统的"内产外销"和"外购内销"的贸易基础上又出现了"外购外销"这一贸易形式,直至最终"外购外销"成为徽商主要的贸易形式。以徽州木商为例,内产外销木材大多通过新安江水运至杭州,通过婺水—鄱阳湖—长江至南京等地销售,外购外销木材贩自四川、湖南、江西等地,借助长江水运,销往芜湖、金陵、苏州、泰州等地[3]。

尽管徽商"无货不居",足迹遍及宇内,但在徽州这一特定地理环境背景下形成的传统经营行业,依然在徽商的贸易品种构成中占据重要地位。因为徽商深谙传统经营行业运作过程、产销态势,已经形成了自己的产销网络或渠道。明成化以后,徽商经营范围急剧扩大,资本日渐雄厚,虽然逐渐形成了以盐业、典当、茶叶、木材四大行业为主体的经营格局,但其中的盐业、茶业、木材业仍然是传统经营行业的继承和发展,况且大多数商铺仍然经营着在徽州地理环境条件下孕育发展起来的以徽州物产余缺为基础的物品,如粮食、纺织品、陶瓷、漆器、药材、文房四宝、南北杂货、京广百货等[4]。

1.3　徽州地理环境与徽商主要贸易通道

徽州外围多山,中部是面积不大的休(宁)屯(溪)歙(县)盆地。大部分地区属新安江水系,干流新安江横贯南部,从歙县街口出境,经富春江、钱塘江入海。小部分属闽江、婺水和徽水水系;干流闽江、婺水分别从祁门倒湖和婺源大白出境,南流折而向西入鄱阳湖;徽水自绩溪大坦出境,经青弋江入长江。新安江基本上总汇了绩溪、黟县南境之水和休宁、歙县、屯溪全境之水,境内流域面积占皖境古徽州面积的69.3%,是徽州最大最主要的通航河流。明清时期,新安江干流率水自休宁溪口以下,北支流横江自黟县渔亭以下,支流练水自扬之水临溪、富资水丰口、丰乐水西溪南以下均可通航,今日不见帆影的黟县古镇渔亭当时帆樯如林[5]。

徽州群山环抱,对外陆路交通非常不便,除了挑夫之外,不通车马,大量集散货物十分艰难。徽州水系给人之便,在肩挑背扛的年代得以舟楫运输,水运成了徽商集散大宗货物的首选运输方式,通江达海的新安江成了徽商境内外贸易的最重要通道。

新安江可以集散东南半壁货物,顺流可达浙江淳安、建德、杭州,在梅城溯源富春江可达兰溪、金华、衢州,在杭州中转,经运河可至嘉兴、苏州、扬州等地,出海可达东南沿海各港埠。徽商运销境外的木材、茶叶等林产山货,运销境内的粮食、布匹、丝绸、食盐等,多数依靠新安江集散。直到清末民初,徽州名茶"祁红""屯绿"年产近40万箱,大部仍由新安江运抵杭州转沪外销[6]。闽江自祁城以下均可通航,顺流可达江西浮梁、景德镇、鄱阳、九江,入长江可至汉口、南京等地。祁门的木材、茶叶、瓷土等借助闽江运销境外,江西等地的大米、纺织品等通过闽江运销境内。婺水北支自清华以下,东支自江湾以下皆通舟楫,是徽州通向鄱阳湖的又一水运通道。就连不大的徽水也被用来浮运木材,经青弋江直达芜湖[3]。"商之通于徽者取道有二,一从饶州鄱、浮,一从浙省杭、严,皆壤地相邻,溪流一线,小舟如叶,鱼贯尾衔,昼夜不息。"(康熙《徽州府志》卷八《蠲赈·汪伟等奏疏》)尽管"东涉浙江,滩险三百六十,西通彭蠡,滩险八十有四"(民国吴日法《徽商便览·缘起》),若没有这些水道,徽商内外贸易也许是"蜀道之难"。

1.4　徽州地理环境与徽商资本流向

明清时期,徽商通过商业经营,攫取了丰厚的利润。徽商的巨额资本除扩大商业经营外,主要用于购置土地,奢侈性消费,设义学、办书院、建祠堂、修坟墓、叙族谱、购置族产族田、架桥铺路,等等,投资产业的却微乎其微。徽商资本这种流向特点,直接或间接地带有徽州地理环境的烙印。

许多徽州人少年经商老年归,将经商所得部分利润置田购地,虽然走的是"以末致财,用本守之"的老路,与将商业资本转化成产业资本背道而驰,但可能与徽州山多田少给这些"求食于四方"的商人留下的深深印记不无关系:"民以食为天",有了土地田产,自己可以安度晚年,子孙也无需颠沛流离,"远贾他乡"。

徽商奢侈性消费主要表现在以巨资在家乡建豪宅、园林。明代这种现象已蔚然成风,入清以后,侈靡之风愈演愈烈,在深山僻野里建成一片片数幢相连、鳞次栉比的民居群(我们今天所称的徽派民居,主要指的就是明清时期徽州富商建造的那些住宅)。徽商辟基造宅,除了改善居住条件,反映阔奢铺排、借此光宗耀祖、满足其相互攀比的虚荣心理的一面以外,估计还有通过建造豪华宅第,弥补其由于家乡缺少在产业领域大规模投资的地理环境而难以显示自己家产万贯的一面。

徽商"贾而好儒",或"先贾后儒",或"先儒后贾",或"亦贾亦儒"。"贾为厚利,儒为名高。"徽商设义学、办书院,正是为了"寄命于商"和"入贾入儒",改善徽州人因地少人多所造成的不利的生活条件。徽州旧谚曰"前世不修,生在徽州,十二三岁,往外一丢",意思是徽州人十二三岁便外出学徒经商。既然十二三岁便外出学徒经商,那么在此之前必须读些书,学会持筹握算,较量缁铢,完成经商的初步准备。科举考试是明清时期主要的入仕途径,设义学、办书院,可以使少数人通过科举考试,获取功名利禄,达到改变因地理环境给自己造成的不利地位的目的,但对大多数人来说,能够书写计算、知书达理,无疑也是外出学徒的第一张"通行证"。

徽商修桥铺路建码头,地域范围十分广泛,不仅徽州境内,差不多徽商所到之处的交通道路和桥梁都有徽商建造、整修、改造过的踪迹,特别是在徽州境内和徽州对外主要通道上。这是徽商针对徽州内外交通不便的特点,而采取的改善徽州内外交通和商品流通条件,促进商业贸易的举措。

徽商资本虽称雄厚,但始终主要停留在流通领域,投资于产业微乎其微,涉及的产业领域也不多,主要是冶铁、丝绸、浆染、造纸、制墨、木材采伐等行业。受徽州地理环境的影响,徽商产业投资地点多在徽州境外[7],如杭州、建安、金陵、芜湖、上海、扬州、上饶等地。因为徽商的市场和销售产品来源主要在徽州以外的地域,与徽商经商地域相比,徽州面积有限,人口不多,市场狭小,有些工业原料徽州没有或不算丰饶,所以除了少数原料和工艺要求特殊、产品体积小价值高的行业(如徽墨业等)外,利用徽州原料在徽州加工成制成品运销境外,或者从外地购进生产原料在徽州加工成制成品运销境外,都不如在徽州以外的原料产地或消费地加工成制成品就近投入市场,运费省,成本低,经济效益显著。徽商主要分布于徽州境外,同样因为徽州本土市场容量小,缺少发展机会。

2 徽州地理环境与徽派民居建筑

明清时期的徽州民居建筑是徽州建筑典型代表之一,国内外建筑界对徽派民居建筑高超的技艺、优美的造型、奇妙的构想、实用与观赏融为一体等特征赞叹不已。无论选址、用地、材料,还是结构、造型、装饰,徽派民居建筑都显示出与徽州地理环境和谐统一的特点。

2.1 徽州地理环境与徽派民居选址和用地

徽州群山逶迤,丘陵连片,平地很少,梅雨季节常有暴雨洪水危害,夏秋之交常有旱灾出现。在这种特定的地理环境下,徽派民居选址特别注意趋利避害,善于巧妙地利用地形和自然水系,多依山傍水而筑,既有地势高爽之利,无暴雨山洪毁房塌屋之害,又以青山为屏,坐北朝南,得背风向阳、朝向良好之利,还取自然水系之便,少生活取水困难之虞[8]。徽派民居门向大体坐北朝南,北墙不开门或开小门,实际上是对我国位于北半球的天文条件和位于季风区的气候条件的适应,有利于采光、避寒和消暑。门向大体朝南,夏季太阳高度角大,室内不易被照射,避免室内温度升高;冬季太阳高度角小,阳光可以照射室内,有利于提高室温。门向大体朝南,还有利于夏季东南风或南风进入室内,加上天井或后侧门的配合,可以形成过堂风,既可带走潮气,又可消闷祛热。北墙不开门或开小门,当冬季盛行寒冷的偏北风时,强劲的寒风不易进入,从而有利于室内保暖御寒。

徽州平地有限,民居建筑用地极为节省,房屋盖在平整后的坡地上习以为常。从平面布局看,单幢建筑规整,多幢建筑组合方式因地形而异,布局比较自由,有别于官僚府邸,或前后递进,或左右相连,或纵向加接,或横向相连,巷道狭窄,宅基地通常占村庄用地的90%,土地利用率极高。为了节省土地,徽派民居建筑多为二层楼房,外墙几乎不出檐,以利于相邻房屋山墙彼此挨得很近。有的成片民居群的巷道一道多用,路上行人,路下或巷道一侧是水道。在一边是水渠一边是道路的特别狭窄的"一人巷",为了便于两人相对而行时交会还在水渠上架有"谦让石",根本原因还是为了节省空间。

2.2　徽州地理环境与徽派民居建材和结构

徽州建筑材料丰富,盛产松、杉等优质木材,又产桐油、生漆等天然涂料,群山之间不乏适合烧砖制瓦的黏土和包括石灰石在内的各种石材,又有大量的烧制砖瓦和石灰所需的薪柴。在这种地理环境条件下,徽派民居建筑必然以当地出产的青砖、黛瓦、木材、石灰、块石等材料建造,墙基块石垒就,外墙青砖砌就,灰泥接缝,灰浆粉刷,屋面覆盖黛瓦,里面柱梁檩椽、楼板、内壁隔墙全用木材。

徽州气候湿热,雨量充沛,为了排水和防潮,徽派民居建筑做了巧妙处理。外墙砖石材料,灰浆粉刷,防潮抗腐。室内多为上下两层木结构,木柱架在石磉上,柱上架梁,梁上架檩,檩上架椽,柱子之间以穿枋或斗枋相接,既能保证屋架的稳定,木质构件又不与地面直接接触,利于防潮防腐,通风透气性能好。为了提高外墙门窗和墙体的抗腐防潮性能,外墙门框、窗框多用条石砌成,门楣、窗楣上砌有砖质楣罩,山墙上有瓦顶,前后墙有短檐。

单幢徽派民居平面结构多呈全包围或半包围状的内向矩形,体量较大,以厅堂中轴线为对称轴,居室左右对称分布,正厅前庭有一方天井,周高中低,瓦面被外墙所遮掩。风水说认为,徽派民居这种平面结构是"四水归堂",有"财源不断、财不外流、人财兴旺"之象。实质上,天井的设置,在一定意义上,是根据徽州地理环境特点,针对体量较大建筑的若干弊端而采取的有效改造措施。天井既较好地解决了人字形屋顶大体量建筑屋面纵向延伸长、排水速度慢的问题,缩短了屋面纵向延伸,具有较强的内向纳水功能,又解决了因体量大室内通风透气采光条件差等问题,使室内能够有效地散湿、通风和采光。天井面积不大,功能很多,作用不小。

徽派民居面宽一般10米左右,三开间,进深多少不一,有的在20米以上。进深大的民居多分为二进或三进,每进都有一个天井,每进之间有门相通。这种结构,一方面可以造成景观上曲折多变、有开有合之深邃感,另一方面可以调节室内气流速度:天气闷热时,打开门扇,气流可以直进直出,散湿消热;天气寒冷时,关闭门扇,可以防止气流直进直出,避免过堂风给人们造成的不适感。

砖木结构房屋防火性能差,徽州殷实之家钱财又较多,徽派民居建筑充分利用了当时可以想到的一切防火防盗手段。为了防火,家有太平灶,厨房盖在正屋一侧,外墙采用高墙封闭式,石(砖)质窗框窗门,石(砖)质门框"砖钉门"(木门铁皮包沿,朝外一侧用铁钉固定一层水磨青砖),连幢住宅之间虽家家相通,但又相对独立,外墙之间设防火道,一家失火,邻里关闭门窗可安然无恙。房屋四周高中间低,一层外墙开窗少,二层山墙开小窗,石(砖)质门框、窗框和窗门,高墙紧固,对外开门很少,防盗性能好。

2.3　徽州地理环境与徽派民居造型和装饰

徽派民居建筑立体造型是徽州灵山秀水的反映,是徽州"群山环抱、盆地居中"地形结构特点的真实写照。俯瞰单幢徽派民居,周高中低,和徽州地形结构特点别无二样。徽派民居立面造型丰富多彩,互有差异,但山墙多是高于屋脊的层层叠落的马头墙,外墙只开少数小窗甚至不开窗,恰似徽州外围群山、对外交通不便出口少一般,给人一种十分闭塞且与外界隔绝之感。走进民居,门内便是一方天井,条石铺地,或设鱼池,或置盆景,或叠假山,或架石桥,把自然山水缩于壶天之中。透过天井,举目可见日月星辰、风云雨雪,小中见大,有如人们穿过徽州外围群山,进入休(宁)屯(溪)歙(县)盆地,青山碧水,诗情画意,并无天蹙地窄之感一般。徽派民居在人们心中所产生的联想,如同外人初入徽州那种感受一样,先是"山重水复疑无路",继而"柳暗花明又一村"。

徽派民居外部色彩与徽州地理环境保持着一种天然的默契或协调。"粉墙黛瓦马头墙",乍一看,色彩单调,并无多少和谐之处,但从它所处的特定背景看,远远望去,在蔚蓝色天空的映照下,粉墙黛瓦村落衬以起伏不断且颜色因季节而异的群山,黑色小窗点缀于白色高墙之上所形成的颜色及大小的强烈对比,加上民居群因地势高差显现出的不同层次和高低轮廓,阶梯状起伏的马头墙所形成的韵律感,潺潺碧流与远山近宅互为烘托,动静交融,犹如一幅山水画卷,一切都显得那么恰到好处。

徽州木雕、石雕和砖雕艺术广泛用于徽派民居装饰,然而不同的部位选择不同材质的雕件又与徽州地理环境有关。徽州气候暖湿,雕件用于徽派民居何处,取决于雕件本身的耐腐蚀、抗风化性能。木材适合精雕细刻,造型细腻,但耐腐性能差,主要用于室内装饰,如雀替、立面木作和门窗等附属构件。石材耐腐蚀、抗风化,雕刻性能差,造型浑厚,主要用于室外或露天装饰,如抱鼓石、石桌、外墙门槛、门框、窗框、漏窗等。砖材耐腐性能不及石材,雕刻性能不及木材,应用范围比较窄,多为配合雕,装饰部位上面多有遮掩,如砖雕门窗楣罩、漏窗等,上面都有瓦顶覆盖。

3　结　论

地理环境是人类赖以生存的最基本的物质条件,是人类社会存在和发展的必要因素和前提。人们生活在一定的地理环境中,作为人们劳动成果的文化产品也就或多或少受到周围地理环境的影响乃至制约,地理环境为各种文化产品的形成和发展提供了必不可少的条件或参考物。任何区域文化的方方面面都会或多或少地折射或反映出该文化形成地域的地理环境基本特征,二者之间程度不同地维系着一种协调和谐的关系。地理环境还影响人的性格气质和心境情感,进而对文化风格产生深层次的潜移默化的影响[9]。地理环境对徽商和徽派民居建筑的影响是多方面的,本文几个方面的分析也充分说明,地理环境和文化产品之间维系着一种协调和谐的关系,文化产品承载地理环境多方面的信息。

参考文献:

[1] 张海鹏,张海瀛.中国十大商帮[M].合肥:黄山书社,1993:440.

[2] 臼井佐知子.徽商及其网络[J].安徽史学,1991(4):18-24.

[3] 王珍.徽州木商述略[J].徽州社会科学,1991(2):41-42.

[4] 王珍.关于徽商兴起与衰落的原因[J].徽州社会科学,1986(3):38-39.

[5] 叶恒达.古镇渔亭的商业[J].徽学,1990(2):221-224.

[6] 朱世良,张犁,余百川.徽商史话[M].合肥:黄山书社,1992:27.

[7] 于是,汪修煦.徽商资本转入生产领域蠡测[J].徽州社会科学,1985(2):38-39.

[8] 汪双武.浅论黟县古民居的特色、渊源、变迁和保护作用(上)[J].徽州社会科学,1986(3):43-47.

[9] 蔡国相. 南北文化差异及其形成的地理环境因素[J]. 锦州师院学报(哲学社会科学版)，1992(2):84-89.

ON THE INFLUENCE OF THE GEOGRAPHICAL ENVIRONMENT IN HUIZHOU PREFECTURE UPON THE HUIZHOU MERCHANTS AND THE ARCHITECTURAL STYLE OF HUIZHOU LOCAL DWELLINGS

HUANG Chenglin

(Department of geography, Anhui Normal University)

Abstract: From the point of view of cultural ecology, this paper discusses the influence of Huizhou geographical conditions upon Huizhou trade and the traditional folk house in Huizhou and puts forward some views as follows: ①Commercial activities of Huizhou people originated from the structural maladjustment of products in this region. Narrow and small arable and dense population made folks in Huizhou concentrate on commerce. ②Under the control of geographical environment, the trade clique of Huizhou had to transact business, on the basic of the surplus and deficiency of products in Huizhou. ③With mountains closed up, waterways, such as the Xinanjiang River etc., are main passageways of internal and external trade. ④Owing to causes of product and market, Huizhou merchants invested beyond this district. ⑤The location, 1and use, material structure, modeling and decorating of the traditional house in Huizhou are in harmony with natural environment in Huizhou.

Keywords: Huizhou; Geographical environment; Huizhou trade; The traditional folk house in Huizhou

(原载于《人文地理》1993年第4期)

徽州古村落形成与发展的地理环境研究

陆　林,葛敬炳

(安徽师范大学国土资源与旅游学院,安徽芜湖 241000)

摘　要:徽州地处亚热带湿润季风气候区,黄山、天目山和白际山山脉环绕四周,山脉之间形成休(宁)歙(县)、黟县、祁门等盆地,源于四周山脉的新安江及其众多支流回环全境,形成闭塞但景色秀美的自然环境,为历史上中原地区因战乱等原因形成的南迁人口提供了重要的迁居地。大量中原人口的迁入,给徽州带来了封建宗法制度,促进了徽州尚文风俗的形成,同时也加剧了徽州的人地矛盾。明清时期的徽商,为徽州古村落的建设和发展奠定了坚实的物质基础。历经千百年的发展,"秀丽山水""文风昌盛"和"富甲天下"终于成为明清时期徽州古村落自然环境和人文环境的主要内涵。

关键词:徽州;古村落;地理环境

中图分类号:K925　　**文献标识码**:A　　**文章编号**:1001-2443(2007)03-0377-06

　　徽州曾是一个行政区划概念。秦置黟、歙二县,属鄣郡,三国属新都郡,晋属新安郡,隋改置歙州,大业三年(607)复设新安郡,唐改置歙州,治歙县。唐大历五年(770),歙州始领歙县、黟县、休宁、绩溪、婺源和祁门六县。宋宣和三年(1121),改歙州为徽州,仍辖六县。自唐代中叶起,除婺源一度上升为州外,一直未曾发生过大变动,明清时徽州府基本上也与上述地域相当。徽州一府六邑格局,一直维系到20世纪中叶,历经一千多年,形成稳固一体化的地域历史文化圈。徽州作为行政区已大为弱化,婺源划归江西,绩溪划归安徽宣城,

---

基金项目:国家自然科学基金项目(40471035)。

作者简介:陆林(1962—),安徽芜湖人,教授,博士生导师,主要从事人文地理学教学与科研工作。

徽州主体成立黄山市,但徽州作为颇具地方特色的历史文化圈,并没有因为行政区划的变更而失去传统特色,而今学者和当地百姓仍习惯称一府六邑为徽州。

徽州古村落是历史上徽州人生产、生活的中心之一,是徽州文化的主要载体,综合体现了造就徽州文化的自然因素和人文因素。目前,学者对徽州古村落的研究主要集中在人居环境、文化景观、空间形态、演化过程、旅游开发等方面[1-9]。相对而言,关于徽州古村落形成与发展的地理环境研究较少。徽州古村落具有概念的完整性、形式的全面性和特色的丰富性,为研究中国历史的社会、经济、文化和地理等提供了大量的实物资料。本文从聚落地理、文化地理的角度,对徽州古村落形成与发展的地理环境进行分析。

1 徽州村落形成与发展的自然环境

1.1 自然地理条件

徽州在地质构造上属原始江南古陆,经过地质历史时期数次构造运动,徽州中部形成断陷区,断陷区两侧成为断块隆起带。断陷区形成一系列山间盆地,主要山间盆(谷)地有休歙盆地、祁门盆地、黟县盆地、休宁五城盆地及练江谷地等。自山间盆(谷)地向周边逐渐演变为丘陵、低山和中山,丘陵、低山和中山地貌类型在徽州占主导地位。海拔1 000米以上,相对高度800米以上的中山分布在徽州的周边地区,主要有黄山山脉、天目山山脉、白际山脉和五龙山脉。由于地表径流长期沿节理、断层强烈切割,整个徽州地形具有山高谷深的特征。

徽州地属亚热带湿润性季风气候,四季分明,春秋短夏季长,热量丰富,雨水充沛,年平均气温在15.5～16.4 ℃,年均降水量在1 400～1 700 mm。四周高山、中部盆地的地形结构,会同湿润的气候、丰沛的降水等条件,使徽州河系发达,河网密布。境内以黄山山脉为界,南坡有汇入钱塘江流域的新安江水系,汇入鄱阳湖流域的阊江水系和乐安江水系,北坡有直接流入长江的青弋江水系。其中,新安江是境内主要水系,新安江河系发达、河网密布,其支流中,河流长度在10千米以上的有50多条,在10千米以下的有500多条。

1.2　自然资源条件

徽州山地约占土地总面积的70%,耕地包括宜茶、宜桑、宜果树的土地约占土地面积的5%,所以素有"七山半水半分田,两分道路和庄园"之说。全区中低山地部分为黄壤、山地黄棕壤,土层较厚,石砾含量较高,透气透水性能良好,肥力较高,有利于木、竹、茶、桑和药材的生长;丘陵地带多为红壤和紫色土,质地黏重,酸性,肥力差,但光热条件好,适宜栎、松、油茶等生长;山间盆地、山间谷地多砂壤土,适于农业耕作。徽州地处山区,难以蓄水,易发生洪涝灾害,土地总体评价宜农土地数量少、比较贫瘠,洪涝灾害比较频繁。

植物资源丰富。各类植物资源3 000多种,其中药用类尤为丰富,有1 400多种。徽州土地虽然不适合耕作农业的发展,但是土地和气候条件非常适合林茶生长,境内汇聚了大量亚热带北部和暖温带南部的树种,形成了丰富多彩的森林植物群落,生长着千种左右的乔木、灌木树种。众多的乔木、灌木树种中不少具有较高的经济价值,属于优良建筑用材的树种就有一百余种,如樟、楠、楮、栲、杉、松、毛竹等。

得天独厚的生态环境使徽州拥有丰富的动物资源。至今仍有200多种野生动物,较珍贵的有金钱豹、短尾猴、大鲵、白颈长尾雉、穿山甲等。鱼类有130多种,其中新安江及其支流鱼类在100种左右。

蕴藏于徽州地下的矿产,目前探明储量的矿产有16种。其中,金属矿主要有钨矿、钼矿、铜矿、铅锌矿和锑矿等;非金属矿主要有瓷土矿、砚石、黑色大理石以及石煤等。

徽州地处亚热带湿润季风气候区,黄山、天目山和白际山山脉环绕四周,山脉之间形成休(宁)歙(县)、黟县、祁门等盆地,源于四周山脉的新安江及其众多支流回环全境,形成闭塞但景色秀美的自然环境,为历史上中原地区因战乱等原因形成的南迁人口提供了重要的迁居地。中原大族迁徽,"晋、宋两南渡及唐末避黄巢之乱,此三期为最盛"[11]34。历史上中原人不断迁入,反客为主,成为徽州古村落的主要建设者,迁徽大族境内迁居成为徽州古村落形成的基本形式。

2　徽州村落形成与发展的人文环境

2.1　"中原衣冠"徙徽

绩溪胡家村等地出土的新石器遗址表明,四五千年以前,徽州土著先民已经生活在这块土地上。1959年,屯溪西郊出土的西周墓葬证明,商周时期这里的土著先民已经相当活跃。西周墓葬出土的青铜器、原始青瓷和几何印纹硬陶,在形制、纹饰和构图风格上,具有浓厚的南方特色,属古越文化。出土文物表明,先秦时期徽州古越先民已经有了一定的农业生产水平,手工业已经达到较高水平,同江南其他地区和中原地区有贸易往来,有了比较丰富的精神文化。

秦置黟、歙二县,强化对徽州古越人的统治,对古越人采取迁徙政策,"乌程、余杭、黝、歙、无湖、石城县以南,皆故大越徙民也。秦始皇帝刻石徙之"[12]。徽州当地土著人和迁徙而来的越人,凭借徽州山水的奇险多峻,形成一支相对独立的与当时政权相抗衡的力量,古人称其为山越,"山越本亦越人,依山阻险,不纳王租,故曰山越"[13]。汉至三国,特别是孙吴政权时期,常举兵征讨,于嘉禾年间(232—238)平复徽州山越,自此,徽州山越人脱离了刀耕火耨、仰给山场的"山越文化",走上了一条与汉族融合的道路。

中原既是经济文化发达地区,也是兵家必争之地,频繁的战乱导致中原人口大举南迁,饱受战乱之苦的中原名门望族、仕宦人家、平民百姓无不渴望一块免遭战祸的太平之地。古人多有记载,"徽州其险阻四塞几类蜀之剑阁矣,而僻在一隅,用武者莫之顾,中世以来兵燹鲜焉"(《方氏家谱·序》)。山水险阻,少战祸,使徽州成为避乱的理想之地,因此"自昔丧乱,中原衣冠多避地来此"(淳熙《新安志》卷一),避乱成为"中原衣冠"徙徽的主要原因。相应地,历史上三次人口南迁也是徙徽人口最盛之时。"邑中各姓以程、汪为最古,族亦最繁……其余各大族,半皆由北迁南,略举其时,则晋、宋两南渡及唐末避黄巢之乱,此三期为最盛"[11]34

"山岭川谷崎岖"的自然环境使徽州远离战乱,同时赋予其秀丽的景色。"人行明镜中,鸟度屏风里","一生痴绝处,无梦到徽州",成为秀色徽州的绝妙写照。徽州"黄山白岳相对峙,风景绮丽甲江南"的秀丽景色,使许多"中原衣冠"

"……官于此土,爱其山水清淑,遂久居之,以长子孙焉"[11]34。还有"爱其山水幽奇,遂解印终身不返;亦有乐其高山万仞,爱弃官以家其间者矣"(康熙《徽州府志》卷二《舆地志·形胜》)。

2.2　封建宗法制度

大量中原人口的迁入,使徽州成为移民地区,中原移民将中原经济文化移植徽州,对徽州社会经济文化产生了深远影响。比如,中原先进的农田灌溉技术与徽州多山地形特点相结合,造就了古徽州"以塥为主"的农业水利设施,改善了农业生产条件,同时也改善了村落人居环境。徽州鲍氏,先居青州,"永嘉末,青州大乱,子孙避兵江南","创兴水利,以资灌溉,功未就而卒……其后又复修先世水利,由富饶东下经鲍屯之南,溉田三千余亩"(《新安名族志》),鲍氏修建的"鲍南塥"是徽州豪族开发、兴修水利工程的较早例证。梁大通元年(527),由南阳迁来任新安内史的吕文达在歙县修筑了吕塥,可灌田万亩。明洪武元年(1368),洪庆仁修建的庆丰塥位于歙县牌头附近扬之河上,可灌田2 000余亩。歙县还有富塥、条龙塥、雷塥、长湖塥、大姆塥等水利设施,均可灌田千亩左右。宋初,仅绩溪县就有塘95处,塥117处[14]。

另外,许多身怀技艺专长的中原人的迁入促进了徽州手工业的发展。例如,唐末由河北易水因避战乱而举家迁至徽州的奚氏父子研制的徽墨。淳熙《新安志》卷十载:"廷珪本易水人,其父超,唐末流离渡江,睹歙中可居造墨,故有名。"

中原文化的移植对徽州社会发展影响更为深刻。迁入徽州的中原百姓、士族和官宦无不深受中原文化的教化,宗法观念根深蒂固,特别是携族人乡党佃客南迁的世家大族、仕宦之家,他们本来就有着强烈的宗法意识。北方大族移居江南,失去了原先的政治特权和经济优势,为了生存,南迁的北方士族仍然坚持世家大族式的宗法组织,并组成以本宗族为核心的武装力量,一方面靠武力扩张其势力,另一方面以中原文化进行教化,封建宗法制度得到进一步强化。他们终于反客为主,以中原文化取代山越文化。宗族制成为徽州融入中华传统主流文化的有力工具,宗族组织成为徽州社会结构的基础。中原衣冠巨族迁居徽州,聚族而居、尊祖敬宗、崇尚孝道、讲究门第、追念显赫家世,通过种种方式,极力维护和强化了宗法制度。

被强化的徽州宗法制度在理学的熏陶下得以进一步的加强。朱熹极力倡导"天理",把封建社会的一切统治秩序都说是"天理"。他明确指出,"未有这事,先有这理。如未有君臣,已先有君臣之理,未有父子,已先有父子之理"。朱熹以"理"为中心的哲学观念,为封建宗法制度的合理性提供了理论依据。徽州作为朱子故里对朱子极力推崇,朱子撰写的《家礼》,制定的一整套宗法伦理的规范,成为徽州人的行为准则。"新安为朱子阙里,而儒风独茂。"[11]38经理学提升的宗法制度举措更加周全。"尊祖"必叙谱牒,"敬宗"当建祠堂、修坟墓,"睦族"需有族产以赈济,叙族谱、建祠墓和置族产成为实现尊祖、敬宗、睦族必不可少的举措,这些措施使封建宗法制度在徽州更加典型。"新安各姓聚族而居,绝无一杂姓搀入者。其风最为近古。出入齿让,姓各有宗祠统之,岁时伏腊,一姓村中千丁皆集,祭用朱文公家礼,彬彬合度。父老尝谓新安有数种风俗胜于它邑:千年之冢,不动一抔;千丁之族,未尝散处;千载谱系,丝毫不紊。主仆之严,数十世不改,而宵小不敢肆焉。"(清代赵吉士《寄园寄所寄》卷十一)

2.3　文风昌盛,人文郁起

"中原衣冠"给徽州带来封建宗法制度的同时也促进了徽州尚文风俗的形成,许多迁居徽州的中原士族有着高深学问。有些中原士族本是文职"教授",施教于徽,后当地人敬慕之,从而留居。例如,《新安名族志》载,歙县柯族"宋隆兴二年,曰万三公者,任徽州教授,诸生薰其德,留居之,卜地于徽城而家焉";休宁陪郭叶氏"世居湖州苕溪,南唐日尚武,为新安教授,遂家此";歙县谢氏"谢安十三世孙曰杰,仕隋,为歙州教授,由会稽家歙之中鹄乡"。

还有迁居者及其后人均为饱学之士,隐居徽州,施教于斯。休宁倪族"世以经学教授乡里,子士毅,世承家学,潜心求道,师朱敬与陈定宇,教授于黟下阜廿有三年,黟人化之。所著《四书辑释》《历代帝王传授图》行世"(《休宁名族志》卷四)。歙县芭蕉坦之王伯四"隐居教授,征辟不仕"(《新安名族志》)。婺源考水,为胡族世居,"其先出唐皇子明经李昌翼之后,避难于婺源考水胡氏,遂从其姓,登同光元年进士,隐而不仕,施教于斯"(《休宁名族志》卷二)。

迁居徽州的士族,不乏著书立说、传播学术之士。明弘治三年(1490)程敏政编《新安文献志》载,迄宋为止,本郡著者计一百六十人,其中,程族后裔有四十余人,约占百分之二十五,汪族后裔三十人,约占百分之二十一,其他几乎为胡、吴、黄、方等大族的子孙[15]。

魏晋南北朝时期特别重视门阀特权,宋以后,租佃契约制和科举制取代了门阀制度,迁居徽州的中原士族失去了恃其门第之崇高而取得官职、功名的特权。徽州望族要保持其崇高的社会地位,不仅仅需要强化宗族制度,更需要猎取科举制下的功名。因此,他们借大族家学渊源的文化优势,重视教育,培养人才,通过科举仕宦进入统治阶层,于是文风蔚然。文献中多有记载,如"婺人喜读书,虽十家村落,亦有讽诵之声。向科举未停,应童子试者,常至千数百人"[11]42,"四方谓新安为'东南邹鲁',休宁之学特盛"[11]41。

"中原衣冠"迁居徽州,使徽州文化有了质的飞跃。"其(新安)人自昔特多以材力保捍乡土为称,其后寖有文士,黄巢之乱,中原衣冠避地保于此,后或去或留,俗益向文雅,宋兴则名臣辈出"[11]17。"新安自南迁后,人物之多,文学之盛,称于天下。当其时,自井邑田野,以至于远山深谷,居民之处,莫不有学、有师、有书史之藏……故四方谓'东南邹鲁',其成德达材之出为当世有用者,代有人焉"(元代赵汸《商山书院学田记》)。

在朱子及朱子学说的深刻影响下,徽州在唐宋时期"文艺振兴"基础上,出现"元明以来,英贤辈出"的局面,"以才入仕,以文垂世者"愈多,"连科三殿撰、十里四翰林"等佳话频传。

2.4　徽商崛起

中原人口迁入给徽州带来了先进的生产力、生产方式和文化,也带来了大量人口。但"吾徽居万山环绕中,川谷崎岖,峰峦掩映,山多而地少"[11]6,土地很少,不仅贫瘠,而且易遭受自然灾害。

移民造成的人口增长更是给徽州土地带来很大的压力,人地矛盾日益突出。南宋徽州人均耕地15亩,元代降至4亩,明万历年间(1573—1620)徽州人均耕地2.2亩[16],清康熙年间(1662—1722)降至1.5亩。而在当时"一岁一人之食,约得四亩,十口之家既须四十亩矣"[17]。"绝无农桑利"的徽州,"百货皆仰于外……一旦饶河闭籴,则徽民仰屋;越舟不至,六邑无衣;荒旱偶乘,死亡立至"[11]6。地狭人稠的徽州"即丰年亦仰食江楚,十居六七,勿论岁饥也……一日米船不至,民有饥色,三日不至有饿莩,五日不至有昼夺"[11]6。

狭小、贫瘠的土地向古时徽州人昭示,农耕之路无疑是座独木桥,只有走出万山,方能柳暗花明,被生计所迫的徽州人走上了"以贾代耕"的道路。"多难兴邦",苛刻的自然既限制了徽州人又玉成了他们。

"徽处万山中,绝无农桑利",但徽州山区有着丰富的自然资源,特别是林茶资源,许多徽州人最初就是以经营本地物产起家的。据淳熙《新安志》卷二《物产》,休宁"山出美材,岁联为桴,下浙江,往者多取富"。

徽州崇山峻岭,"路皆鸟道,凿险缒出",道路艰难险阻。"天堑斗陡绝,奈我何哉",婺源县志上记载的豪言壮语,道出了徽州人走出崇山峻岭之决心。徽州水系,滩多水急,但较之陆路,毕竟为徽州商人提供了相对便利的通道,特别是比较笨重的竹木产品,徽州商人通过新安江东下可达杭州,由婺源境内的婺水入鄱阳湖下长江可达江南,由祁门经阊江则可入鄱阳湖。

"人地矛盾""富饶物产"刺激了徽州人经营的积极性,到明清时期终于造就了徽商。徽商是一个专门概念,指明清时期雄居商界,由一大批徽州商人结成的商帮,它的形成有其历史的必然性。

明初,统治者推行一系列缓和阶级矛盾、发展社会经济的政策,到明中叶,社会经济有了长足进步,商品数量和品种增多,农业区域性分工进一步明确,手工业专业区逐步形成,刺激了区域间商品贸易的发展,形成了"燕、赵、秦、晋、齐、梁、江、淮之货,日夜商贩而南;蛮海、闽广、豫章、楚、瓯越、新安之货,日夜商贩而北"[11]5的商品流通局面,为商业发展提供了有利条件。商人的作用和地位随之提高,传统"抑商"政策有所减弱,从商队伍得以壮大。明中叶以后,国家的赋役结构发生了相应的变化,进一步促进了商品经济的发展。

苏浙地区是明清时期全国商品经济最发达的地区,这里出产的丝绸、棉布及其他手工业品运销全国各地,而粮食、棉花、木材等生产、生活资料有很大一部分仰给于全国。因此,苏浙地区与国内其他地区之间形成了相对稳定的商品供求关系。发达的商品经济使苏浙地区形成一批商业中心城镇。苏州号称"江南首郡",是苏浙地区的商业中心,所谓"天下之货莫(不)聚于苏州"[18]。杭州作为江南重镇,也是全国商品重要的集散地,据史载,"瓯越之竹木、三吴之谷帛、齐鲁燕之枣栗、川蜀闽广之珠玑、犀象、玳瑁瑰奇之物,海汇山积"[19]。有着经商传统的徽州人,抓住了历史机遇,利用毗邻苏浙地区的优势,大举进军苏浙重镇,从事经商活动,获得空前的成功。例如,徽州的丝绸商、木商、盐商在杭州拥有极大势力,杭州候潮门外,徽商用于堆放木材的场地竟有3 600亩之多。杭州某些地名也与徽商有关,杭州钱塘江畔,徽州人弃舟登岸处被称为"徽州塘",徽州盐商居住的地方被称作"徽州弄"[20]。苏州则有"新安六邑多懋迁他省,吴门尤夥"(清代朱琦《小万卷斋文稿》)。扬州是两淮盐业的经营中心,也是徽州盐商称雄的地方,徽州盐商称雄扬州得益于明朝中叶盐业"折色制"经营政策的实施。

明中叶商品经济的发展,"折色制"经营政策的实施,毗邻苏浙,为徽商的形成与发展提供了"天时""地利"。浓厚的宗族观念和严密的宗族制度则为徽商的形成与发展创造了"人和"的条件。宗族势力在资金和人力的积聚、商业竞争、投靠封建政权等方面,对徽商的形成和发展起到了不可低估的作用。

"天时""地利"与"人和",造就了徽商,徽商的崛起,改变了明清时期徽州人的观念,改变了徽州的社会风俗和文化景观。徽州人虽有经商之传统,但明正德以前,民间还是"妇人纺纱,男子桑蓬,藏获服劳"。"寻至正德末、嘉靖初,则稍异矣。出贾既多,土田不重;操资交捷,起落不常"。据研究,实际上在正德以前,徽州人外出经商已大量见于记载,徽州人出贾之风大约于明成化、弘治之际已经形成。"大抵徽俗,人十三在邑,十七在天下"[11]42,"天下之民,寄命于农,徽民寄命于商"[11]6,"徽州风俗,以商贾为第一等生业"[11]46。

经商习俗形成,大量徽州人外出经营,徽州社会经济基础更依赖于商业,徽州人的社会观念也随之变化,于是"商居四民之末,徽俗殊不然"[11]39。凭借"一贾不利再贾,再贾不利三贾,三贾不利犹未厌焉"[11]49,诰封淑人胡太淑人行状的顽强进取精神,徽商终于取得了成功,成为非常富有的商帮。《五杂俎》中称"新安大贾,鱼盐为业,藏镪有至百万者,其他二三十万,则中贾耳"。徽商的成功极大地丰富了故土的财富,使两宋以前比较贫穷的山区成为"富室之称雄者,江南则推新安,江北则推山右"[11]215的富庶之地。胡适认为故乡绩溪人的移徙经商构成了绩溪疆界以外的"大绩溪","若无那大绩溪,小绩溪早已不成个局面"[11]215。

徽商不仅使故乡富足,也带来了外界文化。徽商足迹遍天下,最活跃的首推苏浙地区,苏浙地区是明清时期全国商品经济中心,也是文化中心,是一个远近仿效、影响遍及全国之地。明已有"苏人以雅者,则四方随而雅之;俗者,则随而俗之"[21],徽商活跃其间,受其熏陶,进而将当地文化移植家乡,丰富发展了徽州文化。

一般情况下,农业性村落规模取决于农业劳动力耕作半径大小,耕作半径越大,村落规模越大,反之亦然。据研究,中国在现代农业生产力条件下可耕地比较多的平原地区,村落人口规模少有超过一千人的[22]。而山多地少的徽州明清时期已是"千丁乡村,他处无有也"[11]31,村落规模与徽州自然环境以及当时农业生产力水平并不相符,这充分说明当时的徽州村落,特别是大族聚居的村落,已经脱离了对土地的依赖,脱离了传统农业村落发展轨迹,村落建设和发展基本仰仗徽商的商业利润。

3 结 论

徽州群山环抱的盆地地形为南迁中原士族提供了有利的庇护栖息空间,对徽州村落的形成与发展具有基础性的作用。同时,盆地地形结构使徽州与外界呈相对"隔绝"状态,这种因地形而产生的"隔绝机制"对徽州村落的保持、延续起到巨大的作用。一方面,盆地为徽州村落的形成与发展提供了长期稳定的环境,盆地居住者与生存环境之间建立了长期稳定、和谐的关系。盆地地形的内聚性、封闭性使徽州村落的发展过程具有较强的稳定性。另一方面,盆地地形的阻隔作用使徽州村落没有或很少受到战乱等激烈因素的冲击和毁灭性的破坏。盆地的"阻隔"在一定程度上减缓了外界强势文化对其直接的、剧烈的影响,使徽州村落能够在不失去其本质特征的情况下,从容地与外界交流,并不断丰富、发展自身。总之,两宋以前徽州还是一个农耕山区,明中叶以后徽商的兴起,商业利润的回流,使之一跃成为"富接江南"的富庶之地,"秀丽山水""文风昌盛"和"富甲天下"逐渐成为明清时期徽州村落自然环境和人文环境的主要内涵。

参考文献:

[1] 朱国兴. 徽州村落人居环境特征的初步研究[J]. 地域研究与开发,2003,22(3):53-55.

[2] 陆林,徐致云,葛敬炳. 徽州古村落人居环境的选择与营造[J]. 黄山学院学报,2005,7(5):5-8.

[3] 黄成林. 徽州文化景观初步研究[J]. 地理研究,2000,19(3):257-263.

[4] 陆林,凌善金,焦华富,等. 徽州古村落的景观特征及机理研究[J]. 地理科学,2004,24(6):660-665.

[5] 梁玥.徽州村落的形态构成和景观意象[J].华中建筑,2004,22(1):103-106.

[6] 朱瑾,冯信群.传统村落整体环境空间中蕴涵的朴素生态精神——徽州村落环境特征研
究[J].南京艺术学院学报(美术与设计版),2006(3):121-123.

[7] 陆林,凌善金,焦华富,等.徽州古村落的演化过程及其机理[J].地理研究,2004,23(5):
686-694.

[8] 朱桃杏,陆林.徽州古村落群旅游差异性开发的竞合分析[J].人文地理,2006,21(6):57-
61.

[9] 余向洋.中国社区旅游模式探讨——以徽州古村落社区旅游为例[J].人文地理,2006,21
(5):41-45.

[10] 翟屯建.徽州先秦史初探[J].徽学,1986(1):6-15.

[11] 张海鹏,王廷元.明清徽商资料选编[G].合肥:黄山书社,1985.

[12] 袁康,吴平.越绝书[M].上海:上海古籍出版社,1985.

[13] 司马光.资治通鉴[M].北京:中华书局,1956.

[14] 徽州地区地方志编纂委员会.徽州地区简志[M].合肥:黄山书社,1989.

[15] 洪偶.明以前徽州外来居民研究[J].徽学,1986(1):18-26.

[16] 叶显恩.明清徽州农村社会与佃仆制[M].合肥:安徽人民出版社,1983.

[17] 洪亮吉.卷施阁文甲集:卷一[M].上海:商务印书馆,1935.

[18] 郑若曾.江南经略[M].台北:商务印书馆,1972.

[19] 王洪.毅斋集[M]//四库全书.上海:上海古籍出版社,1987.

[20] 钟毓龙.说杭州[M].杭州:浙江人民出版社,1983.

[21] 王士性.广志绎[M].吕景琳,点校.北京:中华书局,1981.

[22] 张小林,汤茂林,金其铭.人文地理学[M].南京:江苏教育出版社,1996:237.

RESEARCH ON GEOGRAPHICAL ENVIRONMENT OF THE FORMATION AND DEVELOPMENT OF HUIZHOU ANCIENT VILLAGE

LU Lin, GE Jingbing

(College of Territorial Resources and Tourism, Anhui Normal University,

Wuhu, Anhui 241000)

Abstract: Huizhou area lies to the zone of subtropical moist monsoon climate. Surrounded by continuous stretch of mountains, Huizhou, which abounds in bright mountains and limpid waters, was an important settlement for people migrating from northern China for 3 times in Chinese history. They established early-period villages. With time passing on, people had gradually migrated from original villages and built new ones, which was a basic form of the formation of Huizhou ancient village. A large population from northern China migrated into borders of Huizhou not only brought the patriarchal clan system, promoted style of writing, but also stimulated positivity of trade of Hui people for human-land conflict and rich products. The merchants had quicken construction and development for ancient village in Huizhou of the Ming and Qing dynasties. With time passing on, the geographical environment of the Ming and Qing dynasties in Huizhou boasted beautiful mountains and rivers and flourishing style of writing, and thus, had created glorious regional culture of Huizhou characteristics.

Keywords: Huizhou; ancient village; geographical environment

(原载于《安徽师范大学学报(自然科学版)》2007年第3期)

徽州古村落人居环境的选择与营造

陆　林，徐致云，葛敬炳

（安徽师范大学国土资源与旅游学院，安徽芜湖 241000）

摘　要：人居环境的选择与营造是中国传统文化的重要内容，在长期实践中形成了较为系统的准则，充分体现了天人合一、师法自然、崇尚和谐、趋吉避凶和唯变所适的中国传统人居环境观。人居环境观一直指导着人们选择与营造人之居处与环境的关系，主要体现在两个方面：其一，追求理想的人居环境；其二，改造、完善非理想的人居环境。理想的人居环境可概括为"枕山、环水、面屏"，徽州许多古村落选址符合这一要求，"枕山、环水、面屏"也因此成为徽州古村落人居环境的基本格局和模式。但也有不少村落的人居环境并非完全符合理想模式，对于非理想的村落环境，古时徽州人在遵从自然的同时进行积极改造，使之趋于理想。非理想人居环境的改善有许多方法，修建水利设施、改造自然水系是最常见的措施，最负盛名的范例当属世界文化遗产——黟县宏村。植树造林是改善非理想人居环境的又一重要措施。水口是徽州古村落的重要组成部分，是村落的门户，也是村落人居环境营造的重点所在，常形成自然和谐、文化寓意深刻的水口环境。

关键词：徽州古村落；人居环境；选择；营造

中图分类号：K928.5　**文献标识码**：A　**文章编号**：1672-447X（2005）05-0005-04

基金项目：国家自然科学基金项目（40471035）；安徽省教育厅自然科学研究项目（2002kj122）。

作者简介：陆林（1962—），安徽芜湖人，安徽师范大学国土资源与旅游学院院长、教授，博士生导师，博士，研究方向为旅游地理和旅游管理。

一、中国传统人居环境观

人居环境的选择与营造是中国传统文化的重要内容,在长期实践中形成了较为系统的准则,充分体现了天人合一、师法自然、崇尚和谐、趋吉避凶和唯变所适的中国传统人居环境观[1]。"天人合一"将天地万物作为一个有机的整体,人是自然的一部分,"天人合一"的人居环境观要求聚落选址注重地形地貌、水土质量和天文气象等因素,因而有"相形取胜""相土尝水"和"辨方正位"之说。"师法自然"讲究尊重自然,因任自然、取天地之理的天然之趣,要求人们利用自然,将自然作为人之居处的组成部分。"崇尚和谐"是中国文化之灵魂。人与自然构成一个和谐的整体,人之居处应该与自然相协调。大千世界尽善尽美的自然环境不可能随处可得,在难以满足与自然和谐时,应该采取文化象征的方式营造其和谐氛围,以获得心理上的和谐与欣慰,做到"身心之和"。中国传统文化将有利于人的生存发展和身心健康的环境看作"吉",反之看作"凶"。中国传统建筑遵守"趋吉避凶"原则,在选址、规划、取材等方面采取一系列措施,在环境和心理上进行多方位的调节,以求为人之居处创造有利的环境,将不利、有害降低到最低限度。"唯变所适"实质上是适应实际情况的应变思想,体现了人居环境的统一性和多样性。

中国传统的人居环境观一直指导着人们选择与营造人居环境,风水说是其重要的具体应用。很长时间里,人们把"风水"与"封建迷信"相提并论,视"风水说"为"迷信"的同义词。毋庸置疑,风水解释体系十分玄奥,有着浓厚的迷信成分。剥去玄妙、迷信的成分,风水说有关选择、利用自然环境,构筑理想人居环境的内容体现在两个方面:其一,对基址的选择,追求环境的封闭、完整和均衡,寻求满足生理与心理要求的自然环境;其二,对不利人居环境的处理,包括对自然环境的利用和改造,形成一套系统的调整方法,以满足趋吉避凶之需求。

根据中国传统人居环境观的要求,理想人居环境应该是北有蜿蜒的群山峻岭,南有远近呼应的低山小丘,东西两侧有群山环抱。群山环绕之中的盆地或谷地,地势宽敞,源于群山的河溪蜿蜒流经盆地、谷地,河溪流出盆地、谷地之处,应有两山夹峙。理想人居环境有多种功能:其一,生产生活功能。四周山脉围合,中央地势开阔平坦,适应村基的建立和拓展,流动的河水和山村资源,使居者耕则有地、饮则有水、行则有道、薪则有山、艺则有圃。其二,生态功能。村基坐落于山地缓坡地带,坐北朝南,背山面水,取朝阳之势,夏迎湿润的东南风,冬拒寒冷的东北风,可免淹涝之忧。其三,防御功能。四周山体环绕,形成层层围合的空间,围合空间通过两侧山峰形成的关口与外界相通,具有较强的防御性。其四,景观功能。慕山水之胜是人居环境选择与营造的重要内容。理想人居环境应是山有竹木之秀、谷有清静之幽、河有曲折之美。优美的景观既为村民提供了浓郁田园式的村居环境,也是仕途、商贾之人"退隐田园""放啸山林"的世外桃源。

　　徽州古村落严格遵循了中国传统人居环境观的要求,取得了很好的效果。徽州古村落系指保存于原徽州地界,具有共同文化背景的历史传统村落。徽州曾是一个行政区划概念。宋宣和三年(1121)改歙州为徽州,辖歙县、黟县、休宁、绩溪、祁门和婺源,府治在歙县。徽州"一府六邑"格局一直维系到20世纪中叶,历经一千多年,形成了稳固一体化的地域历史文化圈。当今,徽州主体成立黄山市,婺源划归江西省,绩溪划归安徽省宣城,但作为颇具地域特色的历史文化圈,并没有因为行政区划的变更而失去徽州文化的传统特色。徽州古村落是徽州文化的主要载体,2000年徽州古村落的代表黟县西递、宏村被列为世界文化遗产,凸显了徽州古村落的历史地位和文化价值,由此,徽州古村落备受世人关注,其中,人居环境的选择与营造是关注的重点。

二、传统人居环境观在徽州的体现

　　村落人居环境的选择与营造实质是对自然生存环境的取舍和改善,直接关系到村落的生产生活条件。特别是在农耕社会,人类对自然环境、自然条件有着强烈的依赖,良好的人居环境为宗族的生存提供坚实的基础,为宗族昌盛、人文发达提供可能。村落人居环境的选择与营造在风水说中表现为"相地选址"。"相地选址"是风水说的重要内容,"相地选址"的理论和实践集中体现了中国传统人居环境观。

　　徽州地处亚热带湿润季风气候区,黄山、天目山和白际山环绕四周,山脉之间形成休(宁)歙(县)、黟县、祁门等盆地。环于四周山脉的新安江及其众多支流形成闭塞但景色秀美的自然环境,为徽州村落人居环境的选择与营造提供了有利的自然条件,也为风水说的表现和发展提供了大好舞台,古时徽州有"风水之说,徽人尤重之"之说。

　　徽州崇尚风水的习俗由来已久，最早可以追溯到东晋时期，几乎与风水说创建同步。我国历史上第一次大规模人口南迁，不少中原世家大族迁居徽州，他们带来了中原文化，包括起源中原地区的风水思想，迁居徽州后纷纷择吉壤之地作为本村本族的居处福地。宋时程朱理学与风水说有着一定的关系。徽州作为"程朱阙里"，视朱熹为圣人，读朱子之书、取朱子之教、秉朱子之礼，更是重视风水之说。明清时期，徽商几执全国商界之牛耳，徽州大贾富积百万，衣锦还乡之际，往往不惜重金寻求风水佳地，志书家谱中多有记载[2-3]。徽商的行为无疑对古时徽州人崇尚风水的习俗起到推波助澜的作用。同时，徽商的兴起推动了徽州刻书业的发展，使明清时期徽州成为全国重要的刻书印刷中心之一。刻书业的兴起使一大批风水书籍得以刊印、传播，助长了徽州风水习俗。除书籍之外，罗盘也是风水说的必备工具。根据制造地，罗盘有闽盘和徽盘之分：闽盘是指彰州制造的罗盘，是沿海型的代表；徽盘是指徽州制造的罗盘，是内陆型的代表。徽州出产的罗盘曾获1915年巴拿马万国博览会金奖，这从一个侧面反映了徽州对风水的推崇程度。

三、徽州古村落的人居环境

1. 理想的人居环境

　　前已述及，理想人居环境有一定的要求，有人将其概括为"枕山、环水、面屏"。理想人居环境在许多地方难以寻觅，而山川秀美的徽州为古人提供了较多选择，许多村落选址符合"枕山、环水、面屏"的要求，"枕山、环水、面屏"也因此成为徽州村落人居环境的基本格局和模式。

　　风水说认为"相地选址"直接关系人的吉凶祸福及宗族的兴衰，有着迷信色彩，有夸大其词之嫌。但居者与环境之间相互影响、相互作用的辩证关系是不争的事实，良好的人居环境无疑有助于人文昌盛，所谓"物华天宝、人杰地灵"。黟县西递地处黟县盆地东南缘，峰峦环抱，山高而不峻，险而不危，高低相间，森林茂盛，溪水常流，或绕村而过，或穿村走户，为生产生活提供了极大的方便。自北宋西递明经胡氏宗族卜居此地，数百年间名人辈出，明清时期出儒商巨贾200多人，入仕者300多人。自北宋到清中叶，西递胡氏宗族"孝悌力田，育子贻孙者，三十有余世；诗书学右，安民乐业者，七百五十年"。

唐末呈坎罗氏宗族始祖认为，"歙之呈坎，有田可耕，有水可渔，脉祖黄山，五星朝拱，可开百世不迁之族"。至今罗氏已传三十多世，呈坎仍为罗姓聚居地。呈坎位于歙县潈川盆地西隅，山地环绕的潈川盆地地势开阔，面积较大，旧有良田两千余亩，无霜期较长，自然灾害很少，居者得以安居乐业，读书力田，进而文风昌盛，科举发达，人文荟萃。呈坎早在宋代就曾被中国两位历史名人苏轼、朱熹大加赞誉。

古时徽州人不仅努力寻求理想人居环境，也很注重村落人居环境的保护，许多宗族的族规家法中都有保护林木的规定。例如，婺源翀麓齐氏族谱规定，村基的靠山是一村之命脉，不能伐山木。明经胡氏族谱规定：各家爱护四周山水，培植竹木，以为庇荫，违者必讼于官府以罚之。有些村落还将保护山林的规定勒碑刻石，以警后世。黟县西递上村保存着三块清嘉庆十六年（1811）立的碑，这些碑是当时村中族长联名向县府禀告，由县府立的严禁开山取石、乱砍滥伐的禁碑。祁门环砂村保存的清嘉庆二年（1797）立的《永禁碑》，阐述了乱砍滥伐的危害性，并制定了多项惩罚措施。黟县蕴藏有较丰富的煤炭资源，有人开采造成环境破坏，招至全县士绅的强烈反对，官府颁布禁令严禁开采。清嘉庆十年（1805），黟县县府颁布《禁开煤烧灰示》："邑境山环水抱，生齿日繁，生计亦裕。间值歉岁，尚义成风，亦多周恤，皆由地气完固，政民风不至浇漓。一经开煤，烧一山之灰，用两山之石，山金被凿，地脉重伤。甚或开挖之处，逼近坟茔，更于土俗风水有碍。为此，预立明示，永行禁止，以全地脉，以保民命，以安恒业，以息讼端。"古时徽州出于风水考虑，对山场、林木的保护，客观上保护了徽州的生态环境，呵护了村落的人居环境，反映了古时徽州人强烈的生态环境保护意识。

2. 唯变所适的人居环境

徽州山环水绕的自然条件为理想人居环境选择提供了较大的余地，但是大自然千姿百态，许多村落的人居环境并非完全符合理想模式。对于非理想的村落环境，古时徽州人不是一味放弃，而是在遵从自然的同时对自然环境进行积极改造，使之趋于理想，充分体现了古时徽州人唯变所适的人居环境观。

非理想村落人居环境的改善有许多方法，修建水利设施，改造自然水系是最常见的措施。最负盛名的范例当属黟县宏村。黟县宏村坐落在黟县县城盆地的北端,背靠雷冈山,纳滂溪的羊栈河自北而南从村西流过。明永乐年间(1403—1424),宏村汪氏宗族于村西上首筑石坝,抬升水位,设置水闸,开凿水圳数千米,引溪水入村,挖建了约1 000 m²的池塘。明万历年间(1573—1620),购田数百亩,凿深成环状池塘,建成南湖。历经150多年的努力,全村形成了较完整的水系,这一水系迄今400余年基本完好保留,并仍在发挥作用。

村西上首石塌是全村水系之首,一泓碧水,珠花溅玉,既有理水功能,又形成优美的景观。水圳一般宽0.6 m,由地势略高的村西北九曲十弯,沿巷穿室流向东南,潺潺流水,淙淙不断,连接百家,四通八达。月沼位于村落中央,岸线北直、南曲,恰似一轮半月,故名"月沼"。月沼活化了居住环境,成为乡民休憩、赏景、纳凉、交往的"共享水空间",又具有浣汲、消防、排泄雨水、调节气温、净化水质的多重生活功能和保障功能,时至今日,更是成为徽州古村落的标志性景观。南湖是全村水系的"高潮",兴建之时,道路、水岸、建筑、绿化统筹考虑:湖之四周砌石成岸,湖南两侧间种红杨、翠柳,春时柳丝,夏时杨花,秋有红杨金辉,冬有杨枝拂雪。濒湖一侧相继营建了书院、祠堂、绣楼、民宅。宏村引水入宅形成水园或水院,多种形式,各种手法,既新奇又自然,顺理成章,巧妙而又节俭地将科学与情趣、美观与实用有机结合,赋予村落每个建筑单体以活力。碧园是一个正房后侧水园,小巧的水榭探入尺度不大的水池之中,再接庭园。天、地、水、绿化融入人工构筑的宅居之中。德义堂天井水园,将一方池水设在正房前院内,一进大门就能感受到水的存在。透过东墙上的卷门和圆窗,又可隐约看见桑园和菜地。屋连着水,水连着天,生活空间丰富有序、协调一致,既注重情趣,又注重实用,美化了庭院,提升了文化层次。石塌—水圳—月沼—南湖,以及各家水园水院,形成一个完整的水系,完善了宏村的人居环境[4]11-26。古人诗赞宏村:何事就此卜邻居,花月南湖画不如;浣汲何妨汐路远,家家门前有清泉。时至今日,世人将其列入世界文化遗产,世代保护。

宏村引河溪之水改善了村落的人居环境,绩溪宅坦则通过挖塘蓄水的方法,营造人居环境。宅坦村落环境缺少"环水"要素,于是宅坦人在山腰筑一口深塘蓄积山水,并在村内、村外遍挖水塘,深塘与水塘、水塘与水塘之间有沟渠相通。为了保证村内外的水塘水位,定期从深塘放水补充各水塘,从水塘排出的水则用于灌溉农田。经过数代人的努力,宅坦人修建了100多口水塘,民居环塘而筑,乡民临水而居,营造出独具特色的村落人居环境。

植树造林是改善非理想人居环境的又一重要措施。植树造林既可以保持水土,调节气候,又能营造出鸟语花香、风景优美的村落环境。同样在绩溪宅坦,先民们在村口山冈、水塘四周植树,形成绿色长廊,与村口林带相呼应,宅坦村内空地、土堆、塘边也广植花木,点状、片状的树林镶嵌在粉墙、黛瓦之间,和谐动人。

在村口、背山等特殊地段,挑土增高或改变山的形状,也是改善村落环境的重要方法。如绩溪龙川胡氏宗族族规家法中规定,宗族子弟生男孩,必须担土上山栽树一棵。歙县瞻淇村喜得贵子人家必"担土堆于案山秀峰之巅"。歙县棠樾东南角地势平坦,于是族人在此砌筑了七个高大的土墩,土墩上植树,至今尚存。

3. 自然和谐的水口环境

水口是徽州古村落的重要组成部分,一般位于封闭或半封闭的村落空间入口处,大多是两山夹溪的位置,是村落的门户,是村落人居环境营造的重点所在,最常用的方法是在水口建桥,并铺以树、亭、堤、塘等。在一些规模较大的村落,水口建筑还富有深刻的隐喻意义。如黟县西递在水口建文昌阁、魁星楼、文峰塔,以求本村本族兴文运、发科甲。水口建筑与周围绿水青山融为一体,形成水口园林。徽州水口园林不同于苏州等江南园林,后者多处市井,不易获得开阔的视野和借景条件,形成封闭的格局,造景遵照"虽由人作,宛自天开"的原则。前者多建于水口,能剪裁真山真水,充分发挥新安山水的感染力,因地制宜,巧于因借,与山水、田野、村舍融成一体,自成天然之趣,不废人事之工。保存较好的唐模水口园林,村头耸立"同胞翰林"牌坊,八角路亭紧挨其旁。青石板小路引出俗有"小西湖"之称的"檀干园"。该园清初仿西湖美景建造,拥有"三潭印月""湖心亭""白堤""玉带桥"等景点。檀干园小巧精致,汲取了江浙园林理水造园、叠石置景和匾额篆刻的技艺。旧时,檀干园有长联"喜桃露春浓,荷云夏净,桂风秋馥,梅雪冬妍,地僻历俱忘,四序且凭花事告;看紫霞西耸,飞布东横,天马南驰,灵金北倚,山深人不觉,全村同在画中居"。"山深人不觉,全村同在画中居",形象贴切地反映了徽州古村落人居环境的特征。

四、结　语

徽州古村落是中国传统村落的典型代表,充分体现了"天人合一"的整体观念、师法自然的哲学思想、崇尚和谐的理想境界、趋吉避凶的基本原则、唯变所适的辩证思想等中国传统的人居环境观,具有典型的文化生态型村落的特征,是徽州文化乃至中国传统文化的载体之一,为现代人居环境研究提供了难得的实物资料。现代社会,人们更加注重生活质量、生活情趣,对徽州古村落的兴趣与日俱增,这不仅反映了对徽州古村落历史文物价值、艺术审美价值和科学文化价值的进一步认识,而且表现了对徽州村落生活方式、居住方式价值的认识,进而创新现代人居环境。

参考文献:

[1] 韩增禄.中国建筑的文化内涵[J].自然辩证法研究,1996(1):22–26.

[2] 赵华富.论徽州宗族繁荣的原因[J].民俗研究,1993(1):76–82.

[3] 何晓昕.风水探源[M].南京:东南大学出版社,1990.

[4] 单德启.中国传统民居图说——徽州篇[M].北京:清华大学出版社,1998.

[5] 陆林,焦华富.徽派建筑的文化含量[J].南京大学学报(哲学·人文科学·社会科学),1995(2):163–171.

HUMAN SETTLEMENT′S SELECTION AND CONSTRUCTION AT ANCIENT VILLAGES IN HUIZHOU

LU lin, XU Zhiyun, GE Jingbing

(College of Territorial Resources and Tourism, Anhui Nounal University,

Wuhu, Anhui 241000)

Abstract: Human settlement's selection and construction form an important part of traditional culture in China. They have formed a systematic standard over a long period of practice. They fully reflect the Chinese traditional views about human settlement which mainly consists of the unity of human and nature, learning fromnature, advocating the harmony, pursuing good fortune , avoiding disaster and being adaptable. The view about human settlement has been guiding the relationships between the selection and construction of human dwelling and its environment. The relationships can be reflected as follows: firstly, people pursue the ideal human settlement; secondly, people perfect nonideal human settlement. "With the back towards the mountain, with the river among the village and with wide field in front" is the basic structure and mode of the ideal human settlement. But some villages can't meet the requirements of the ideal mode of human settlement. To perfect the nonideal human settlement, the ancient people of Huizhou followed the nature and made it more ideal by reconstructing it actively. There are many methods that can improve and construct the nonideal human settlement. Constructing water conservancy facilities and reforming the natural water system are the most familiar measures. Hongcun village in Yixian County, the world cultural heritage, is very famous for its human settlement which uses the above mentioned ways. The afforestation is also one of the important measures to improve the nonideal human settlement. Being thegate of the ancient villages, the water gap is an important part of the ancient villages in Huizhou and also significant in constructing villages' human settlement. The waterlocked environment that is natural, harmonious and has profound cultural essence is gradually formed.

Keywords: ancient villages in Huizhou; human settlement; selection; construction

（原载于《黄山学院学报》2005年第5期）

徽州文化整合研究

  文化整合分为内整合和外整合,内整合是指文化内部各文化现象或特质之间的协调,外整合是指不同文化之间的相互吸收。

  "徽商是徽州文化的酵母",高度概括了徽州文化内整合关系——徽商的经济实力、价值观念和经营活动对徽州文化其他特质的影响,生动地阐释了经济基础与物质文化、制度文化和精神文化的关系。徽州文化并非徽州土著文化,除了中原士民三次南徙带来的中原文化基因外,师承关系、高人指点、海纳百川等也是徽州文化形成发展中的重要因素。

徽州古村落的演化过程及其机理

陆　林,凌善金,焦华富,杨兴柱

(安徽师范大学地理系,芜湖 241000)

摘　要:古时徽州景色秀美、地形闭塞,是历史上因战乱等原因中原人口三次南迁的重要迁居地。南迁人口不乏世家大族,他们聚族而居、举族迁居,在徽州境内形成众多的古村落。从中原人口三次南迁至晚清,徽州古村落经历了形成期、稳定发展期、勃兴鼎盛期和衰落期。徽州古村落鼎盛期的经济基础是徽商,在徽商的支持下形成许多至今仍有影响力的古村落,晚清徽商失势,徽州古村落趋于衰落。呈坎、棠樾、宏村和西递4处典型古村落的发展验证了徽州古村落的演化过程与演化机理。

关键词:徽州古村落;演化过程;演化机理

中图分类号:K901.9;K928.5　**文章编号**:1000-0585(2004)05-0686-09

我国保存着许多风貌古朴、个性鲜明的古村落(镇),这些古村落(镇)是我国传统文化的载体和珍贵的历史文化遗产,有着极高的文化、历史、地理、美学、建筑、艺术、旅游等价值。近年来,许多学者从不同的角度开展了古村落(镇)研究。彭一刚论述了自然社会因素对聚落形态的影响,系统分析了传统村镇聚落景观[1]。朱光亚等论述了古村落保护与发展问题[2]。陈志华、阮仪三等分别对楠溪江古村落和江南水乡城镇的特色、价值及保护问题进行了研究[3,4]。刘沛林等系统论述了古村落空间意象与文化景观,提出了古村落研究的基本框架,引入"意象"的概念,借助感觉形式研究聚落空间形象的方法,对古村落景观的

基金项目:安徽省学术和技术带头人及后备人选科研项目(02HBL09);国家社会科学基金项目(03BJY084)。

作者简介:陆林(1962—),男,安徽芜湖人,博士,教授。主要从事人文地理学、旅游地理学教学与科研工作。

多维空间立体图像做了初步研究,并以湖南省传统村镇为例,探讨了湖南张谷村、德夯村等传统村镇感应空间特点及其现代规划的原则和方法[5-7]。

徽州曾是一个行政区划概念。隋置歙州,唐大历五年(770)歙州始领歙县、黟县、休宁、绩溪、婺源和祁门6县,治歙县。宋宣和三年(1121)改歙州为徽州,仍辖6县,明清时期徽州府基本与上述地域相当。徽州一府六邑格局一直维系到20世纪中叶,历经一千多年,形成了稳固一体化的地域文化——徽州文化。徽州文化以其典型质朴的浓缩形式传承了中国传统文化,当今学者回眸审视中国传统文化之际,对徽州文化研究投入了极大的热情。叶显恩论述了明清时期徽州农村社会与佃仆制[8]。张海鹏、王廷元系统研究了徽商的形成、发展、经营活动以及徽商与徽州文化的关系[9]。陆林、焦华富论述了徽派建筑的文化属性和社会价值观念[10]。王明居、王木林论述了徽派建筑的艺术价值和美学特征[11]。黄成林研究了徽州聚落和民居的基本特征及形成因素,探讨了徽州文化景观与徽州地理环境、中国传统文化的关系[12]。相对而言,徽州古村落的地理研究较少,而徽州古村落是我国保存完整、数量丰富的古村落群之一,其代表黟县西递、宏村是古村落型世界文化遗产。徽州古村落保存着大量的历史信息,为研究中国历史、社会、经济、文化、地理等提供了大量的实物资料。本文从聚落地理、文化地理的角度,对徽州古村落的演化过程和机理进行分析,具有较强的学术和实践价值。

1　徽州古村落的产生

根据成因,村落有定居型与移民型之分。定居型村落主要指因农业出现要求定居而形成的村落,真正意义上的定居型村落很少,村落大多是移民型的。事物发展是相对的,历史上某一地区某一时期发生大规模移民形成移民型村落,而随后很长一段历史时期保持相对稳定没有发生大规模移民,由于人口自然增长则可能自发地产生新的定居型村落。

先秦时期,徽州处于山越时代,山越先民主要从事农业生产。20世纪50年代末,徽州西周墓葬出土的文物中有碗、盂、钵、尊、盘、罐、鼎和陶器、釉陶器、青铜器,说明当时的农业和手工业已具有较高的水平。出土文物中的两件"钟型五柱乐器"和一只铜鼎上所绘的舞蹈图,反映出当时先民们已经有了一定的精神生活[13],农业的出现说明先秦时期村落在徽州已经存在,这时期的徽州村落应属于原始定居型村落。

黄山、天目山和白际山山脉环绕徽州四周,山脉之间形成休(宁)歙(县)、黟县、祁门等盆地,源于四周山脉的新安江及其支流回环全境,形成闭塞但景色秀美的自然环境,为历史上中原地区因战乱等原因形成的南迁人口提供了重要的迁居地。据研究,徽州移民主要集中在中国历史上三次较大规模的人口南迁时期,南宋以后,很少有移民迁徽。位于徽州主要盆地休歙盆地的歙县岩镇、古溪、黄墩、潜口,休宁万安、阳湖等是徽州早期的移民型村落。

迁居徽州的先民,特别是一些世家大族在徽州境内的后续迁移形成众多古村落,许多至今仍有较大影响力。例如,程氏为徽州大族,"邑中各姓以程、汪为最古,族亦最繁"(民国《歙县志》卷一《舆地志·风土》)。东晋新安太守程元谭有善政,当地百姓拥戴留居歙县黄墩,子孙遂以此为桑梓之地。由此,程氏在境内不断迁居,形成许多程氏村落。据清雍正初年统计,歙县、休宁、绩溪等县分布有100多个程氏村落[14]。汪姓大族东汉末年迁入徽州,至唐,越国公汪华生九子,长子建,子孙世居唐模、岩镇、府城西,休宁阳湖,黟县宏村等地;次子灿为培川汪氏始祖;三子达,子孙世居绩溪尚田、歙县富溪等地;七子爽,子孙世居绩溪登源,歙县慈菰,婺源还珠里、大畈、梧村等地。四子、六子、八子后裔大多迁出徽州,五子、九子早年卒,无传。汪氏后裔在境内不断迁居形成许多汪氏村落,仅休宁汪氏村落就达46处[15]。

迁徽大族境内迁居是徽州古村落产生的基本形式,但也有少数因交通等因素发展起来的村镇。歙县渔梁地处城南约1 km处的新安江支流练江畔,因江中建渔梁坝形成良港,成为徽州经新安江通往杭州的重要码头,进而发展成为集商业、交通转运、货物集散为一体的非农业性村镇。村镇人口由码头工、渔民和商家等组成,多姓杂居,少有徽州多数村落常见的渲染宗法观念的牌坊等礼制建筑和世家大族的深宅大院。渔梁因坝而兴,渔梁坝因其历史价值2001年被列为全国重点文物保护单位。黄山市府所在地屯溪原为休宁县所辖,同样因新安江水路交通而发展起来。据考证,汉建安十三年(208)屯溪作为地名已载入典籍,当时只是数户渔民集居的渔村,明中叶发展成"十里槛乌"的村镇,晚清占有"地利"的屯溪逐渐成为徽州主要的客货集散地[16],历史上的商业街"老街"因历史地位和景观价值入选第一批中国历史文化街区。

2　徽州古村落的演化过程

由上述可知,徽州最初的村落为古越人的聚居之地,属原始定居型村落。历史上中原人不断迁入,反客为主,成为徽州古村落的主要建立者。中原大族迁徽以"晋、宋两南渡及唐末避黄巢之乱,此三期为最盛"(民国《歙县志》卷一《舆地志·风土》),相应地,"三期"建立的村落也最多,东晋、唐末和南宋为徽州古村落的重要建立期。"播迁所至,荆棘初开,人皆古质,俗尚真淳,其卜筑山村,殆有人世桃源境界",勾画了徽州古村落早期的基本轮廓。

南宋经元到明中叶300多年是徽州社会经济文化稳定发展时期,也是徽州古村落稳定发展时期,农耕社会、习尚知书是这一时期徽州古村落的基本特征。史书载:"(徽州)成弘以前,……重土著,勤稼事,敦愿让,崇节俭","家给人足,居则有室,佃则有田,薪则有山,艺则有圃……妇人纺织,男子桑蓬,藏获服劳,比邻郭睦"(万历《歙志·风土》);"四方谓新安为'东南邹鲁'"(康熙《休宁县志》卷一《风俗》);"虽十家村落,亦有讽诵之声"(光绪《婺源乡土志·婺源风俗》);"自井邑田野,以至远山深谷,居民之处,莫不有学、有师、有书史之藏"(元代赵汸《商山书院学田记》)。历史文献的记载昭示了耕读文化已经成为这一时期徽州的主流文化,它造就了徽州古村落朴素、亲切的风格,洋溢着纯朴之风和乡土之情,不少徽州古村落因此享有"桃花源里人家"之美誉,黟县县城北约4km处的碧山就是其一。碧山村沿山麓展开,背靠连绵的青山,前临开阔的田野,农夫耕田、妇女纺织、牧童放歌,一派浓郁的田园牧歌情趣。距碧山村约2km漳河上游有一处南宋摩崖石刻,石刻高10 m有余,宽约5 m,有楷书166字,是当时村中一些退隐官宦、乡绅和文人登山临水闲游的纪实[17]。徽州多退隐官宦、读书之人,他们怡情山水、构筑私家园林,对村落景观往往产生重要影响。现仍残存于碧山村的安徽省唯一的宋代私家园林"培筠园"就是一例。该园为南宋碧山人汪勃所建,汪勃是南宋绍兴二年(1132)进士,封新安郡侯,后辞官回乡建造"培筠园"颐养天年。

明中叶至清中叶是徽州社会经济文化勃兴鼎盛期,徽州古村落盛极一时,家谱志书多有记载。徽州"每逾一岭,进一溪,其中烟火万家,鸡犬相闻者,皆巨族大家之所居也。一族所聚,动辄数百或数十里"(光绪《石埭桂氏宗谱》卷一)。"今寓内乔木故家相望不乏,然而族大指繁,蕃衍绵亘,所居成聚,所聚成都,未有如新安之盛者。"[18]6清康熙年间(1662—1722),歙人程且硕的《春帆纪程》描述了歙县村落盛况："徽俗,士夫巨室,多处于乡,每一村落,聚族而居,不杂他姓。其间社则有屋,宗则有祠……乡村如星列棋布,凡五里十里,遥望粉墙**矗矗**,鸳瓦鳞鳞,棹楔峥嵘,鸱吻耸拔,宛如城郭,殊足观也。"程且硕自祖父起已侨寓扬州,回归故里叹称家乡村落"宛如城郭",可见当时徽州村落的辉煌。

清中叶以后,经历了辉煌的徽州古村落逐渐走向衰落,一些昔日辉煌的古村落惨遭太平天国时期战争的破坏,一蹶不振。如婺源"乾嘉之间,五乡富庶,楼台拔地,栋宇连云。兵燹以来,壮丽之居,一朝颓尽,败垣破瓦,满目萧然。承平五十载,元气卒不可复"[19]。中原人口三次南迁至晚清相隔千百年,徽州古村落经历了形成期、稳定发展期,步入鼎盛,晚清时期走向衰落。图1描绘了徽州古村落千百年间的演化轨迹。

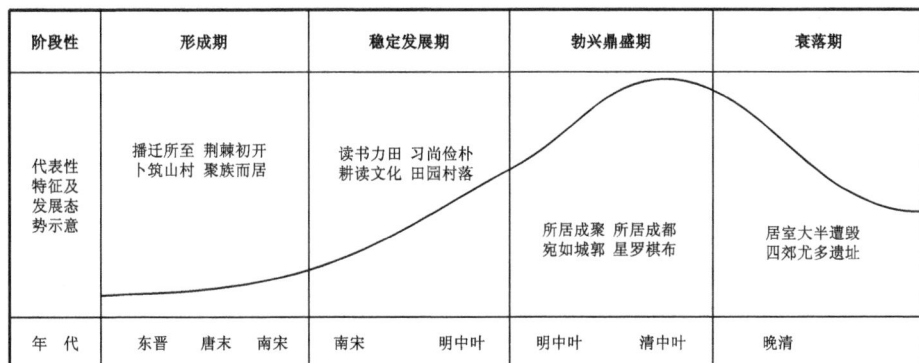

图1 徽州古村落的演化轨迹

3 徽州古村落的演化机理

南迁入徽的中原移民不少是世家大族,有着强烈的宗法观念和严密的宗法组织。不论是三次大规模的南迁入徽还是无数次徽州境内迁居,有组织的举族迁移是其重要特点,他们聚族而居,保持着严密完整的宗族组织。徽州历史文献对此多有记述,"乡落皆聚族而居,族必有谱,世系数十代"(光绪《婺源乡土志·婺源风俗》)。"深山大谷中人,皆聚族而居,奉先有千年之墓,会祭有万丁之祠,宗祐有百世之谱"(乾隆《绩溪县志·序》)。中原移民大规模迁入改变了徽州的人口构成,成为徽州居民的主体。外来移民形成最初的村落,之后随着人口的不断繁衍增长,村落发展到一定规模呈饱和状态,人口析出,析出人口在徽州境内迁移,择地而居形成新的村落。村落的这种演化如同细胞分裂,这种分裂是基于宗族组织的,即族中某一支或若干支析出建立新的定居点,新的定居点逐渐发展成小型村落,再成大型村落,随后再发生裂变,分出若干村落,开始新一轮的循环(图2)。经过数代发展演变,徽州终于形成世家大族散处于郡之四部、星罗棋布、远近相望的村落空间分布格局。

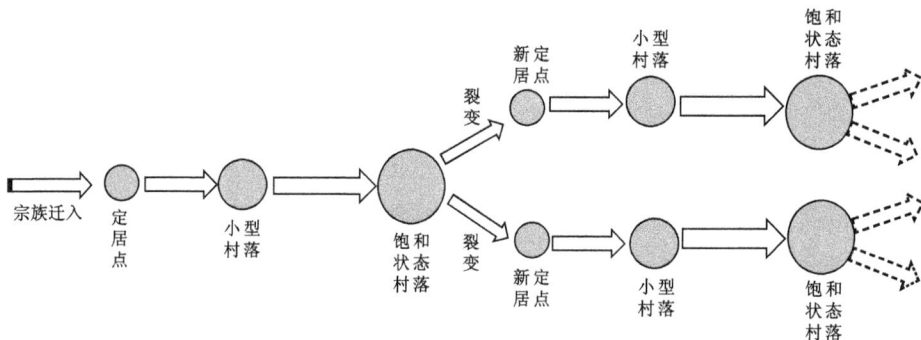

图2　徽州古村落空间演化机理

　　南迁入徽的世家大族多饱学之士,科举入仕是他们保持发扬家族地位、博取功名的主要途径。南宋后徽州作为朱熹桑梓之地,读朱子之书、取朱子之教、秉朱子之礼,习尚知书、科举入仕蔚然成风,推动了徽州古村落的发展,同时促进了徽商的崛起。中原人口迁入给徽州带来了先进的生产方式和先进的文化,也带来了大量的人口。徽州山多地少,移民造成的人口增长给土地带来巨大压力,人地矛盾日益突出。据研究,南宋徽州人均耕地15亩,元代降至4亩,明万历年间(1573—1620)徽州人均耕地2.2亩,清康熙年间(1662—1722)降至1.5亩。在当时的农业生产力条件下,"绝无农桑利"的土地条件迫使徽州人走上了"以贾代耕"的道路。凭借励精图治的精神,明中叶至清中叶徽州人终于形成了雄居全国商界400余年之久的徽州商帮。受封建社会抑商政策、商品经济发展缓慢等因素影响,徽商"以末取财,用本守之",将大量商业利润撤回故里,购置土地、兴建祠堂、营造园亭广厦,将商业利润转变为封建土地资本,这方面的事例史不绝书[9]1-16,441-503。于是,明清时期徽州迅速发展成为江南富饶之地,"富室之称雄者,江南则推新安,江北则推山右"[18]43。徽商输金故里使徽州村落的空间规模、人口规模与自然环境、自然资源、农业生产力条件完全不相称。一般地,农业性村落规模取决于农业劳动力耕作半径的大小,耕作半径越大,村落规模越大,反之亦然。据研究,在现代农业生产力条件下可耕地较多、耕作半径较大的平原地区,村落人口规模少有超过一千人的[20];而山多地少的徽州明清时期已是"千丁乡村,他处无有也"(康熙《徽州府志》卷二《舆地志·风俗》),说明明清时期徽州古村落,特别是大族聚居的村落脱离了对农业的依赖,脱离了传统农业村落发展轨迹,村落发展基本仰仗徽商商业利润。学者胡适,徽州绩溪人,对此有过精辟的论述:"不可但见小绩溪,而不看见那更重要的'大绩溪',若无那大绩溪,小绩溪早已不成个局面。"[18]215

　　鼎盛时期的徽州古村落经济支柱是徽商,徽商的衰败引发了徽州古村落的衰落。徽商的衰败是从徽州盐商失势开始的,道光十二年(1832),清廷废除纲法改行票法,徽商丧失了世袭的行盐专营权。另外,清廷迫于财政困难严追盐商百年来积久的盐课,许多徽州盐商因此而破产。徽州盐商向来是徽商的中坚力量,盐商的失势使整个徽商势力大为减弱。同时,西方列强侵略也给徽商以沉重打击。太平天国时期,长江中下游是主要战场,而该地区正是徽商重要行商地区之一。更甚者,徽州向来鲜遭战祸,但此时却成为太平天国起义军与清军激烈争夺的地带,前后持续12年,几乎与太平天国在南京建都的时期相始终,战火蔓延徽州所辖各县,昔日辉煌的村落遭受巨大破坏。

4　典型古村落的演化

　　徽州古村落演化过程及其机理,可从呈坎、棠樾、宏村、西递等典型村落的形成发展中得到验证。呈坎位于古歙西北黄山脚下,距县城约20 km。唐末罗天真和罗天秩堂兄弟二人自江西洪都(今南昌)来歙定居呈坎,形成两个独立的罗氏宗族,前者被奉为前罗始祖,后者被奉为后罗始祖,到了北宋末,前罗、后罗宗族第八、第九世时人丁兴旺,为宗族兴旺、村落发展提供了基本条件。据研究,前、后罗宗族发展各具特色,后罗发展的主要原因在于兴文重教、科举入仕。如后罗八世祖罗汝辑中进士,官至吏部尚书、龙图阁学士、新安开国侯、少师,生六子,四人为通判、二人为知州。明弘治十二年(1499),徽州知府为罗汝辑等34人建文献坊,表彰后罗宗族读书入仕的成就。与后罗相比,前罗入仕者较少,走的是经商致富的道路,崛起于明中叶。后罗宗族诗书起家累官封侯,前罗宗族经商发达,共同将呈坎村推入鼎盛发展期[21]。祠堂的兴建是呈坎鼎盛发展的重要标志之一。明中叶后,前、后罗氏两族修建祠堂10座,其中,前罗氏宗族的贞靖罗东舒先生祠始建于明嘉靖年间(1522—1566),续建于明万历年间(1573—1620),气势恢宏、构造精细、装饰精美,1996年被列为全国重点文物保护单位。鼎盛时期呈坎村有前街、后街、钟英街等99条街巷,两侧民宅鳞次栉比、纵横相接、扑朔迷离、宛如迷宫。20世纪90年代,全村仍保存有30幢明代民居、200多幢清代民居。

棠樾位于歙县城西7.5 km处,距呈坎约15 km,棠樾的建村历史可追溯到南宋建炎年间(约1130)。棠樾始祖鲍荣世居府邑西门建别墅于棠樾,四世祖鲍居美自西门携家定居棠樾。从此,棠樾成为鲍氏聚居之地。宋末经元至明初,棠樾以农耕为主业,元至正年间(1341—1368)鲍氏族人建水利设施大母塌,灌溉农田600余亩,保障了农业生产。《宋史》载该村"父慈子孝"事迹,棠樾村由此闻名。明永乐十八年(1420)建"慈孝里"坊,棠樾被称为慈孝之村。明中期,棠樾鲍氏十六世祖鲍象贤,中明嘉靖八年(1529)进士,官至兵部左侍郎,被誉为嘉靖朝"中兴辅佐"。在其影响下,明中后期棠樾经历了第一次营建高潮,终明一代棠樾已具有相当规模。清乾嘉年间(1736—1820),棠樾出了鲍志道祖孙三代及其兄弟鲍启运等大盐商,他们输金故里大兴土木,再次掀起村落建设高潮,将棠樾村发展推向鼎盛[22],在明代前街的基础上建成与之平行的后街,形成村落两条主干道。清代建的大型民宅多集中于后街,其中有鲍志道宅保艾堂和鲍启运宅遵训堂。保艾堂是当时徽州最大的民宅,有108房36天井。在已有的3座牌坊基础上陆续增建4座牌坊,按"忠""孝""节""义"排列,形成独具特色的村口景观——棠樾牌坊群。棠樾牌坊群1996年被列为全国重点文物保护单位,成为徽州标志性文化景观之一。清末道光年间(1821—1850),徽州盐商失势,棠樾失去经济支柱迅速衰落。太平天国时期,战火重创遵训堂等精美建筑,棠樾鲍氏外流避乱,从此难现昔日辉煌。

宏村位于黟县城东北约10 km处,汪氏宗族聚居地。南宋前歙县唐模汪氏一支因遭火灾迁往黟县奇墅,南宋绍兴年间(1131—1162)奇墅遇盗,汪彦济一支迁往宏村。宏村的发展与兴修水利、改善人居环境联系在一起。元中叶,宏村人口增多,村落规模扩大,需要开挖水塘、修建水圳,但当时无力兴修浩大水利工程,只得将其记入宗谱交给后世。明初,在前人基础上制定了村落水系改造规划,经过几代人的努力在村中央开挖形如半月的水塘——月沼,修建水圳数百丈,引溪水入村。随着村落的发展,月沼已有的水利设施逐渐不能满足需要,于是汪氏族人于明万历三十五年(1607)在村南又兴建了面积达 18 000 m² 的南湖。月沼—水圳—南湖别具一格的村落水利系统改善了人居环境,促进了村落的发展。清乾嘉年间,宏村进入鼎盛发展时期,"我族自南宋迁居宏村,世德相承,人文蔚起,清乾嘉之季,阖族支丁实有三千余人,为最繁衍时代。村居拓展,绕抱南湖,栉比鳞次,密密如织,楼台近水,倒影浮光"[23],一派欣欣向荣的景象。宏村现有的建筑多建于鼎盛时期,如南湖书院,安徽省重点文物保护单位三立堂、承志堂等。承志堂占地约 2 800 m²,建筑面积约 3 000 m²,拥有内房 28 间、天井 9 处,全宅雕刻精美,耗银数十万两,是目前徽州保存最好、规模最大、功能最齐全的民居。宏村西北方向约 5 km 的羊栈岭是徽州一处重要关隘,太平天国时期太平军与清军乡勇在此激战 20 多次,对宏村造成严重破坏。"洪杨劫后,族人流离转徙,村运大衰,浸至目下,调查阖族支丁全数,视畴昔仅足十成三而已。"[23]

西递位于黟县城东约 8 km,是明经胡氏宗族聚居地。明经胡氏原籍婺源,北宋元丰年间(1078—1085)壬派胡士良一支迁居西递,之后近 300 年人口增长较慢,以农耕为主业,明中叶宗族人丁兴旺,人口大增,科举入仕、经商者渐多,其中不乏佼佼者。如胡文光官居四品,功绩显著,明万历元年(1573)朝廷允准建坊旌表,此坊现仍立于西递村口。入清,经商、入仕发迹者更多,如"江南六富之一"的胡贯三及其子杭州知府胡元熙等,衣锦还乡,建房屋、修祠堂、筑路桥、开学堂,村落日趋繁荣。到清中叶,全村有宅院 600 多幢、街巷 99 条、祠堂 30 余座、牌坊 13 座、水井 90 多眼、各种店铺 20 余家。清道光元年(1821),胡元熙岳丈歙县雄村人曹振镛,时任军机大臣、太子太傅,在《西递明经胡氏壬派宗谱·序》中称:"夫胡氏壬派一支,自宋历元明而今,更七百数十年,积三十余世,族姓蕃衍,支丁近五千余人。"可见当时西递之盛况。西递胡氏主要经营典当、南北杂货、丝绸布业等,清末朝廷不断增加典税、茶叶税,西递胡氏商人遭重创,以致无力支撑西递的发展。太平天国时期,西递许多园林、别墅、书馆、祠堂毁于战火。西递现存古民居仅为全盛期的 1/3。

典型徽州古村落的演化过程如表 1 所示。

表1　典型徽州古村落的演化过程

项目		呈坎	棠樾	宏村	西递
形成期	时间、代表性人物、事件	唐末至北宋末,始祖罗天真、罗天秩自洪都来歙定居呈坎,至北宋末人丁兴旺	南宋初,始祖鲍荣建别墅于棠樾,四世祖鲍居美携室居棠樾	南宋绍兴年间,始祖汪彦济迁居宏村	北宋中叶,始祖胡士良自婺源迁居西递,五世至十三世人口繁衍较慢
稳定发展期	时间、代表性人物、事件	北宋末至明中叶,后罗宗族科举崛起,建"文献坊"	南宋至明中叶,从农耕为主业,兴建农田水利设施	南宋到明中叶,建设月沼、水圳、南湖等设施,改善人居环境	北宋中叶至明中叶,以农耕为主业,十四祖枝繁叶茂,人丁兴旺
勃兴鼎盛期	时间、代表性人物、事件	明中叶至清中叶,前罗宗族经商崛起,代表性祠堂的兴建、"三街、九十九巷"村落格局形成	明中叶至清中叶,明嘉靖"中兴辅佐"鲍象贤开创第一次营建高潮,清乾嘉盐商鲍志道等兴起第二次营建高潮	明中叶至清中叶,阖族支丁实有三千余人。村居拓展,绕抱南湖,栉比鳞次,密密如织	明中叶至清中叶,明中叶胡文光牌坊兴建,清中叶族姓蕃衍,支丁五千余人
衰落期	时间、代表性人物、事件	清中叶以后,徽商衰落	清中叶以后,徽州盐商失势,太平天国时期战争破坏	清中叶以后,徽商衰落,太平天国时期战争破坏	清中叶以后,典当等衰败,太平天国时期战争破坏

　　上述分析表明,4处村落始建时期各不相同,但都经历了形成期、稳定发展期、鼎盛期和衰落期,科举入仕、经商是徽州村落走向兴旺的基本途径。做官发迹、经商发达的徽州人衣锦还乡置田园、修宅第、兴水利、建书院,村落因此繁荣,后都因徽商衰落、太平天国时期战火的破坏走向衰落。

5　结　论

　　历史上偏远封闭但景色秀美的徽州,为中原地区因战乱等原因形成的南迁人口提供了重要的迁居地。南迁人口不乏世家大族,在徽州境内,他们聚族而居或举族迁居,形成众多的古村落。东晋至南宋,中原移民建立了人皆古质、俗尚真淳的早期村落。南宋经元至明中叶,徽州社会经济文化稳定发展,相应地,徽州古村落经历了稳定发展期,农耕社会、习尚知书是其基本特征。随着徽商的崛起,明中叶至清中叶徽州古村落进入勃兴鼎盛期,富接江南、宛如城郭的村落盛极一时。晚清受徽商失势、太平天国时期战争等影响,徽州古村落趋于衰落。之后一度沉寂,直到20世纪末、21世纪初,作为传统文化的载体,不少有影响的徽州古村落如呈坎、棠樾、西递和宏村等因其保护完整、真实的历史遗存和深厚的历史文化内涵被列为全国重点文物保护单位,其中,西递、宏村还被列为世界文化遗产,徽州古村落重新受到世人注目。

参考文献:

[1] 彭一刚.传统村镇聚落景观分析[M].北京:中国建筑工业出版社,1994.

[2] 朱光亚,黄滋.古村落的保护与发展问题[J].建筑学报,1999(4):56-57.

[3] 陈志华.关于楠溪江古村落保护问题的信[J].建筑学报,2001(11):52-53.

[4] 阮仪三,邵甬,林林.江南水乡城镇的特色、价值及保护[J].城市规划汇刊,2002(1):1-4.

[5] 刘沛林.古村落:和谐的人聚空间[M].上海:上海三联书店,1997.

[6] 刘沛林,董双双.中国古村落景观的空间意象研究[J].地理研究,1998,17(1):31-37.

[7] 刘沛林.湖南传统村镇感应空间规划研究[J].地理研究,1999,18(1):66-72.

[8] 叶显恩.明清徽州农村社会与佃仆制[M].合肥:安徽人民出版社,1983.

[9] 张海鹏,王廷元.徽商研究[M].合肥:安徽人民出版社,1995.

[10] 陆林,焦华富.徽派建筑的文化含量[J].南京大学学报(哲学·人文科学·社会科学),1995(2):163-171.

[11] 王明居,王木林.徽派建筑艺术[M].合肥:安徽科学技术出版社,2000.

[12] 黄成林.徽州文化景观初步研究[J].地理研究,2000,19(3):257-263.

[13] 崔屯建.徽州先秦史初探[J].徽学,1986(1):6-15.

[14] 方光禄.江南望族——歙县篁墩程氏考[J].徽州社会科学,1988(3/4):57-60.

[15] 汪福祺,胡成业.汪华及其家族断略[J].徽州社会科学,2000(1):33-38.

[16] 屯溪市地方志编纂委员会.屯溪市志[M].合肥:安徽教育出版社,1990:173-204.

[17] 黟县地方志编纂委员会.黟县志[M].北京:光明日报出版社,1988:426,452.

[18] 张海鹏,王廷元.明清徽商资料选编[G].合肥:黄山书社,1985.

[19] 王振忠.晚清徽州民众生活及社会变迁——《陶甓公牍》之民俗文化解读[C].//安徽大学徽学研究中心.徽学·2000年卷.合肥:安徽大学出版社,2001:127-154.

[20] 张小林,汤茂林,金其铭.人文地理学[M].南京:江苏教育出版社,1996:237.

[21] 赵华富.歙县呈坎前后罗氏宗族调查研究报告[C].//赵华富.首届国际徽学学术讨论会文集.合肥:黄山书社,1996:67-99.

[22] 东南大学建筑系,歙县文物管理所.徽州古建筑丛书——棠樾[M].南京:东南大学出版社,1993:1-15.

[23] 舒育玲,胡时滨.宏村[M].合肥:黄山书社,1995:144.

STUDY ON EVOLUTION PROCESS AND MECHANISM OF HUIZHOU ANCIENT VILLAGE

LU Lin, LING Shanjin, JIAO Huafu, YANG Xingzhu

(Department of Geography, Anhui Normal University, Wuhu 241000)

Abstract: Ancient Huizhou once was an administrative unit, which governed six counties. They were Shexian, Yixian, Xiuning, Jixi, Wuyuan and Qimen. This kind of administrative structure—six counties under Huizhou Prefecture had continued till the mid 19th century. Living through more than one thousand years, a stable integrated regional culture—Huizhou culture had come into being. Huizhou ancient village, as a main media of Huizhou culture and one of the ancient village complexes, is most abundant in number and best preserved in China. The most typical ones are the residential houses of Xidi Village and the paleo−ox−shaped Hongcun Village in Yixian County. Xidi and Hongcun are the only ancient village style World Cultural Heritage sitesin China. A vast amount of historical information is well preserved in Huizhou ancient villages, which provide substantial data for studying aspects such as Chinese history, society, economy, culture, geography, etc. From the point of view of the settlement and culture geography, the study on evolution process and mechanism of Huizhou ancient villages is of significant academic and practical value.

Surrounded by continuous stretch of mountains, ancient Huizhou, which abounds in bright mountains and limpid waters, was an important settlement for people migrating from northern China in Chinese history. They established early−period villages. With time passing on, people had gradually migrated from original villages and built new ones within Huizhou boundary. From Eastern Jin Dynasty to Southern Song Dynasty, namely the early−period villages stage, the people lived a simple and unsophisticated life. From Southern Song Dynasty to Yuan Dynasty and then middle−period of Ming Dynasty, the stable development in Huizhou villages was gained in society, culture and economy. Accordingly, Huizhou villages entered the stable development stage, during which the basic characteristicsof valuing agriculture and learning are embodied. After that, with Hui−

merchants starting up, Huizhou villages entered a flourishing age and city-like villages with beautiful mountains and rivers were well developed.But after middle-period of Qing Dynasty, owing to Hui-merchants losing their power and wars during Taiping Heavenly Kingdom, Huizhou villages gradually declined.However, in the 1990s and early stage of the 21st century, Huizhou ancient villages are considered as a media of traditional culture.Typical villages, such as Chengkan, Tangyue in Shexian County and Hongcun , Xidi in Yixian County and so on, are the well-kept representatives of old villages in Ming and Qing dynasties.The primitive flavor deriving from 2000 years of history makes the people simple and unsophisticated, and the beauty landscape unpolluted. Most of them are listed as nationally important culture protected units and world cultural heritage sites.These beautiful architecture and special characteristics also arose people's attention and interest.

Keywords: Huizhou ancient village;evolution process;mechanism

（原载于《地理研究》2004年第5期）

徽州传统村落发展的社会因素初步分析

凌善金,陆　林,焦华富

(安徽师范大学地理系,安徽芜湖 241000)

摘　要:村落是一定区域历史与文化的写照,村落的发展与社会的变化息息相关。人口迁移、徽州的宗族制度、徽商的兴起等因素直接影响着徽州村落的演化进程与结果。

关键词:徽州;村落演化;社会因素

中图分类号:G640　**文献标识码**:A　**文章编号**:1001-2435(2001)05-0700-03

历史上徽州是一个文风昌盛、文化发达的地区,素有"东南邹鲁"之称,包括歙县、黟县、休宁、绩溪、婺源、祁门六邑。在徽州这片土地上孕育出了包括新安理学、新安医学、徽派版画、徽派雕刻、徽派民居建筑、徽菜、徽剧等在内的博大精深的徽州文化体系。徽州传统村落是徽州历史和文化的写照,研究传统村落有助于更深入全面地认识徽州历史和文化。本文着重讨论人口迁移、徽州宗族制度和徽商等社会因素对徽州村落在数量、规模与空间演化的影响。

一、人口迁移是徽州传统村落形成的基本原因

徽州地处皖浙赣三省接壤的崇山峻岭中,是一个相对独立的地理单元,山地丘陵占80%以上,其中部为一盆地,地势较平坦。四周高山可阻挡外界战火的蔓延,使其内部具有较强的稳定性。中部的盆地及一系列山间盆地有利于农业生产和其他人类活动,可减少对外界的依赖,使它具有相对的独立性。这里山清水秀,自然灾害较少,世人称之为世外桃源,为理想的定居地。

基金项目:安徽省教委哲学社会科学基金资助项目(98JW060)。

　　远古时期,徽州曾居住着勇悍尚武的山越人。秦汉以后,汉人不断迁入,有的径直迁入徽州,有的先迁入其他地区后再迁入徽州。汉末、两晋、唐末和两宋相继有高门大族因躲避战乱等原因,从中原迁入徽州。规模较大的人口迁入主要有三次,两晋时期中原地区的"永嘉之乱"、唐末的"黄巢之乱"和宋代的"靖康之乱"均造成人口大量迁入徽州。明代程尚宽著的《新安名族志》综录了迁入徽州的88个旺族,其中可考的有56族。按南迁的朝代统计,汉代3族,两晋9族,唐代24族(唐末20族),两宋15族,其他时期5族。经过数次迁徙,外来移民成为徽州居民的主体。如歙县"邑中各姓……半皆由北迁南……又半皆官于此土,爱其山水清淑,遂久居之,以长子孙焉"(民国《歙县志》卷一《舆地志·风土》)。南迁的结果使徽州人口基数不断壮大,北宋初年人口已相当于唐天宗时的4倍,南宋时超过50万人。人口的增加直接造成村落数量的增加,村落分布地区的扩大。明代中期以前,徽州村落一直呈现稳步增长的态势。当时的村落景象表现为"播迁所至,荆棘初开,人皆古质,俗尚真淳,其卜筑山村,殆有人世桃源境界"(道光歙县《济阳江氏族谱》)。徽州许多村落的族谱上记述了中原士族南迁徽州聚居的过程。例如,徽州旺族程姓原为中原大族,首逾江南者为东晋新安太守程元谭,有善政,"民爱怀之,受代请留,竟不得去","诏赐宅于歙篁墩,子孙遂以为桑梓"(胡麟《梁将军程忠壮公碑》)。于是程姓最早在黄墩聚居,并由此不断在徽州境内扩散,散布于徽州许多地方,形成许多以程姓聚族而居的村落。据清雍正初年统计,徽州境内的歙县、休宁、绩溪等县共分布了100多个程姓聚居的村落。又如歙县呈坎,唐末江西豫章世家大族子弟罗玉崖的曾孙罗天真(字文昌)和罗天秩(字秋隐)二人,"同自洪都而来"歙县,定居呈坎,为呈坎始迁祖。再如祁门王源,《王源谢氏孟宗谱》记载,迁入祁门谢氏始祖曰诠,仕后唐,官至银青光禄大夫、金吾大将军,因奸误国,"遂弃官挈家来隐歙州之祁门"。诠公迁祁之后,居于县治之南大岭麓,生有三子,三支析居,孟宗芳之后迁居王源,仲宗端仍居原址,季宗迁汾溪而析于祁北。三支子孙繁衍,以王源最盛。

　　中原士民大族的迁入,不仅增加了人口,同时还带来了中原文化,使古老的山越文化与中原文化相融合,形成了风格独具的徽州文化;来自中原的先进生产技术促进了徽州社会经济的发展,为村落发展积淀了强大的潜在动力,徽州后期的鼎盛亦得益于这种潜能的释放。

二、宗族制度是决定徽州村落规模的重要因素

徽州是"朱子阙里""理学之邦",是一个受封建文化影响很深的地区,现存的大量文化遗存以及徽州人的价值观和行为特征都充分体现了这种地域文化特质。至今在徽州各地分布着大量牌坊,大多保存完好,其数量居全国之冠,仅歙县一邑至今仍保存80余座牌坊。"徽州聚族居,最重宗法",徽州大村落均建有祠堂,这是封建文化的核心宗法制度在古代徽州村落建筑上的集中体现。"中原衣冠"徙入徽州,为了更好地生存和发展,大多聚族而居,保持着严密的宗法制度,宗族组织十分完备和牢固。清代学者赵吉士说:"新安各姓聚族而居,绝无杂姓搀入者。其风最为近古。出入齿让,姓各有宗祠统之,一姓村中千丁皆集。祭用文公家礼,彬彬合度。父老尝谓新安有数种风俗胜于它邑:千年之冢,不动一抔,千丁之族,未尝散处;千载之谱系,丝毫不紊。"(清代赵吉士《寄园寄所寄》卷十一)徽州宗族聚居地的社会经济结构与我国广大农村地区一样,是封建地主经济结构,所不同的是,在徽州,地主、自耕农和佃农被一条宗族血缘纽带联结起来。由于徽州地处万山之中,地狭人稠,不依靠族人之间的相互帮助是很难生存下去的。聚族而居可依靠宗族血缘群体的力量,相互帮助,相互协作,相互赈济,相互关照。在徽州宗族的族规宗法中,大多有"恤族""救灾"的规定。宗族为巩固自身的繁荣和发展,普遍实施的一项重大措施是大力表彰"义行"。同时,聚族而居还可以依靠集体力量共同抵抗外界干预,提高防御能力。

在这种宗族制度的影响下,血缘关系成为集居的主要纽带,族与村、血缘与地缘重合,形成了单姓的村落。村落形态表现为集居型村落为主,到了明清时期,村落颇具规模。正如清人记载:"徽宁多大族,族大者率万千人,少亦百十计。"(宣统《绩溪上庄明经胡氏宗谱》)"每逾一岭,进一溪,其中烟火万家,鸡犬相闻者,皆巨族大家之所居也。一族所聚,动辄数百或数十里。"(光绪《石埭桂氏宗谱》卷一)由于受地形、耕地、水源等条件的制约,当村落规模发展到一定程度时,便会影响到人们的正常生产、生活,使一些分支不得不另卜地而居,导致空间上的演化。一个族的村落由最初的一个逐渐析出几个甚至几十个,从而形成以原始聚落为根基,以血缘为纽带的村落网。

徽州多山,地形对村落规模及空间演化也有很大影响。南迁大族最初定居点多在盆地及其附近,为人口大量聚集地区,一些大城镇多分布于此,如徽城

镇、岩寺镇、屯溪镇、海阳镇、碧阳镇等。随着人口的增长,村落由盆地向各河上游谷地推进。尤其到了明中期后,人口膨胀,村落发展很快,不仅盆地布满村落,就是山区村落密度也很大。每条河流上游,一有开阔地便见缝插针,村落间距离仅1千米左右。还有不少村落建在山腰,可谓"白云生处有人家"。这些村落都是由大族分离出来的,从规模上看,远小于盆地地带的村落,最小的村落仅1~2户。

三、徽商的兴起将徽州村落推向鼎盛

徽州地处山区,地狭人稠,"八山一水一分田"。随着人口的不断增加,人地矛盾越来越突出。据统计,明代万历年间(1573—1620),徽州人均耕地面积仅2.2亩,清代康熙年间(1662—1722)为1.9亩,道光年间(1821—1850)只有1.5亩,而根据当时的生产力水平,人均拥有耕地4亩才能维持温饱。"余郡处万山中,所出粮不足一月,十九需外给……"(民国许承尧《歙事闲谭》)因此,徽州剩余劳动力舍"从贾"与"业儒"则别无谋生之路。徽州人经商历史悠久,但徽商迅速崛起并成为与晋商并立的两大商业集团,称雄商界数百年,执掌全国商界之牛耳,则是明清时期的事。

徽州人因经商而变得富足。在明代,就有"徽商富甲江南"之说。明人谢肇淛说:"富室之称雄者,江南则推新安,江北则推山右。新安大贾,鱼盐为业,藏镪有至百万者,其他二三十万,则中贾耳。"民国《歙县志》更云"沿江区域向有'无徽不成镇'之谚",充分说明了徽商之实力。

徽商带来的雄厚资本为徽州社会经济的繁荣提供了物质基础。富商的消费观对村落建设起着重要的推动作用。富商们从小受朱熹理学思想的熏陶,成长于宗族之中,宗族观念极其浓厚,他们致富后大都衣锦还乡,荣宗耀祖,为宗族做种种"义行"。李琳琦认为,徽商消费行为有四个基本特征:奢侈性、宗族性、公益性、政治性。其中,宗族性、公益性消费行为对村落发展有直接影响。宗族性消费即徽商在尊祖、敬宗、睦族等方面的消费,包括建祠堂、修族谱、置族产等强固宗族势力的行为,"慨捐己资,共成巨万,建立宗祠,并输族产"(《鲍氏著存堂宗祠谱》)等类似记述举不胜举。公益性消费即徽商在公共事业方面的消费,包括兴水利、修道路、筑亭桥、赈灾济贫、办书院等"义举"上的消费。巨额资金投入徽州的各种建设带动了徽州社会经济的全面繁荣,村落建设是其中一个重要方面,又是经济繁荣的一种外在表现。随着徽商的兴起,徽州村落进入了不寻常的发展阶段。明中叶至清中叶为徽商的鼎盛时期,也是村落发展的鼎盛期。张十庆认为,徽商经济的兴起是徽州村落兴盛的最主要和最直接的因素。徽商致富对村落发展的影响不仅仅表现为资金的直接投入,还表现为改善了徽州人的经济状况,促进了人口的增长,间接刺激了村落的发展。1551年,徽州首邑歙县村落数为151个,休宁151个,绩溪28个,到了1669年则分别增至279、222、210个,1827年又增至631、463、361个。这一时期村落变化不仅表现在数量上,而且更具规模,密度更大,在空间分布上向山区推进。张十庆认为,徽州村落的主要规模与形制大体完成于这一时期。此时的村落景象为"望衡对宇,栉比千家,鸡犬桑麻,村烟殷庶。祈年报本,有社有祠。别墅花轩与梵宫佛刹,飞甍于茂林修竹间,一望如锦绣。而文苑奎楼腾辉射斗,弦诵之声更与樵歌机杵声相错"(歙县《桂溪项氏族谱》)。

　　总而言之,徽州传统村落的演化受多种因素的影响。南迁避难的中原人又改变了徽州人口的成分,反客为主,成为徽州村落最初形成、发展的基本原因,徽州宗族制度影响着村落空间规模与分布区域,而明清时期村落发展空前兴盛则得益于徽商的兴起。

INITIATIVE ANALYSIS OF THE SOCIAL FACTORS AFFECTING THE EVOLUTION OF HUIZHOU ANCIENT VILLAGES

LING Shanjin, LU Lin, JIAO Huafu

(Department of Geography, Anhui Normal University, Wuhu, Anhui 241000)

Abstract: Villages mirror regional history and culture to some extent. The development of villages is closely related to social changes. Population migration, patriachism in Huizhou, the rise of Hui businessmen are the essential social factors affecting the evolution of Huizhou ancient villages in number, size and space.

Keywords: Huizhou; evolution of ancient villages; social factor

(原载于《安徽师范大学学报(人文社会科学版)》2001年第5期)

试论徽商对徽州文化的影响

黄成林

（安徽师范大学地理系）

　　摘　要：文章从徽商的经济实力、意识形态和经营活动三个方面，论述了徽商对徽州文化的影响，认为：①徽商雄厚的经济实力是徽州文化形成发展的重要经济基础；②徽商强烈的"入儒崇仕"意识促使徽州教育勃兴，文化昌盛，流派纷呈；③徽商在经营活动中完善和传播徽州文化。

　　关键词：徽州；徽商；徽州文化

1　引　言

　　源于古徽州的徽州文化是中国文化系统中的一种地域文化。徽州文化涵盖很广，物质文化、制度文化和精神文化并存，半个多世纪以来，日益引起国内外专家学者的广泛关注。任何文化的形成发展都基于一定的环境，包括自然地理环境和社会经济环境。本文试论徽州文化形成发展的社会经济环境因素之———徽商对徽州文化的影响。

　　徽商是中国明清时期十大商帮之一。徽州人的商业活动起始久远，明成化、弘治年间（1465—1505）形成商帮集团，明嘉靖至清乾隆、嘉庆年间（1522—1820）达到鼎盛。徽州文化各个分支极盛期同徽商鼎盛期基本吻合：新安理学始于南宋，元代、明代中前期最盛[1]；新安医学肇自东晋，盛于明清[2]；徽派朴学始于明末清初，清乾隆年间（1736—1795）达到顶峰[3]；新安画派始于元代，明末清初独具风格[3]；明万历年间（1573—1620），徽派版画登峰造极[4]；明清时期，徽派民居最为兴盛；徽派盆景始自五代十国，明清时期达到高潮[5]；徽菜始于南

　　安徽省教委资助科研项目《徽州文化地理研究》子课题。

宋,明清时期自成体系;明万历年间,徽剧形成自己的风格[5]。由此可见,徽州文化对徽商有一种依存关系。

2 徽商雄厚的经济实力与徽州文化

明清时期,徽商"资本之充实者,以万千计,其次亦以数百万计"(清代李澄《淮鹾备要》卷七),"富室之称雄者,江南则推新安,江北则推山右。新安大贾⋯⋯藏镪有至百万者,其他二三十万,则中贾耳。"(明代谢肇淛《五杂俎》卷四)徽商富有程度可想而知。恩格斯致瓦·博尔吉乌斯的信中认为,"政治、法律、哲学、宗教、文学艺术等等的发展是以经济发展为基础的"[6]。一定的经济往往孕育着与其相适应的文化,徽商充裕的资金为徽州文化发展奠定了坚实的经济基础。

2.1 徽派民居

大量基本完好的徽派民居能够遗存到今天直接得益于徽商雄厚的资本。徽派民居以"粉墙黛瓦、封火山墙"为特色,平面布局规整灵活,空间结构设计合理,装饰协调和谐,被誉为"传统建筑的瑰宝"。徽州现存的明清时期徽派民居之多,令人瞠目结舌。仅据徽州府六县之一的黟县1985年古民居普查资料,全县715个自然村尚存明代徽派民居26幢,清代徽派民居3 593幢。徽州商人经商致富后,或为安度晚年,或为子孙留下一笔不动产,或为扬名乡里,不惜巨资回故里大兴土木,"辟基拓宅,栋宇鳞次"。如歙县郑村和义堂,建于清乾隆年间,占地约1 600平方米,平面布局如同九宫格,从东到西,三幢民居南北伸展,幢与幢之间有深巷相隔,每幢民居从南到北分成前、中、后三进,巷弄交织,共有大小厅堂15个,楼上楼下居室76间,大小天井17个,内、外门41道,有"徽州第一大民居"之称。在徽商的资财、审美情趣和徽州自然环境的影响下,徽州民居建筑相因日久,习与性成,遂成徽派民居建筑风格。

2.2 徽州砖、木、石雕

徽州三雕(砖、木、石雕)艺术生存发展的重要因素之一是徽州商人营宅造第[7]。在中国封建社会,徽州商人没有显赫的政治地位,虽然腰缠万贯,盖房也不敢违背封建等级规定,只能在室内装饰上尽量讲究,从而使徽州三雕艺术在建筑装饰中得到广泛应用与迅速发展。一宇之中，三雕骈美，砖雕清新淡雅、玲珑剔透，木雕华美姿丰、窈窕绰约，石雕凝重浑厚、金石风韵，三雕构件与主体建筑有机结合，竞相生辉，形成一种优美典雅的建筑装饰风格，从而使徽派民居更加别开生面。

2.3 徽 剧

"没有徽商就没有徽班。"[8]"徽商为徽班的形成准备了一切必要的条件。"[9]徽班是演出徽剧的剧团。徽剧是我国戏剧史上具有里程碑意义的剧种，是京剧两大渊源之一，并不同程度地影响了赣、浙、川、粤、桂、滇等地的地方剧种[10]。明清时期，徽班有民间职业班、业余班和徽商组建的"家班"之分，地位显赫、艺高一筹的是徽州富商出于应酬交结和家庭娱乐目的而组建的家班。如清乾隆年间进京献艺的"庆升班"是徽商曹文埴的家班，为恭迎圣驾在扬州演出徽剧技压群芳的徽班"春台班"（即随后活跃于京城剧坛的四大徽班之一）是徽州大盐商江春的家班。无论是家班，还是民间戏班，徽商都为其演出提供大量经费[8]。不少徽州商人还聘请专家为家班讲解剧情、配器谱曲、设计动作等，"先以名士训其义"，"继而词士合其调"，"复以通士标其式"[11]。徽商蓄养家班，为徽剧艺人提供了一个衣食无忧、生活安定、有利于演技长进的环境，促进了徽剧艺术的发展、提高和完善。

徽商雄厚的经济基础促进了徽剧舞台美术的发展。徽班演出行头华丽，阵容整齐，排场夺目。"老徐班《琵琶记》'请郎花烛'则用'红全堂'，'风木余恨'则用'白全堂'，备极其盛。他如大张班《长生殿》用'黄全堂'，小程班《三国志》用'绿虫全堂'，小张班十二月花神衣，价至万金。百福班一出《北饯》，十一条通天犀玉带。小洪班灯戏，点三层牌楼，二十四灯。戏箱各极其盛。"（清代李斗《扬州画舫录》卷五《新城北录下》）徽班演出有如此整齐排场的行头，受徽商奢靡和竞相攀比之风的影响，没有徽商的资助，不可能如此风光。

2.4 徽州刻书藏书

明清时期，徽州刻书铺比比皆是，藏书刻书十分兴盛。徽州所刻之书，不论种类、数量、质量，还是编辑、审定、校核、印刷、装帧等，都在我国图书事业上占有极其重要的地位。明清两代，徽州藏书家达130人，超过杭州地区，其中八成以上与经商有关[12]。当乾隆开四库馆征集天下遗书时,全国献书五百种以上的只有四家,其中三家均系徽商[12]。"贾而好儒"是徽商的特点之一,刻书卖书是徽商经营的行业之一,藏书则是徽商"贾而好儒"的表现之一。经营图书投资大,从投资刻书到卖书赚钱周期长。徽商吴勉学,"搜古今典籍,并为之付梓,刻资费及十万。"(清代赵吉士《寄园寄所寄》卷十一)有些刻书属于资助性质的,如徽商黄履暹出资为清初名医叶天士刻《叶氏指南》,马曰琯出资为朱彝尊刻《经义考》300卷等[13]。徽商凭借自己的经济实力刻书藏书,对进一步繁荣徽州教育,对新安理学、徽派朴学、新安医学、徽剧等徽州文化特质的传播和文化典籍的保存,起着十分重要的作用。

2.5　徽派版画

徽商雕版刻书为徽州版画艺术的发展奠定了基础。为了吸引读者,提高读者兴趣,徽州刻书常带有插图,徽派版画便在徽州雕版刻书插画的基础上应运而生,成为中国版画中的一派。

2.6　新安画派

新安画派是中国山水画派之一,在中国绘画史上占有一定的地位。徽商文化层次较高,会诗词歌赋,懂书画古玩,与新安画派画家多有交往,经济上直接或间接资助新安画派画家,艺术上推崇新安画派作品,徽商集中之地遂成为新安画派画家主要活动地区。

2.7　徽派盆景

徽派盆景是中国盆景重要流派之一。早在南宋迁都临安,内府盛行花纲之风波及徽州时,徽州一些富商就到处搜集奇花异木,修园造景。明清时期,徽商更是不惜巨资,广建私家园林。扬州是徽商重要的寄居地之一,徽商的私家园林特别多,如"休园""筱园""官园""东园""移园""南园""趣园""容园""易园""别园""大洪园"等,都是徽商的私家园林。盆景是园林中重要构景要素之一,徽商私家园林的发展促进了徽派盆景的发展。

3　徽商意识形态与徽州文化

徽州商人的意识形态十分复杂[14],但它对徽州文化的影响非常明显,尤其是徽州商人入儒崇仕和实用主义意识对徽州文化的影响。

3.1　徽州教育发达与徽商入儒崇仕意识

在社会上普遍抑商、贱商的环境下,徽州商人为社会地位低贱而愤愤,为了提高社会地位,他们入儒崇仕意识极强,或是鼓励子弟读书登第,或是靠"捐纳报效"获取虚职空衔,从而得到官宦的保护乃至某些商业垄断特权。即使不能读书仕进、捐输买官、结交权贵,徽商也要"贾而好儒""业贾从儒""贾服儒行",努力提高自己的文化素养,刻意追求文人士大夫的生活情趣,想方设法以"儒贾"面貌出现,改变自身的形象。因此,徽商十分重视教育,"十家村落,不废诵读"(光绪《婺源县志》卷三《风俗》)。在徽州方志、谱牒和其他历史文献中,徽商捐资办学的义举俯拾皆是[15]。徽商重视教育,根本目的可能还在于获得可靠的政治保护,社会舆论的认可,以及在官位庇护下更加丰厚的利润,最终达到"儒、仕、商"或"徽商重教→读书及第→官僚护商→徽商赚钱"良性循环。明清时期,徽州教育机构种类很多,有社学、家塾、县学、府学、书院等。县学、府学、社学以官办为主,其余皆为民办或以民办为主。民办资金主要来自徽商。靠徽州富商士绅大族捐建的书院,以藏书助读、邀请贤达讲学研修为核心,培养了大批学者,新安理学就是在书院讲学之风中逐渐形成的,徽派朴学大师戴震也是在书院学术氛围中逐渐形成了自己的学术思想。徽商入儒崇仕,重视功名仕进,进而热心教育,使徽州人的文化素质明显较高。徽州教育发达后,科举及第者甚众[16],人才辈出,新安医学、新安画派、徽派版画、徽州刻书等在明清时期达到鼎盛。

3.2　徽派民居景观与徽商入儒崇仕意识

徽商的住宅外观很普通,单檐,硬山式屋顶,三开间,黛色瓦,无台基,符合封建社会一般民居在屋檐、屋顶、开间、瓦色、台基等方面的规定,无"僭越"之举。但在高墙之内,徽商却以大开间、宽通面、长进深等手法,努力营造一种恢宏的宫廷建筑气势,并且大量采用宫殿、官邸常用的雕刻、绘画等装饰艺术,使整座建筑物内部熠熠生辉,大有"民房其外、官邸其中"之势,不是官邸,胜似官邸。有些民居甚至还在山墙顶端砌有上大下小形似朝天放置的方形官印样的装饰物(俗称"官斗印"),可见徽商崇仕意识之浓烈。

3.3 经商与徽商实用主义意识

在中国封建社会,士、农、工、商四民之中,商人被认为是"市井小人"。徽州商人不屑千百年来中国传统的社会心理取向,不甘清寒,不安土重迁,对传统的"四民观"予以冲击,从实用出发,大胆经商,"人十三在邑,十七在天下"(明代王世贞《弇州山人四部稿》卷六十一《赠程君五十序》),以致长江下游沿江地区有"无徽不成镇"之说。一些徽商经商致富,腰缠万贯,生活到了糜烂的程度。"天下都会所在,连屋列肆,乘坚策肥,被绮縠,拥赵女,鸣琴趿屣,多新安之人也。"(明代归有光《震川先生集》卷十三《白庵程翁八十寿序》)

3.4 徽州刻书与徽商实用主义意识

徽州刻书主要是徽商所为,徽商刻书在保存文化典籍、传播优秀文化和地域文化方面功不可没,但其根本出发点还是为卖书而刻书,以赚钱为目的,商业性质十分明显。从徽商刻书书目看,不仅涉及经史子集、诗词歌赋,还有画谱医籍、通俗文学、商业指南、交通道里、地理物产等。这样,不同行业、不同文化层次的读者和藏书家都能各得其所,从而扩大了书籍的读者层面或发行范围,有利于赢利。

4 徽商的经营活动与徽州文化

徽商几乎"无货不居",经营门类繁多,有的经营门类还发展成为徽州文化的一部分。

4.1 新安医学与徽商经营活动

新安医学是我国传统医学的奇葩。自东晋至清末,有史料可查的新安名医就有668人,其中有255人撰写医著461部。新安名医汪机是我国明代四大医家之一,吴谦是我国清代四大名医之一。新安医著涉及经典医籍整理,临床经验总结,类书、丛书编撰和医案、医话等,包括内、外、儿、妇、喉、眼、伤、痔、针灸、推拿等临床各科及脉学、诊断、治法等理论,其中有我国现存最早记载大量医学史料的著作《医说》(宋代张杲著),第一部注释医方专著《医方考》(明代吴昆著),第一部总结历代名医专著《名医类案》(明代江瓘著)等[2]。

新安医学的形成得益于徽州丰富的国药资源和发达的教育,徽州众多的刻坊为新安医籍行世提供了优越的条件。药材是徽商经营的门类之一,中药铺常常集采药、制药、治病于一体,药铺掌柜往往是国医高手,并重金延聘名医坐堂。徽商还资助医籍付梓[13],徽商药铺、医家间的竞争,促使新安医学日渐兴盛。

4.2　徽州文化的发展、完善、传播与徽商经营活动

徽州文化以徽商的经营活动为媒介或载体,向外传播。新安医学秉承了国医国药的宝贵遗产,并吸收了徽州境外诸多名医的医理医技。徽商为徽剧引进昆腔、秦腔,聘请徽州境外名师授戏,征招徽州境外名伶入班,徽腔、徽班在不断吸取外地艺术营养的基础上逐步形成。徽班随徽商下扬州、进京城,受徽商思想意识、道德观念、审美心理强烈影响的徽剧,也随徽商传遍四方,从而不同程度地影响着赣剧、婺剧、川剧、粤剧、桂剧和滇剧[10]。餐馆业是徽商经营的门类之一,以源于徽州绩溪的菜肴为代表的徽菜,经徽商传至浙江、江苏、江西、上海、湖北、湖南、广西、四川、云南等省份。

5　结束语

徽商雄厚的经济实力是徽州文化形成发展的重要经济基础;徽商强烈的入儒崇仕意识促使徽州教育勃兴,文化昌盛,流派纷呈;徽商是徽州文化的"酵母",徽州文化是在徽州这一特定地域,在徽商这一"酵母"和其他因素综合作用下,在徽州千百年文化积淀基础上"酿就"的"琼浆玉液"。

参考文献:

[1] 周晓光. 试论新安理学向皖派经学的转变[J]. 安徽师范大学学报(哲学社会科学版), 1988(4):35–42.

[2] 李济仁. 新安名医考[M]. 合肥:安徽科学技术出版社,1990:1–2,41.

[3] 安徽省徽州地区地方志编辑委员会. 徽州地区简志[M]. 合肥:黄山书社,1989:286,287,291.

［4］穆孝天.试论明清徽派版画艺术［J］.徽州学丛刊,1985(创刊号):107-111.

［5］吴孝铺.简述徽派盆景的起源及其风格［J］.徽州社会科学,1987(1):28-31.

［6］中共中央马克思恩格斯列宁斯大林著作编译局.马克思恩格斯选集(第四卷)［M］.北京:
人民出版社,1995:506.

［7］吴敏.明清徽州砖石木雕艺术概论(上)［J］.徽州社会科学,1987(1):21.

［8］严世善.赵熙祥.徽商与徽班［J］.徽州社会科学,1993(3):40-41.

［9］王效倚.徽班与徽商［J］.徽学,1986(1):87.

［10］安徽省旅游局.安徽旅游［M］.合肥:安徽人民出版社,1983:240.

［11］朱世良,张犁,余百川.徽商史话［M］.合肥:黄山书社,1992:36.

［12］刘尚恒.明清徽商的藏书与刻书［J］.徽学,1990(2):179,173.

［13］桑良至.康乾嘉时期徽州文人侨居扬州的文化活动［J］.徽州社会科学,1993(2):36.

［14］刘和惠.论徽商的意识形态［J］.徽州社会科学,1991(2):29-40.

［15］朱学军.徽商与徽州教育［J］.徽州社会科学,1993(3):34-38.

［16］宋元强.徽商与清代状元［J］.中国社会科学院研究生院学报,1993(3):50-56.

ON THE INFLUENCE OF THE HUIZHOU TRADERS UPON THE HUIZHOU CULTURE

HUANG Chenglin

(Department of geography, Anhui Normal University)

Keywords: Huizhou; Huizhou traders; Huizhou culture

(原载于《人文地理》1995年第4期)

徽州文化区划研究

　　徽州文化区划研究是讨论"小徽州"与"大徽州"划分问题,也即划分徽州文化核心区和外围区问题。

　　收录本篇的只有《安徽绩溪县行政区划归属研究》一篇论文。虽然该文没有讨论徽州文化区划问题,但其基于政治、经济、历史、地理原则,认为绩溪县划归黄山市管理更为有利,间接表明了"小徽州"在行政区划上应该尽可能保持其完整性。这种认知与国务院1985年1月15日发布的《关于行政区划管理的规定》第二条规定的行政区划必须变更(包括边界调整和更名等)时,必须"有利于社会主义现代化建设""有利于行政管理"原则是一致的。

安徽绩溪县行政区划归属研究

黄成林,苏　勤

(安徽师范大学地理系,芜湖)

行政区划是国家根据行政管理的需要,对国家全部领土实行分级管理的划分,是国家政权建设和行政管理的重要手段,是组织和管理经济活动的重要措施。国内外的实践表明,行政区划合理与否,直接关系到各级行政机关能否有效地在本行政区域范围内行使其职权,关系到各级行政区域的社会经济能否健康发展。任何国家为了有效地实施行政管理,促进社会经济健康发展,都必须科学地划分行政区域。

绩溪县原归徽州地区管辖,1987年底皖南行政区划调整,撤销徽州地区新设黄山市时,划归宣城地区管辖。可是,无论从行政区划的政治原则、经济原则分析,还是根据历史原则、地理原则判断,绩溪县划归宣城地区都不合适,应该归属黄山市。

1　绩溪县划归黄山市有利于行政管理

便于加强行政管理、执行国家职能,是国家设置不同层次行政区域的根本目的和出发点,也是行政区划政治原则的核心表现。首先,绩溪县和今黄山市绝大部分地区在行政区划上长期合为一体。绩溪设县始于唐永泰二年(766),历经宋、元、明、清,一直归歙州或由歙州改设的徽州府管辖。民国期间行政区划变动频繁,绩溪县隶属多变。新中国成立直到1987年底,除1956—1961年绩溪县属芜湖专区外,其余均属徽州专区管辖(1971年3月29日,"专区"更名为"地区")。换言之,从绩溪设县到1987年的1 221年间,绩溪县和今黄山市绝大部分地区同属一个行政区长达1 200年。在一千多年的历史长河中,由于绩溪

调研过程中得到了有关部门的大力支持,插图由凌善金同志清绘,在此一并致谢!

县和今黄山市绝大部分地区在行政区划上合于一体,不但形成了复杂的政治、经济联系,而且共同形成了自己特有的地域文化——徽州文化。绩溪县人生礼仪、岁时纪事、饮食起居、婚配嫁娶、走亲访友等社会文化现象多与黄山市密切相关,就连地名"徽州"据说也因绩溪县的徽岭、徽溪而得名。绩溪县划归宣城地区管辖,显然割断了绩溪县与黄山市在历史、经济、文化上的悠久联系。再者,按照中心地理论,行政区划单位的辖区范围呈团块状最为理想,最有利于行政管理。原徽州地区和今黄山市的治所都在屯溪,宣城地区治所在宣州市。绩溪县治距屯溪约57 km(公路里程,下同),距宣州市约142 km,绩溪县划归宣城地区,成为宣城地区最远的县。且不说由于距离加长,绩溪县和宣城地区之间因公务多支出的汽油费、车费、差旅补贴等一大笔费用,相距遥远在行政管理上多少都会带来一些不便。绩溪县若划归黄山市,县治距屯溪距离近,管理方便,并能使黄山市和宣城地区的辖区范围近似于理想的团块状。

撤销徽州地区设立黄山市,从根本上讲是为了改革地区管理体制,实行市管县。黄山市经济实力有限,在较长的一段时间内还很难把所辖区(县)带起来,目前仍是以行使行政管理职能为主。因此对黄山市而言,增辖绩溪县并不存在能否带得起来的问题,况且绩溪县与黄山市的经济联系十分密切,绩溪县交给宣城地区"远管"倒不如划归黄山市"近管"。

2 绩溪县划归黄山市有利于经济发展

2.1 绩溪县与黄山市经济联系非常密切

行政区划的经济原则就是要求行政区域的划分有利于经济发展,使划分出来的行政区域有利于经济建设。要使行政区划达到为发展经济服务的目的,必须尽量做到行政区与经济区相吻合,注意巩固和发展中心城市和外围地区的经济联系,充分发挥中心城市在外围地区经济发展中的凝聚作用和辐射作用。绩溪划归宣城地区时恰恰忽视了这一点。因为绩溪县与黄山市绝大部分地区历史上隶属同一政区单位,彼此之间已在长期的交往中形成了密切的经济联系,不断地进行着物质、人员和信息的交流。尽管绩溪县划归宣城地区已经五六年,行政隶属关系不利于绩溪县与黄山市的经济联系,但时至今日,屯溪对于绩溪县的引力仍客观存在,绩溪县的人员往来、电讯联系、商品流向仍然以屯溪为中心,绩溪县与黄山市的经济联系远此宣城地区密切。首先,绩溪直达屯溪的日客运班次、标准座位总数、实际乘客总数分别是至宣州的3倍、2.9倍和3.2倍,实载率也高出4个多百分点(见表1)。如果包括私营客运汽车在内(每天有4个班次的个体客车由绩溪至屯溪,而开往宣州的个体客车仅有1个班次),那么,绩溪与屯溪之间的客流强度要比绩溪与宣州之间的大得多。其次,尽管绩溪与宣州之间因隶属关系行政事务电话很多,绩溪与屯溪之间的通话次数仍然比绩溪与宣州之间的通话次数多48%(见表2)。这说明,作为皖南山区经济中心城市屯溪对绩溪县的吸引力远大于宣州市。最后,绩溪县工业基础比较薄弱,工业品多从外地调入。由于绩溪县距黄山市经济中心屯溪很近,加上工业品的互补性,绩溪县每年需从屯溪购进部分黄山市产品,如电池、人造革箱包、肥皂、针织品、啤酒、酱菜等,多于从宣州购进的宣城地区产品。有时候绩溪少数商品销售断档一时难以从原进货渠道进货时,也是从屯溪调剂一部分以供市场急需。

表1　1992年4—5月份绩溪直达屯溪、宣州汽车客运情况对比

起迄点	日客运班次	标准座位总数(个)	实际乘客总数(人次)	实载率
绩溪至屯溪	6	15 555	7 850	50.5%
绩溪至宣州	2	5 340	2 469	46.2%

资料来源:绩溪县汽车站。

表2　1990—1991年绩溪与屯溪、宣州电话通话次数对比

去话			来话		
起讫点	通话次数	占比	起讫点	通话次数	占比
绩溪至屯溪	44 483	60.5%	屯溪至绩溪	42 806	59.1%
绩溪至宣州	29 301	39.5%	宣州至绩溪	29 676	40.9%
合计	74 144	100.0%	合计	72 482	100.0%

资料来源:绩溪县邮电局。

2.2　宣州市难以成为吸引绩溪县的经济中心

一个地区的经济能否取得稳定、健康、持续、全面发展,经济中心起着非常关键的作用。宣城地区是由1980年从芜湖市迁至宣城县(1987年改称宣州市)的芜湖地区改设的,经济基础比较薄弱。由于没有强有力的经济中心城市作为

地区经济发展的"凝结核"，致使宣城地区的经济发展呈"松散"状态：郎溪、广德和宁国三县实际上已经成了江苏、浙江的市场，宣州、泾县也多与芜湖市联系，绩溪经济联系倾向于黄山市。尽管宣州自隋朝以后一千多年间曾断断续续作为州、府治所，但今天要成为能够辐射到绩溪县的皖东南地区经济中心确实比较困难。且不说现有工业基础薄弱，技术落后，人才缺乏，资源和区位优势不明显，旱涝灾害频繁等，仅工业用水不足就限制了一些耗水较多的大中型工业项目的上马，进而限制了经济实力和辐射能力的增强。城市的辐射或吸引范围与城市经济实力成正比。屯溪规模虽不大，城市的吸引力和辐射也很弱，但绩溪毕竟距屯溪近，历史上长期同属一个政区单位，地形和水系又有利于绩溪成为自己的腹地，这一点宣州市望尘莫及。

2.3 绩溪县和黄山市资源优势相同，绩溪县划归黄山市有利于资源开发和协同发展

根据安徽省经济发展战略，绩溪县和黄山市同属皖南区，其经济发展战略是立足林茶资源和旅游资源的开发利用，使生产、交通、商业和旅游业协调发展，建设具有自身特色的山区经济和旅游经济。分析宣城地区（不含绩溪县）、绩溪县和黄山市的地形（表3）、农业用地（表4）和农业产值结构（表5），绩溪县与黄山市之间的相似程度明显高于其与宣城地区的相似程度，绩溪县与黄山市同属一类。从农业自然资源利用的相对一致性来看，绩溪县划归黄山市管辖非常合理。因为二者在农业自然条件与资源和农业结构方面具有相似性，黄山市对绩溪县农业生产的指导更具有针对性。另外，黄山市是我国重要的旅游城市，安徽省发展外向型旅游经济的基地，市域范围内旅游资源丰富。黄山设市的宗旨就是为了更好地保护、开发、利用黄山旅游资源，发展以黄山为中心、皖南为重点的旅游事业，带动皖南山区经济的发展。绩溪县在黄山旅游区范围内，其旅游资源是黄山旅游区旅游资源的重要组成部分。绩溪县著名人文旅游资源有龙川胡氏宗祠、江南第一关（逍遥岩）等，著名自然旅游资源有清凉峰等。绩溪县还是徽州文化区的重要组成部分，徽菜的发源地。绩溪县和黄山市合为一体，既可以丰富和扩大黄山市旅游观赏内容，又可以带动绩溪县旅游资源的开发与利用，有利于发展以黄山为中心、皖南为重点的旅游事业，促进皖南山区区域经济的振兴。

表3　地形结构对比

项目	平地	岗丘	山地
宣城地区(不含绩溪县)	22.4%	58.3%	19.3%
绩溪县	1.5%	54.1%	44.4%
黄山市	4.0%	45.8%	50.2%

资料来源:安徽师范大学地理系,《安徽省1:50万土地资源面积统计表》,1986年。

表4　农业用地结构对比

项目	耕地	园地	林地	牧草地
宣城地区(不含绩溪县)	29.4%	4.8%	58.5%	7.3%
绩溪县	18.9%	8.0%	71.3%	1.8%
黄山市	11.8%	8.9%	75.0%	4.3%

资料来源:安徽省农业区划委员会办公室,《安徽省农业资源区划数据资料选编(一)》,1988年。

表5　1990年农业产值结构对比(当年价)

项目	种植业	林业	牧业	副业	渔业
宣城地区(不含绩溪县)	54.7%	9.8%	24.1%	8.0%	3.4%
绩溪县	41.7%	16.8%	34.8%	5.8%	0.9%
黄山市	50.4%	17.2%	23.1%	7.9%	1.4%

资料来源:安徽省农牧渔业厅,《农业统计年鉴》,1990年。

3　从地理原则考虑,绩溪县以划入黄山市为宜

行政区划地理原则的内涵是行政区划边界尽可能和地理界线重合。行政区划与行政区划边界是同一个问题的两个侧面,行政区划是划分行政区域,而行政区划边界则是不同行政区的接合部。在行政区划或行政区划边界研究中,往往把地理界线作为一种主要因素加以考虑。这里的地理界线包括自然地理界线和人文地理界线。一般地,行政区划界线与这两种界线的重合程度愈高,行政区划愈稳定,也愈有利于社会、经济、文化的发展,因此愈合理。

行政区划中的自然地理界线主要指山脉与河流(即分水岭和水系)。从文化地理角度看,大的分水岭(山脉)既是文化传播的障碍,又是不同文化现象的

分野,因此往往把大的分水岭(山脉)作为行政区划的边界。水系的隔绝与障碍作用明显弱于山地,除了大江大河这种很大的自然障碍作为行政区划的边界外,行政区划中能够不打破水系划分的尽量不打破水系,特别是一个不大的水系,否则难以进行流域的综合开发与治理。要把一个水系划分为若干个行政区,则要根据该流域内部各部分的相对独立性进行科学划分。

绩溪县境内多山,主要山脉系黄山、西天目山的余脉。东部大体以西天目山与浙江分野,最高峰清凉峰海拔1 787 m,西北部以大会山与旌德为邻,最高峰海拔1 295 m,中北部的翠溪山(又称徽岭)为长江流域青弋江水系与钱塘江流域新安江水系的分水岭。西天目山以西、大会山以东、翠溪山以南区域向南敞开,约占绩溪全县面积的2/3。发源于上述山脉的登扬河、大源河、扬之河南流至绩溪县临溪汇合,尔后江入歙县练江,注入新安江。从自然地理角度看,绩溪县主体部分与黄山市绝大部分地区同属新安江水系,地处群山环抱之中,共同组成一个相对独立而且完整的自然地理单元。

行政区划中的人文地理界线比较复杂,主要涉及中心城市的吸引范围、文化景观的相对一致性等。表1和表2资料充分说明,绩溪县属于屯溪影响范围,划归黄山市比较合理。绩溪火车站是皖赣铁路皖南山区段最大的编组站,皖南山区相当一部分货物在此集散,这对黄山市经济发展是不可缺少的。

绩溪县和黄山市的歙县、休宁县、黟县、屯溪区、徽州区同为徽州文化的源地,文化景观相似。以徽州文化最突出的景观徽派民居建筑为划分标准,以县级行政区划单位为基本单元,把受徽州文化影响的区域划分为核心区和外围区,绩溪县北部边界是徽州文化核心区的东北部边界,绩溪县与黄山市多数地区一样,同为徽州文化核心区。

从行政区划的历史原则来看,历史上绩溪归属是合理的,不属于应予调整的不合理部分。只要历史上行政区划合理,在调整行政区划时就必须充分考虑历史的继承性。再则,行政区划为了便于管理,也需要系统地长期地积累资料,不宜随便调整。

4　结　论

行政区划是一件十分复杂而且综合性很强的工作,涉及政治、经济、文化、历史诸多方面,是关系全局的根本性的战略谋划,往往牵一发而动全身。因此,行政区划的调整必须以历史的责任感,从战略高度,严肃地考虑其长远的和多方面的影响,必须依据行政区划的基本原则,慎重行事。综上所述,将绩溪县划归宣州地区考虑欠周到。为方便行政管理,有利于绩溪县经济发展,应该遵循行政区划基本原则,将绩溪县划归黄山市管理。

(原载于《经济地理》1993年第4期)

《徽州村落》概览

　　《徽州村落》是全国社科规划领导小组1999年审批立项的"徽州文化全书"项目结项成果20种著述之一,陆林、凌善金、焦华富著,安徽人民出版社2005年出版,共7章27节22万字。

　　《徽州村落》主要从徽州村落的演化、选址、布局形态、空间组织和宗法观念、文化氛围、园林情调的空间体现七个方面,描述了徽州村落的多维景观,阐释了徽州村落的文化生态和文化整合,是迄今为止系统研究徽州传统村落的重要著述。这里收录《徽州村落》目录和各章导读,以飨读者。

《徽州村落》目录

陆　林,凌善金,焦华富

《徽州村落》各章导读

陆　林,凌善金,焦华富

第一章

徽州景色秀丽、地形闭塞,是历史上中原地区人口因战乱等原因三次南迁的重要迁居地。南迁人口在徽州建立了早期的移民型村落,随着人口不断繁衍增长,村落发生基于宗族组织的裂变,析出人口在徽州境内迁移、择地而居建立新的村落,形成徽州村落产生与扩散的基本模式。呈坎、棠樾、宏村、西递四处典型村落的发展验证了徽州村落的演化特征与机理。

第二章

"天人合一"的整体观念、师法自然的哲学思想、崇尚自然的理想境界、趋吉避凶的基本原则、唯变所适的辩证思想是中国传统的人居环境观。风水说常常是传统人居环境观的具体体现,主要体现在寻求理想的村落人居环境和对非理想村落人居环境的改造等方面。

第三章

以地形、水源为代表的自然因素,以安全、农业制度、农业经营方式、社会风尚、社会习俗、对外交通为代表的社会经济因素两者相互作用,共同影响着村落布局形态。徽州在这些因素影响下,形成了以集居型村落为主要形式的村落布局形态。徽州村落布局形态往往体现一种强烈的追求和精神象征意义,着意模拟一些有意味的图案,或反映崇拜祖先,或反映吉祥如意,或反映崇尚自然。

第四章

徽州村落的空间组织大致可以分为自然空间组织和人工空间组织两大部分。村落自然空间与人工空间之间还存在自然与人工的过渡空间,即村落的水口。水口在徽州村落中有着特别重要的意义,它不仅在徽州村落空间选址中具有强烈的风水意味,而且在徽州村落空间组织中占有重要地位,是徽州村落宗族观念、文化气息和园林情调等特征的重要体现。

第五章

祭田义田的设置,谱牒家乘的纂修是巩固宗族制度的重要措施。与其相比较,众多高大的祠堂、牌坊建筑则更是以其直观可视性,时时处处向族人、世人昭示着宗族的荣耀和威严,从精神上巩固宗族制度、强化宗族观念,极大地渲染了徽州村落宗法制度的氛围。

第六章

在程朱理学的指导下,借宗族势力和徽商财力的支持,明清时期,徽州教育出现空前繁荣的局面,为数不少的书屋、书院等教育设施至今仍保存完好,是徽州文风昌盛、书香村落的重要内涵。徽州民居透射出浓郁的文化气息,在民居建筑中起着装饰作用的古题额、古匾额和古楹联以其直观、明了的艺术表现形式,使空间环境和氛围具有明晰的指向性,诱导人们走出有形的空间,走向诗的意境。

第七章

徽州村落具备了园林的基本要素,构建了园林化的村落环境,置于峰峦掩映、山水清淑之中的徽州村落深得自然之利,采撷自然山水之美顺理成章地成为园林化村落的主要内容。园林化的村落有许多可供观赏的景致,古代徽州人借用园林"八景""十景"等构景手法给村落主要景致点题,给人以诗画般的感受。园林化的徽州村落多拥有各式各样的园林。受"大好山水"、徽商、新安画派等艺术及风水说的影响,徽州园林既有古朴的田园风光,又超越了一般农人的境界;既有世外桃源,又有奢靡之态的多重特征。